ॐ

AMMA
La Mère de la béatitude immortelle

Sa biographie

Titre original anglais : MATA AMRITANANDAMAYI, A Biography

AMMA, La Mère de la Béatitude Immortelle* — Sa Biographie

——————— *Amma's Biography (French)* ———————

Publié par

Mata Amritanandamayi Mission Trust
Amritapuri P. O., Kollam Dist.,
Kerala, INDIA 690 525
Website: www.amritapuri.org
email: inform@amritapuri.org

Première édition :	1989	2000 exemplaires
Deuxième édition (révisée) :	mars 1997	2000 exemplaires
Troisième édition (révisée) :	janvier 2004	2000 exemplaires
Quatrième édition:	février 2007	1000 exemplaires

Également disponible au

Centre Amma en France :
Ferme du Plessis
28 190 Pontgouin
Tél. : int + 33/ (0)2 37 37 44 30, Fax : / (0)2 37 37 48 84
email : mmt.amrita@wanadoo.fr
web: amma-europe.org

---

* C'est la signification de son nom, Mata Amritanandamayi : *a-mrita, a* privatif et *mrita*, racine indo-européenne, qu'on retrouve en français dans le mot « mort » : immortelle ; *ananda* : béatitude ou félicité.

AMMA

La Mère de la béatitude immortelle

Biographie

par

Swami Amritaswaroupananda

Traduction française

MATA AMRITANANDAMAYI MISSION TRUST
Amritapuri P.O., Kollam Dist., Kerala 690 525, India

Sadguru vandanam
(Hommage au *sadguru*)

Amritānandāmayi jay jay
sadguru rūpini mā
mangala kārini mā
vandē karunā nirjhari mā

Gloire à Mata Amritanandamayi, gloire au guru *incarné.*
Hommage à la Mère dont la compassion est sans bornes.

prēma tarangini mā jay jay
vimala suhāsini mā
subhrā varana lasē vandē
jyōti sukēsini mā

Gloire ! Gloire à la Mère dont le pur sourire
fait naître des vagues d'amour,
drapée de blancs vêtements, rayonnante.
Hommage à la Mère,
à la magnifique chevelure resplendissante.

satya svarūpini mā jay jay
nitya nirañjini mā
śakti mahēsvari mā vandē
bhakti rasōnmanī mā

Gloire ! Gloire à la Mère,
incarnation de la Vérité, unificatrice éternelle,
hommage à Shakti, la grande déesse,
la béatitude de l'amour divin.

karma vidhāyini mā nityam
adharma vibhañjini mā
jagadōdhārinī mā vandē
jagad sañcārini mā

Tu accordes les fruits de l'action,
et anéantis ce qui est injuste,
hommage à Toi qui élèves le monde,
à Toi qui résides au cœur de l'univers.

Sadguru jñāna mayī jay jay
tyāga nidarśini mā
dukha vimōcini mā vandē
satgati dāyini mā

Gloire ! Gloire à la Mère, Maître de la Connaissance,
incarnation du véritable renoncement.
Hommage à la Mère qui détruit la souffrance
et nous permet d'atteindre le But de la Vie.

Remerciements

De nombreux faits rapportés dans ce livre sont extraits de la biographie d'Amma écrite en malayalam par le Professeur M. Ramakrishnan Nair. Nous lui exprimons ici toute notre gratitude.

Nous remercions également tous ceux et celles qui ont contribué à la publication du présent ouvrage.

Note : Une définition de la plupart des termes sanskrits apparaissant en italique dans le texte est donnée dans le glossaire en fin de volume.

Table des matières

Chants *15*
Préface *17*

La légende 21

Première Partie
SA VIE 27
I. Dès la naissance 29
II. La servante divine 45
III. Des larmes pour Krishna 67
IV. La véritable flûte 87
V. Pour le bien du monde 101
VI. L'enfant de la Mère divine 125
VII. Bien meilleurs que l'homme 143
VIII. Éblouissante comme un million de soleils ... 155
IX. L'épée de la vérité 173
X. La Mère de la béatitude immortelle 197

Deuxième Partie
LES *BHAVAS* DIVINS 219
XI. La signification des *bhavas* divins 221

Troisième Partie
EXPÉRIENCES 231
XII. Expériences de dévots 233
XIII. Les enfants nés du *sankalpa* d'Amma 275
XIV. Expériences d'aspirants spirituels 285

Quatrième Partie
L'INCARNATION DE LA PERFECTION 333
XV. Amma, Maître spirituel 335

Glossaire 353

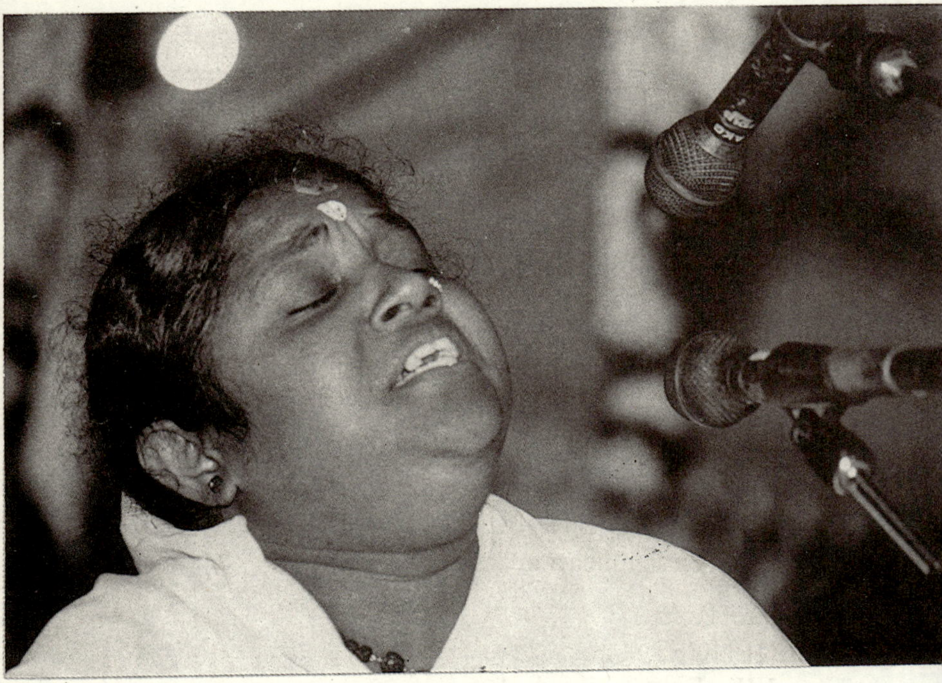

Chants

Akalatta kovilil 290
Ampati tannile 38
Ananda vithi (La voie de la béatitude) 158
Arikil undenkilum 312
Azhikulil 314
Bhagavane Bhagavane 115
Bhaktavalsale Devi 136
Kalina kannan 75
Kanivin porule 42
Kannunir kondu 128
Karunya murte 54
Karunya varidhe 59
Krishna niyennil karunyamekane 50
Manasa vacha 146
Ningalil arunum undo 78
Niramilla 89
Oru tuli sneham 138
Sadguru vandanam 10
Shrishtiyum niye 157
Tarapathangale 303

Préface

Pradīpajvālabhirdivasakaranīrājanavidhiḥ
sudhāsūteścandrōpalajalalavairardhyyaracanā

svakīyairambhōbhiḥ
salilanidhisauhityakaranam
tvadīyābhirvāgbhistava
janani vācām stutiriyam

Ô Mère ! Ces guirlandes de paroles à Ta louange sont tressées avec Tes propres mots, comme l'offrande de lumière au soleil faite avec ses propres rayons, comme l'eau de la pierre de lune offerte en oblation à la lune, ou bien encore comme les eaux marines versées en adoration devant l'océan.

—Saundaryalahari
Verset 100

Voici une mystique accessible à tous et à toutes. Vous pouvez parler avec elle et percevoir Dieu en sa présence. Elle est humble et ferme comme la terre, simple et belle comme la pleine lune. Elle est amour, vérité, l'incarnation du renoncement et du sacrifice de soi. Elle enseigne tout en agissant, donne tout et ne reçoit rien. Elle est douce comme la fleur et dure comme le diamant. Elle est un grand Maître et une Mère merveilleuse. Telle est Mata Amritanandamayi.

Elle est née pleinement consciente. Après avoir suivi (ou feint de suivre, qui sait ?) une *sadhana* (discipline spirituelle) rigoureuse, elle s'est mise à prendre dans ses bras le monde entier, avec un amour et une compassion incommensurables, qui sont la fibre même de son être.

Dès sa plus tendre enfance, elle cherchait la Mère et le Père divins, sans l'aide d'aucun gourou. Elle dut affronter l'hostilité de sa famille et de ses proches, des rationalistes et des mécréants qui, tous, tentèrent de la détruire. Totalement seule au milieu du champ de bataille, elle fit face, sereine, à toutes les situations. À 21 ans, elle manifesta son état de réalisation divine et à 22 ans, elle commença à initier à la vie spirituelle les chercheurs de vérité. À 27 ans, elle établit le centre spirituel de sa mission internationale dans la maison même où elle était née. Cinq ans plus tard, l'ashram comportait près de vingt annexes, en Inde et à l'étranger. À 33 ans, en réponse à l'invitation de ses dévots d'Amérique et d'Europe, Amma entreprit son premier voyage autour du monde, apportant inspiration et élévation spirituelles à un grand nombre de chercheurs.

Et par-dessus tout, elle a conseillé, séché les larmes, allégé la souffrance de milliers et de milliers de personnes de tous milieux, venus des quatre coins de la terre. Il t'appartient, cher lecteur, de décider, suivant l'inspiration de ton cœur, qui est Amma...

— Swami Amritaswaroupananda

La Légende

Il y a dans le *panchayat** d'Alappad, près de Kollam, dans l'État du Kérala en Inde du Sud, un petit village du nom de Parayakadavou. Situé au cœur d'une vaste forêt de cocotiers qui s'étale le long d'une péninsule étroite, il est séparé de la terre ferme par une lagune à l'est, tandis qu'à l'ouest, éclatante et bleu turquoise, la mer d'Oman vient battre le rivage.

Les habitants de ce village appartiennent à l'humble caste des pêcheurs. Ils font fièrement remonter leurs origines au sage Parasara qui épousa la jeune Satyavati, fille de pêcheurs et mère de Shri Véda Vyasa, l'illustre compilateur des Védas. De nombreuses légendes attestent la sainteté et la renommée de ce village, où la vie quotidienne et les coutumes sociales sont encore intimement liées à cette mythologie. Voici l'une de ces légendes :

Soubramanya**, le fils du dieu Shiva et de la déesse Parvati, commit un jour une erreur grave qui suscita la colère de son père. Furieux, Shiva lui jeta un sort qui le condamnait à renaître sous la forme d'un poisson. Désespérée par le destin funeste infligé à son fils, Parvati implora son époux de lui pardonner sa faute. Mais au lieu de la consoler, Shiva s'impatienta et lui jeta également un sort, celui de renaître comme fille de pêcheurs. Plus tard lorsque sa colère se fut apaisée, Shiva dit à son fils qu'il viendrait lui-même les libérer tous deux au moment opportun et leur donna sa bénédiction.

---

* Conseil d'administration de village, composé en théorie de cinq personnes.

** Un autre nom de Shri Mourouga, le frère de Shri Ganesh.

Conformément au sort jeté par son père, le Seigneur Soubramanya prit la forme d'un poisson ou plus exactement d'une énorme baleine. Surgissant dans la mer d'Alappad, cette baleine géante causa aux pêcheurs de si graves dommages qu'ils n'osaient plus s'aventurer sur les eaux, eux qui avaient l'habitude de pêcher de jour comme de nuit. Tantôt elle déchirait leurs filets, tantôt elle renversait leurs bateaux, mettant leur vie en danger, si bien qu'en peu de temps, les pêcheurs furent réduits à la pauvreté et à la famine.

Le roi des pêcheurs ne trouvait pas de solution, lui non plus, et son trésor fut bientôt vide à force de nourrir les affamés. Il tenta finalement de résoudre le problème en promettant une généreuse récompense à qui attraperait la grosse baleine responsable de leurs tourments, offrant de surcroît au vainqueur sa jolie fille unique en mariage. Mais si terrifiante était l'énorme baleine que personne ne se présenta pour relever le défi ni ne voulut tenter sa chance. Le roi et ses sujets perdirent tout espoir.

C'est alors qu'apparut un vieillard mystérieux venu du Nord. Personne ne savait qui il était ni d'où il venait. Le dos courbé par l'âge, il s'approcha du roi et déclara qu'il pouvait attraper la grosse baleine et sauver les pêcheurs d'une ruine totale. Accompagné du roi étonné et de ses sujets, le vieil homme se dirigea vers la mer.

Il fabriqua d'abord une longue corde avec une espèce particulière de plante rampante, puis jeta une extrémité dans la mer tout en tenant l'autre d'une main ferme, et fit avec la corde un cercle autour de l'endroit où la baleine gigantesque se trouvait immergée. Puis il confia la corde aux pêcheurs et leur ordonna de tirer de toutes leurs forces. Pendant qu'ils tiraient, il leur dit de réciter un *mantra* spécial qui servirait à ligoter la baleine avec la corde. Suivant ses instructions, les pêcheurs commencèrent à tirer tout en chantant le *mantra* qu'il leur avait enseigné et après plusieurs heures d'efforts surhumains, ils halèrent sur le sable le poisson géant, ligoté dans les rets de cette corde végétale. Mais à la stupéfaction générale, la baleine se transforma en un courant d'air dès qu'elle atteignit la rive.

Le vieil homme qui avait attrapé la baleine n'était autre que le dieu Shiva lui-même. Soubramanya fut ainsi délivré de son sort, et on construisit un temple en son honneur à l'endroit où le poisson géant avait été tiré sur le rivage. Le temple existe encore aujourd'hui, témoignage de cette histoire ancienne.

Mais la légende ne s'arrête pas là. Shiva, sous la forme du vieil homme, s'avança ensuite vers le roi et se tint devant lui. Le roi et ses sujets comprirent le sens de son geste et le souverain, qui avait promis sa fille unique en mariage à celui qui attraperait le poisson, était maintenant confronté à un dilemme. Le roi et ses sujets se lamentèrent de nouveau. Comment un père, surtout un roi, pouvait-il donner en mariage sa fille, jeune et d'une beauté incomparable, à un vieillard ? Le roi proposa au vieil homme de lui donner tout ce qu'il voudrait dans le royaume, hormis sa fille. Mais celui-ci répondit que le souverain devait être fidèle à sa promesse et tenir parole.

Le roi se trouvait maintenant devant un choix déchirant car c'est la loyauté qui fait la force des pêcheurs. Ils croient très fermement qu'elle les protège et, dit-on, pour celui qui a trahi sa parole, partir pêcher en mer équivaut à se jeter dans la gueule béante et féroce de la mort. Le roi, qui ne pouvait ni rompre son vœu ni donner sa belle princesse en mariage au vieillard, ne savait quelle décision prendre.

C'est alors que la jeune fille, qui était en réalité la déesse Parvati elle-même, s'avança et déclara sans hésitation : « Ô mon père, le plus noble des rois, notre devoir à tous est de protéger et de maintenir le *dharma*. Rien ne doit s'y opposer. » Le roi et ses sujets étaient désespérés à l'idée de voir la princesse partir aux côtés du vieillard, mais il n'y avait pas d'autre solution. Les pêcheurs ne se doutaient pas que leur petit royaume était devenu le théâtre d'un drame divin où le Seigneur Shiva et la déesse Parvati allaient être réunis. Le cœur lourd, les villageois suivirent le couple divin qui quittait le royaume. Après plusieurs heures de marche, les villageois demandèrent : « Où allez-vous ? Nous aimerions bien vous accompagner. » « Nous n'avons aucune demeure particulière (*uru*) ; là où nous arriverons sera notre demeure (*chellunna uru*). »

Le Seigneur Shiva et la déesse Parvati, suivis des pêcheurs, continuèrent leur chemin. Ils marchèrent longtemps et ils s'arrêtèrent à un endroit précis. Là, tournés respectivement vers l'est et vers l'ouest, ils se transformèrent en statues de pierre. *Chelluruna uru*, « le lieu où ils s'étaient arrêtés », devint ensuite le Chenganour que nous connaissons aujourd'hui.

On érigea plus tard un temple pour célébrer le culte quotidien, mais un événement extraordinaire se produisit alors : chaque fois qu'on apportait de l'eau dans le *sanctum sanctorum* pour accomplir les rites, les prêtres y trouvaient un poisson. Il devint impossible de célébrer le culte. En quête d'une solution, les autorités du temple découvrirent, par des calculs astrologiques, l'histoire du Seigneur Shiva, de la déesse Parvati et du sort jeté à Soubramanya. La prédiction astrologique révéla par ailleurs que le mariage du vieil homme et de la princesse n'avait jamais été célébré. Selon la coutume, pour célébrer la noce, les habitants de la région côtière d'Alappad (où la déesse Parvati était née dans une famille de pêcheurs) devaient se rendre à Chenganour avec une dot et des cadeaux. On organisa donc les préparatifs, à Chenganour et à Alappad. Les pêcheurs d'Alappad réunirent dûment les biens paraphernaux*et se rendirent à Chenganour pour célébrer le mariage divin. Aujourd'hui encore, chaque année, au moment des fêtes, ce rituel est célébré en souvenir de l'ancienne légende, et le temple reste un centre d'attraction pour des milliers de dévots.

Biens paraphernaux* : biens appartenant à la mariée mais qui ne font pas partie de la dot

Il y a quelques dizaines d'années s'est déroulé un incident intéressant, lié à cette histoire ancienne. Une année, les habitants d'Alappad refusèrent de participer à la fête, d'observer les règles et d'effectuer les préparatifs traditionnels, sous prétexte que le voyage à Chenganour était un gaspillage onéreux et dénué de sens. « Pourquoi prendre part à une fête qui se tient si loin de chez nous ? » songèrent-ils. Mais il se produisit alors au temple de Chenganour des événements très mystérieux. L'éléphant décoré qui devait porter l'image du Seigneur dans la procession s'arrêta net et refusa d'avancer d'un pas. Tous les efforts pour le faire bouger s'avérèrent inutiles. Une dépêche fut aussitôt envoyée à Alappad pour relater cet incident funeste, mais il était trop tard. Les symptômes de la variole y étaient déjà apparus. Prenant conscience de leur folle erreur et remplis de remords, les habitants partirent sur-le-champ pour Chenganour avec tous les objets nécessaires pour célébrer la fête, comme le voulait la coutume.

Telle est l'ancienne légende, si intimement et inéluctablement mêlée à ce paysage côtier et à ses habitants. Est-il étonnant que ces lieux sacrés soient devenus une fois encore le théâtre d'un drame divin ?

Première Partie

SA VIE

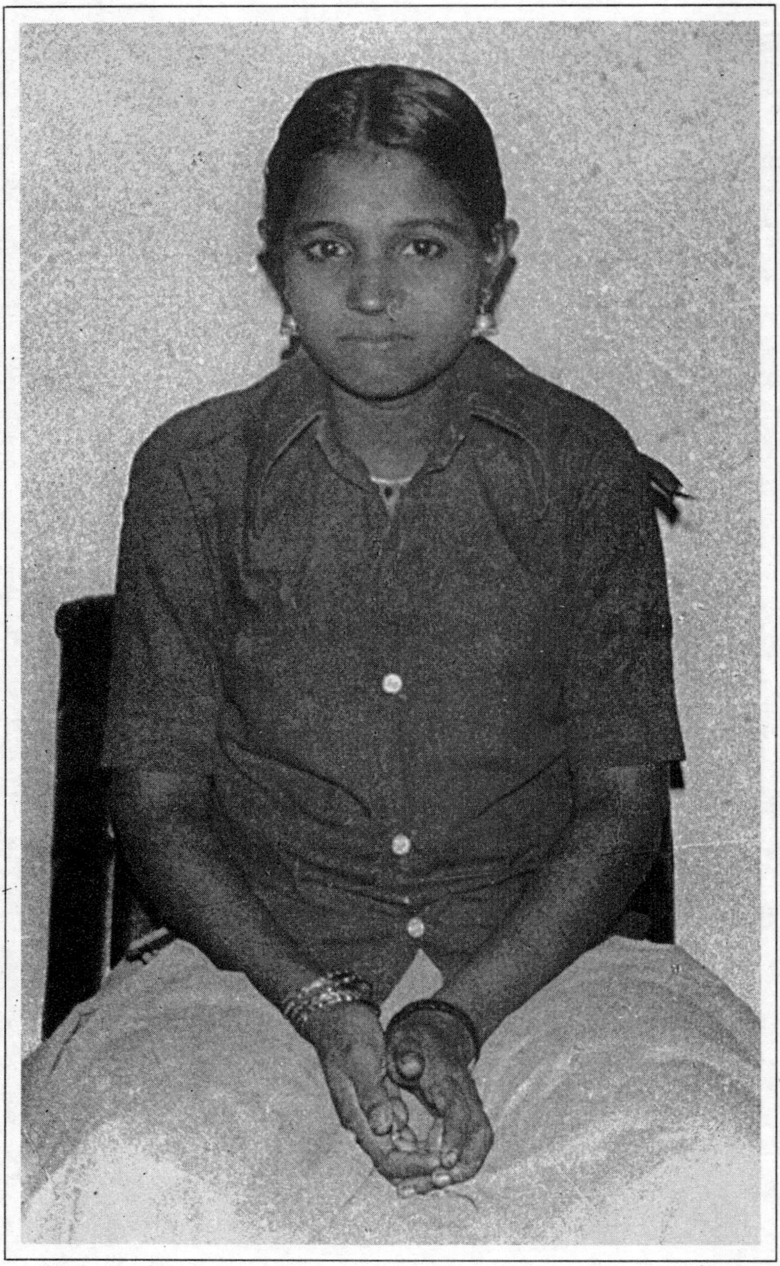

Chapitre I

Dès la naissance

« Dès la naissance, j'éprouvai un amour intense pour le nom divin. À un point tel que je répétais sans cesse le nom du Seigneur, à chaque respiration, et qu'un flot constant de pensées divines emplissait mon esprit quel que fût l'endroit où je me trouvais ou la tâche que j'accomplissais. Ce souvenir ininterrompu de Dieu, avec amour et dévotion, est une aide immense pour celui qui aspire à la Réalisation divine. »

— *Mata Amritanandamayi*

Thīrthikurvanti tīrthani sukarmikurvanti
karmāni saccāstri kurvanti śāstrāni
modante pitaro nrityanti devatāḥ
sanatha ceyan bhūrbhavati

Les grands saints consacrent les lieux de pèlerinage, rendent les actions justes et bonnes et confèrent leur autorité spirituelle aux Écritures.

Quand un tel saint naît, les pères se réjouissent, les dieux dansent de joie et la terre est pourvue d'un Sauveur.

— Narada Bhakti Soutras
Verset 69-71

Les Ancêtres

Idamannel est le nom d'une ancienne famille du village de Parayakadavou, qui formait une petite partie du *panchayat* d'Alappad. Bien que leur métier traditionnel fût la pêche, ses membres se livraient également à d'autres activités ; accomplir des rites religieux et observer différents vœux faisait partie intégrante de leur vie. Ces pêcheurs étaient également réputés pour leur générosité. Lorsqu'ils rentraient de la pêche, ils distribuaient d'abord du poisson gratuitement à tous les villageois réunis sur le rivage puis, après avoir vendu le reste, ils prenaient une poignée de pièces de monnaie et les distribuaient aux enfants.

De nombreuses âmes saintes sont nées dans la famille Idamannel. Shri Velayoudhanfut l'une d'entre elles. Plein de compassion, sincère et généreux, il respectait strictement l'idéal d'*ahimsa (non-violence)* et ne permettait pas que l'on tue même un rat. Velayoudhan était marié à Shrimati Madhavi, une femme chaste et pieuse. Elle se levait chaque matin avant l'aube et confectionnait des guirlandes de fleurs pour les divinités de l'autel familial. Tandis qu'elle travaillait, on l'entendait constamment chanter les noms du Seigneur. A l'âge de quatre-vingts ans, elle confectionnait toujours des guirlandes, assise devant le temple, avec la même dévotion.

Sougounanandan était l'aîné de leurs cinq enfants. Inspiré par l'atmosphère religieuse qui régnait dans sa famille, il devint un ardent dévot du Seigneur Krishna. À neuf ou dix ans, il commença l'étude du *kathakali*, le théâtre traditionnel dansé du Kérala qui met en scène les exploits des dieux et des déesses. Tandis que les acteurs présentent l'histoire par la danse et les *mudras* (gestes sacrés), les musiciens la racontent par leurs chants. Le rôle préféré de Sougounanandan était celui de Shri Krishna. Au cours d'un spectacle de *kathakali*, il s'identifia tellement au rôle de Krishna qu'il s'évanouit sur scène.

L'atmosphère autour d'Idamannel était très paisible. La maison était bordée de trois côtés par les eaux de la lagune, regorgeant de vie sauvage et entourée d'une végétation verdoyante, avec des cocotiers, des anacardiers et autres arbres fruitiers. Il y avait en ce temps-là très peu de maisons dans le voisinage. Au retour de l'école, quand il avait treize ou quatorze ans, Sougounanandan grimpait aux arbres de cajou avec son cousin et ils se régalaient de fruits délicieux. Un jour que les deux garçons s'affairaient dans les arbres à cueillir les fruits ils aperçurent un *sannyasin* (moine) portant barbe et longs cheveux qui s'approchait d'Idamannel. Il n'était jamais venu dans la région auparavant et les garçons furent impressionnés par son apparence rayonnante. Il flâna quelques minutes autour de la propriété. Tout à coup, il éclata d'un rire extatique et s'exclama d'une voix sonore : « Je peux voir à cet endroit de nombreux ascètes plongés dans une méditation profonde. Ce lieu fut dans le passé le séjour de maintes grandes âmes dont les tombeaux gisent enfouis sous la terre. De nombreux *sannyasins* atteindront ici le *samadhi* (l'union avec Dieu) et cet endroit deviendra sacré. » Il éclata encore une fois d'un rire joyeux et continua son chemin pour ne plus jamais revenir ni faire parler de lui. Intrigués par les affirmations du moine, les garçons reprirent leurs jeux. De nombreuses années devaient s'écouler avant que Sougounanandan et son cousin ne hochent la tête avec émerveillement au souvenir des paroles prophétiques de ce moine errant.

Très tôt, Sougounanandan se consacra au métier traditionnel de la vente de poisson et à l'âge de vingt-et-un ans, il épousa Damayanthi, une jeune femme de vingt ans venant du village voisin, Bhandaratourouttou. Damayanthi naquit dans une famille dévote où les pratiques religieuses étaient accomplies chaque jour sans faute. La famille possédait même son propre temple et depuis son enfance, Damayanthi menait une existence vertueuse. Son père Pounyan et sa mère Karoutta Kounya étaient également des dévots exemplaires de Dieu et l'atmosphère régnant dans sa famille l'incitait à mener une vie pure et religieuse.

Elle était si pieuse que les villageois l'appelaient avec révérence « Pattathi Amma » ou « la femme brahmane ». La dévotion envers Dieu étant sa préoccupation majeure, elle observait divers vœux religieux presque chaque jour de la semaine. Elle jeûnait souvent et, ces jours-là, elle rompait son jeûne en buvant l'eau des noix de coco vertes qui tombaient mystérieusement des arbres.

Damayanthi et Sougounanandan eurent treize enfants, dont quatre moururent à la naissance et un cinquième au bout de cinquante-trois jours. Les autres, quatre filles et quatre fils, furent nommés par ordre chronologique, de l'aînée au benjamin : Kastourbai (appelée Kastouri, la forme usuelle de son nom), Souni Koumar (Soubhagan), Soudhamani, Sougounamma, Sajani, Souresh Koumar, Sathish Koumar et Soudhir Koumar. Mais de tous ces enfants, c'est Soudhamani qui devait être connue dans le monde entier sous le nom de Mata Amritanandamayi, la Mère de la béatitude immortelle.

Au cours de sa quatrième grossesse, Damayanthi eut d'étranges visions. C'étaient parfois de merveilleux rêves de Krishna, d'autres fois elle assistait aux jeux divins du Seigneur Shiva et de Dévi, la Mère divine. Une nuit, elle rêva qu'un personnage mystérieux venait vers elle et lui confiait une statue de Shri Krishna coulée dans de l'or pur. Durant la même période, Sougounanandan rêva de la Mère divine. Comme il était un dévot du Seigneur Krishna, il ne comprenait pas pourquoi tout à coup Dévi lui apparaissait. Il raconta son rêve à Damayanthi et découvrit qu'elle ausi avait eu récemment d'étranges visions. Ils se demandèrent quelle pouvait être leur signification et si elles présageaient l'arrivée de quelque bonne fortune.

En ce temps-là, Sougounanandan et Damayanthi vivaient dans une petite hutte au bord de la mer, ce qui convenait mieux à leur commerce de poisson que de vivre dans l'autre hutte située sur la propriété de famille des Idamannel, à cinq minutes de marche vers l'intérieur du pays. Au cours des trois grossesses précédentes, Damayanthi avait vu son corps gonfler quelques semaines avant la date de l'accouchement. C'était pour elle le signe qu'elle devait abandonner ses tâches quotidiennes et retourner chez ses parents, à Bhandaratourouttou, où l'on prenait soin d'elle au moment de l'accouchement. Et elle attendait de nouveau que son corps gonfle pour se préparer à la naissance de son quatrième enfant.

Une nuit, elle eut un rêve merveilleux dans lequel elle donnait naissance au Seigneur Krishna, puis le tenait dans ses bras tandis qu'il tétait le lait de son sein. Le lendemain matin, elle était sur le rivage en plein travail lorsqu'elle eut soudain la sensation qu'elle allait accoucher, mais elle n'en fit aucun cas car son corps n'avait pas encore commencé à gonfler comme il le faisait habituellement. Cette étrange impression persista pourtant et Damayanthi abandonna son travail. Elle éprouvait le besoin impérieux de se précipiter à Idamannel et se dirigea, seule, vers l'arrière-pays. En arrivant, elle entra dans la petite hutte et commença à réunir quelques affaires, mais elle ressentit bientôt une sensation familière et réalisa qu'elle était en train d'accoucher. Le temps d'étendre une natte et de s'allonger, l'enfant était né ! Ebahie, elle vit que le bébé était une fille. L'atmosphère qui enveloppait la naissance de l'enfant était absolument sereine. En dehors de la sensation qui l'avait prévenue, Damayanthi n'avait rien senti. Lorsqu'elle eut recouvré ses esprits, elle commença à s'inquiéter. L'enfant était-elle vivante ? Damayanthi n'entendait aucun des cris habituels des nouveau-nés. Elle l'examina anxieusement et quelle ne fut pas sa surprise de voir que le bébé arborait sur son petit visage un magnifique sourire ! Son regard pénétra profondément dans le cœur de Damayanthi qui ne devait plus jamais l'oublier.

Une femme habitant une maison voisine apparut dans l'encadrement de la porte. Réalisant aussitôt la situation, elle se mit à arranger la pièce pour apporter un peu de confort à la mère et à l'enfant. C'est ainsi que le matin du 27 septembre 1953, une petite fille naquit dans une humble hutte en palmes tressées, bercée par le chant lancinant des vagues de l'océan qui déferlent inlassablement sur le rivage tout proche.

Les parents étaient intrigués par la peau bleu sombre du bébé et par le fait qu'il se mettait en *padmasana** et formait le *chinmudra*** avec ses doigts, joignant en un cercle les extrémités du pouce et de l'index. Ils craignaient que cette teinte bleu sombre ne soit le symptôme d'une étrange maladie. Et cette posture singulière ne signifiait-elle pas une déformation des os ? Ils consultèrent différents médecins. Leur peur s'apaisa quand les examens médicaux révélèrent que l'enfant n'avait aucune malformation osseuse. Quant à la couleur de la peau, elle ne pouvait être attribuée à l'hérédité puisque Damayanthi et Sougounanandan avaient tous deux le teint clair. Les médecins conseillèrent donc aux parents de ne pas laver l'enfant pendant six mois pour tenter de guérir ce mal mystérieux.

Six mois passèrent, mais la petite fille gardait sa couleur qui rappelait Shri Krishna et Kali, la Mère divine. Avec le temps, le

---

* La posture du lotus en *hatha yoga*.

** Ce *mudra* symbolise l'union du soi individuel avec le Suprême.

bleu sombre se transforma en noir. Mais lorsque le désir de la petite fille d'obtenir une vision de Krishna se faisait plus intense, la couleur de sa peau redevenait bleue. Aujourd'hui encore, surtout pendant les *bhavas* divins de Krishna et de Dévi, on peut voir le reflet bleu sombre de sa peau.

Curieusement, c'est à cause de cette teinte que Damayanthi et les autres membres de la famille traitèrent par la suite la petite fille avec tant de mépris. C'est également en raison de cette aversion pour « l'enfant noire » qu'elle devint la servante opprimée de sa famille et de ses proches. D'ailleurs, seul un petit nombre de parents furent informés de cette naissance qui semblait avoir peu d'importance. C'était une fille, et Damayanthi avait déjà mis au monde trois autres enfants.

Qui aurait pu imaginer que cette enfant à l'étrange couleur bleue, née avec un sourire bienveillant dans une petite hutte le long des côtes de la mer d'Oman, était en réalité un Maître spirituel venu au monde pour répandre la paix et l'amour divins sur une humanité en proie à la souffrance ? Qui pouvait prévoir le potentiel spirituel de cette petite, qui allait aider des milliers et des milliers de chercheurs à traverser l'océan de la transmigration* ?

Dès sa naissance, la famille remarqua des signes inhabituels qui ne furent compris que bien plus tard. Avant de marcher, un enfant normal passe par différents stades de développement. Tout d'abord, il est allongé sur le dos, puis il roule sur le côté et se retrouve sur le ventre, d'où il commence à se soulever en poussant avec les bras, et ainsi de suite. Enfin il commence à se traîner à quatre pattes et au bout de quelques mois, il se lève sur ses jambes en s'accrochant à un support. À l'âge d'un an, il trotte partout. Le cas de cette petite fille était entièrement différent et elle ne franchit aucune de ces étapes. A l'âge de six mois, elle se leva tout d'un coup et traversa directement la terrasse. Peu de temps

---

* Métaphore représentant le cycle des naissances, des morts et des renaissances.

après, elle commença à courir, ce qui remplit son entourage d'émerveillement et de joie.

Joyau d'ambroisie

Les parents donnèrent à leur extraordinaire petite fille le nom de Soudhamani, qui signifie « Joyau d'ambroisie ». À la différence des autres enfants de son âge, Soudhamani commença à parler le malayalam, sa langue maternelle, alors qu'elle avait à peine six mois. Sa passion pour les noms divins se manifesta dès qu'elle parvint à maîtriser à peu près le langage. À l'âge tendre de deux ans, sans aucune instruction, elle se mit à réciter des prières et à chanter de petites chansons en l'honneur de Shri Krishna. Nul besoin de préciser que les autres membres de la famille étaient assez décontenancés lorsqu'il leur arrivait de la surprendre en de tels moments. Au cours de l'année suivante, elle prit l'habitude de chanter tous les jours à haute voix les noms divins et, jusqu'à ce jour, elle a maintenu cette coutume. Dès l'âge de quatre ans, elle chantait avec une ferveur pleine de dévotion ses compositions d'une ligne ou deux, assise devant son petit portrait favori du Seigneur.

Dès l'enfance, Soudhamani était pleine de vie et d'énergie. Tous les villageois aimaient cette enfant obéissante et même les étrangers se sentaient inexplicablement attirés par elle. Son amour pour Dieu, sa sollicitude envers son prochain et d'autres nobles traits de caractère se manifestèrent dès le plus jeune âge. Ces qualités lui valurent dans le village le surnom familier de « Kounjou », qui signifie « la petite ». Étrangement, c'est à cause de ces qualités qu'elle devint plus tard l'objet des mauvais traitements de sa famille et de ses proches.

Soudhamani n'avait que cinq ans mais un flot de dévotion naturelle envers le Seigneur Krishna jaillissait déjà de son cœur ; très vite, cet amour prit la forme de véritables hymnes, vibrants d'un désir poignant pour son Bien-Aimé. La dévotion avec laquelle elle chantait ces compositions, à la fois simples et profondément mystiques, était un enchantement et la rendit célèbre dans tout le village. Tout en psalmodiant ou en chantant, elle gardait les yeux fixés sur une image de Krishna qu'elle transportait toujours avec elle, épinglée à l'intérieur de sa chemise. Elle restait ainsi longtemps, assise, immobile. Son comportement hors du commun et son intense dévotion surprenaient les gens et attiraient l'attention de tous les villageois pieux. Ils se levaient très tôt le matin pour entendre la voix angélique de Kounjou accueillir le lever du jour.

Ampati tannile

Ô Seigneur, toi qui protégeas Gokoulam,
Enfant chéri d'Ampati, Ô Seigneur de l'océan de lait,

Toi qui as la couleur des nuages,
Ô Toi aux yeux de lotus,
je T'adore les mains jointes...
Je T'en prie, délivre le pécheur de ses péchés,
Ô Toi qui as la couleur des nuages sombres,
je T'en prie, montre de la compassion
envers les pauvres de ce village...
Ô Seigneur, joueur de flûte à la parure jaune,
Ô Toi qui portes une guirlande de jasmin,
s'il Te plaît, viens jouer de la flûte.
Ô Destructeur de Poutana,
je T'en supplie, protège-moi !
Ô Toi qui reposes sur un immense serpent,
Ô Seigneur de Gokoulam
qui détournas les pluies torrentielles,
je T'en prie, unis-moi à Tes Pieds de Lotus
me délivrant ainsi de la souffrance
qui habite mon âme...

À cet âge, déjà, on observait chez Soudhamani les signes visibles d'une nature divine. Au cours de ses jeux ou pendant son travail quotidien, elle se coupait soudain du monde extérieur, quel que fût l'endroit ou le moment. Ses parents ou ses proches la trouvaient alors assise, immobile, en un lieu isolé et solitaire, ou parfois au bord de la lagune, regardant intensément l'eau ou fixant silencieusement le ciel bleu, comme transportée dans un autre monde. Elle s'asseyait souvent seule, les yeux fermés, et lorsqu'elle reprenait conscience du monde extérieur, elle était très distraite.

Incapables de comprendre le sens du comportement inhabituel de leur fille, les parents lui reprochaient de ne pas jouer comme les autres enfants. Ceci marqua le début d'une longue période d'incompréhension envers leur fille, dont ils interprétaient de façon erronée les envolées irrépressibles vers le divin royaume, craignant que son comportement étrange n'entraînât un désordre psychologique.

À cinq ans, Soudhamani fut inscrite au cours élémentaire à l'école Srayichadou, dans le village voisin. Elle possédait déjà une intelligence et une mémoire étonnantes. Elle retenait par cœur des leçons entières qu'elle n'avait entendues qu'une seule fois et récitait sans peine toutes les matières étudiées en classe ou bien ce qu'elle avait lu. En deuxième année, elle récitait les leçons des classes supérieures dont elle avait simplement entendu la lecture à voix haute. Et alors que ses camarades plus âgés, y compris son frère et sa sœur aînés, étaient parfois sévèrement punis par leur professeur parce qu'ils n'étaient pas capables d'apprendre par cœur des poésies, la petite Soudhamani, qui étudiait dans une classe inférieure, chantait mélodieusement ces poèmes et dansait sur leur musique. Tous les maîtres l'aimaient et étaient étonnés par sa mémoire car ils n'avaient jamais rien vu de pareil. Elle obtenait la meilleure note dans toutes les matières et était première de sa classe, malgré de fréquentes absences dues aux travaux domestiques qu'elle devait accomplir.

Un autre incident illustre la mémoire extraordinaire de Soudhamani. Un jour, cinq mois après sa naissance, Damayanthi s'absenta et la laissa aux soins de son père. Sans raison apparente, Kounjou devint très agitée et se mit à pleurer. Sougounanandan fut désemparé par ce comportement inhabituel et malgré tous ses efforts, il ne put la consoler. Cela dura un moment puis il perdit patience et, exaspéré, la jeta sur le lit. Des années plus tard, Soudhamani fit un jour à son père la remarque suivante : « Oh ! De quelle façon tu m'as jetée, ce jour-là ! Tu aurais pu me tuer ! » Tout d'abord, Sougounanandan ne comprit pas le sens de ses paroles ; mais au bout d'un moment, il se remémora soudain tous les détails de l'incident et fut ébahi, une fois de plus, par la mémoire de sa fille.

À l'école, quand elle avait du temps libre, elle faisait ses devoirs en pensant qu'une fois rentrée à la maison, elle pourrait consacrer son temps à se souvenir de Dieu. De retour chez elle, elle aidait sa mère aux travaux de la maison, puis se perdait en chants de dévotion.

Soudhamani prenait grand soin d'utiliser correctement son temps et ne perdait jamais une minute dans l'oisiveté. Tout en accomplissant ses tâches ménagères qui ne cessaient d'augmenter, elle chantait sans cesse le nom divin du Seigneur Krishna. Visualisant dans son cœur la merveilleuse forme de son Bien-Aimé tout en répétant son nom, Kounjou passait les jours et les nuits dans un monde à part.

La maison où Soudhamani passa son enfance se composait en tout et pour tout de deux petites pièces et d'une cuisine. Pour remédier à l'inconfort de cette habitation étroite, Sougounanandan construisit le long de l'étable* une pièce supplémentaire qui servait de salle d'études aux enfants. Mais c'est dans l'étable que Soudhamani passa son enfance à méditer et à chanter des hymnes de dévotion. Deux réfugiées y vivaient elles aussi : une veuve nommée Potichi, coiffeuse de son état, et son enfant. Sougounanandan avait eu pitié de leur condition misérable et leur avait permis de vivre là. Potichi la coiffeuse aimait beaucoup Soudhamani. Elle la portait toujours sur sa hanche et ces années-là, ce fut Potichi qui s'occupa de Kounjou, bien plus que Damayanthi.

C'est donc dans l'étable que Soudhamani vivait la plupart du temps, concentrant toujours son cœur et son âme sur la forme enchanteresse du Seigneur Krishna. Comme Krishna, elle adorait les vaches. C'est dans la solitude qu'elle passait tous ses moments libres, perdue dans une rêverie divine, absorbée par son désir intense de contempler la vision resplendissante du Seigneur Krishna.

Soudhamani était toujours entourée d'enfants, attirés par sa nature aimante. Dès qu'ils en avaient l'occasion, ils venaient à Idamannel pour jouer avec elle, puis ils partaient ensemble couper de l'herbe pour les vaches. C'était un travail qu'ils n'aimaient

---

* À proximité de l'endroit où se trouve aujourd'hui le petit temple.

guère mais ils s'y joignaient de bon cœur pour avoir le plaisir de sa joyeuse compagnie. Tous éprouvaient une attirance mystérieuse et un sentiment d'amour très fort pour elle. Le travail terminé, Soudhamani entraînait ses camarades dans toutes sortes de jeux ; elle les captivait en jouant la *Krishna Lila*, les exploits de Shri Krishna enfant. Sans grande difficulté, elle leur faisait chanter en chœur les chants de dévotion qui jaillissaient d'elle en un flot continu.

Personne ne pouvait comprendre ses élans d'amour pour le Seigneur, qui s'intensifiaient de jour en jour. Au fil des mois et des semaines, elle s'absorbait toujours plus dans sa dévotion et, jour et nuit, on l'entendait chanter, emplie du désir ardent de voir la beauté divine de son Seigneur. Ses états extatiques devenaient plus fréquents et ne se cantonnaient pas toujours à l'étable. Parfois, Soudhamani oubliait le monde autour d'elle et dansait en extase, décrivant un cercle et chantant des hymnes d'amour.

A sept ans, Kounjou composa le chant suivant :

Protège-moi, Ô Seigneur suprême de Gourouvayour,
Ô enfant Krishna qui jouas au pâtre,
Ô Seigneur de l'univers, époux de la déesse Lakshmi,
protège-moi, Ô Krishna, Bien-Aimé de Radha,
Ô Krishna, Bien-Aimé des gopis,
Ô Krishna, fils de Nanda,
Ô Krishna, que tous adorent et vénèrent...

La famille et les voisins ne comprenaient absolument rien aux états d'exaltation de Soudhamani et n'y voyaient que des jeux d'enfants. Qui pouvait imaginer que cette petite fille de sept ans, sans aucune éducation spirituelle, nageait dans l'océan de l'amour pur et de la béatitude ? Coupée du monde, Kounjou s'enfermait parfois dans sa chambre pour chanter et danser, ivre de béatitude. C'est au cours d'une de ces envolées mystiques que Damayanthi s'exclama un jour, après avoir jeté un coup d'œil par l'entrebâillement de la porte : « Mais voyez comment danse notre fille ! Nous devrions lui faire prendre des cours ! » Pauvres parents ! Ils ne connaissaient que les danses de ce monde et n'avaient jamais entendu dire qu'un être humain pouvait danser en état d'ivresse divine. S'il s'était trouvé là une seule personne ayant étudié la vie des grandes âmes, peut-être aurait-elle pu reconnaître les élans mystiques de Soudhamani. Mais qui aurait pu s'attendre à un tel état de félicité chez une enfant si jeune ? La famille pensait qu'il s'agissait simplement des divertissements d'une petite fille un peu excentrique qui débordait d'imagination.

Le désir intense de trouver son Bien-Aimé et de se fondre en Lui ne la quittait pas. Combien de fois la retrouva-t-on, le regard fixé sur le petit portrait de Krishna qu'elle gardait toujours accroché en sécurité dans sa chemise... Épanchant son cœur vers Lui dans ses chants et dans ses prières, elle pleurait : « Ô mon Krishna bien-aimé, je vois autour de moi tant de difficultés et de souffrances ! Ô Krishna ! N'oublie pas de prendre soin de cette enfant. Je T'appelle sans cesse, ne viendras-Tu pas jouer avec moi ? »

Le chant qui suit fut composé par Soudhamani quand elle avait huit ans :

Kanivin porule

Ô Toi, Essence de toute grâce,
Toi qui es plein de compassion
Ô Krishna, sois mon refuge ! Ô Krishna,
ignores-Tu l'histoire de ces larmes brûlantes
qui ne cessent de couler ?

Offrant des fleurs à Tes pieds
qui ont foulé le serpent Kaliya,
je T'adorerai, Ô Krishna...

Tu es venu, conduisant le char d'Arjouna
à Kouroukshetra, et Tu as protégé la vérité et le
dharma...

Ô Seigneur qui préserves le dharma,
montre-nous un peu de compassion !
Ô Seigneur de la Gita, Amoureux de musique divine,
rends-moi capable de chanter Ton nom.

Ô Toi qui aimes les chants de dévotion
n'entends-tu pas Tes noms sacrés
murmurés au plus profond de ce cœur ?

Le visage triste et les chants nostalgiques de la petite fille captivaient le cœur plein de sympathie des villageois, mais le profond mystère de sa vie intérieure restait pour tous insondable. Qui pouvait percevoir la jubilation extatique dans laquelle la plongeait sa dévotion d'enfant ? Qui pouvait comprendre, sinon le sage ?

CHAPITRE II

La servante divine

« Mère est la servante des servantes. Elle n'a pas de demeure particulière. Elle habite dans votre cœur. »

— *Mata Amritanandamayi*

Kāminīriti hi yāminishu khalu kāmanīyaka
nidhē bhavān
pūrnasammada rasārnavam kamapiyōgigamya
manubhāvayan
brahmaśankara mukhānapīha paśupanganāsu
bahumānayan
bhaktalōka gamanīyarūpa kamanīya driśna
paripāhi mām

Ô Trésor de beauté ! Toi qui accordas des nuits durant aux gopikas *éperdues d'amour cette joie immense et intense de l'esprit que seuls atteignent les yogis, les rendant ainsi dignes du respect de Brahma et de Shiva eux-mêmes,*
Ô Krishna à l'adorable forme, accessible uniquement aux êtres emplis de dévotion, daigne m'accorder la grâce de Ta protection.

—Srimad Narayaniyam
Cantique 69, verset 11

À neuf ans, Soudhamani entra en classe de CM1. Sa mère était alors atteinte d'une maladie chronique et lui avait peu à peu confié de nombreuses responsabilités domestiques. Levée avant l'aube, elle s'attelait à son travail pour se précipiter à l'école dès qu'elle avait terminé. Lorsqu'elle rentrait le soir à la maison, elle consacrait à la prière et à la méditation le temps qui lui restait après avoir accompli tous les travaux ménagers. Elle portait toujours sur elle son portrait favori de Krishna, pleurait en le serrant contre son cœur et le couvrait de baisers. La petite image se retrouvait sans cesse trempée de larmes.

Damayanthi s'en allait parfois très loin chercher de l'eau, laissant Kounjou à la maison ; mais la petite la suivait en cachette, pensant que sa mère pourrait avoir besoin d'elle et si Damayanthi tentait de l'en empêcher, elle protestait avec vigueur. Elle était si têtue que Damayanthi l'enfermait quelquefois dans une pièce et essayait de lui faire peur en disant : « Gare au fantôme ! Il va venir t'attraper ! » Mais personne ne pouvait effrayer Soudhamani. Même enfant, son intrépidité et son courage lui avaient attiré le respect des villageois qui éprouvaient déjà beaucoup d'affection pour cette petite fille si vertueuse.

Il y avait dans le village une vieille femme célèbre pour la peur qu'elle inspirait aux enfants et quand ils devenaient trop espiègles, les parents la mandaient pour qu'elle les contraigne à obéir en les effrayant. Son nom était Appisil Amma et on l'appelait parfois à Idamannel pour faire peur à Soudhamani. Elle se faufilait alors jusqu'à la fenêtre de la chambre où Soudhamani était assise et, la tête couverte d'un sac, se mettait à sauter et à hurler en gesticulant de façon terrifiante. Mais la petite déclarait bravement en regardant par la fenêtre : « Va-t'en, je sais qui tu es. Tu es Appisil Amma ! N'essaye pas de me faire peur ! »

Comme une enfant abandonnée, éperdue de douleur, Soudhamani appelait son bien-aimé Krishna. Les villageois la considéraient maintenant comme un être vivant dans un autre monde. Incapables de comprendre la raison de sa douleur, ils éprouvaient de la compassion pour elle et répétaient : « Quel dommage ! Pauvre enfant ! Que lui est-il arrivé ? Des larmes coulent sans cesse sur ses joues. Quel sort déplorable ! N'est-elle née que pour pleurer ? Les membres de sa famille la traitent-ils si durement ? Qu'a-t-elle fait pour subir tant de souffrance ? » Tous la prenaient en pitié et certains essayaient même de la consoler. Mais qui, sinon le Bien-Aimé des *gopis*, pouvait apaiser sa soif inextinguible d'union spirituelle ?

Comme nous l'avons déjà dit, l'équanimité, la noblesse de caractère, la compassion de la petite envers tous les êtres vivants et ses chants mélodieux l'avaient rendue très chère aux habitants du village. Tous ceux qui avaient la chance de la rencontrer lui ouvraient bientôt leur cœur. Mais il n'en allait malheureusement pas de même avec les membres de sa propre famille. Sa mère et son frère aîné lui étaient particulièrement hostiles à cause de son comportement étrange.

Vers cette époque, après la naissance de cinq autres enfants, la santé de Damayanthi se détériora à tel point qu'il lui devint impossible de s'occuper des tâches ménagères. Kastouri et Soubhagan, la fille et le fils aînés, poursuivaient tous deux leurs études. Ainsi la responsabilité de la maison, dont Soudhamani avait en partie assuré la charge, retomba entièrement sur ses épaules. Ce fut pour elle le début d'une vie d'épreuves et de tourments.

Elle travaillait jour et nuit. Debout dès trois heures, elle nettoyait la maison, balayait la cour, allait chercher de l'eau, cuisinait, lavait et trayait les vaches. S'il lui restait du temps, elle faisait la lessive pour toute la famille et récurait les casseroles.

Un tel fardeau de travail aurait brisé les reins d'un adulte, alors que dire du corps d'une petite fille ? Soigner les vaches et les poules aurait suffi à la tâche d'une personne. Soudhamani accomplissait pourtant tout son labeur avec ardeur et patience, sans jamais se plaindre.

A cause de sa charge de travail, sa scolarité s'acheva pratiquement à ce moment-là. La plupart du temps, elle ne pouvait arriver à l'heure à l'école. Elle avait beau se débrouiller pour terminer son travail et se précipiter en courant à l'école, les cours étaient déjà commencés et pour la punir de son retard, les maîtres la faisaient attendre derrière la porte. Même quand ils l'obligeaient à patienter dehors, Soudhamani suivait attentivement les cours et parvint malgré tout jusqu'en fin de CM1.

Arrivée au niveau du CM2, il lui devint impossible d'assumer à la fois cette succession ininterrompue de tâches ménagères et ses études. C'est ainsi qu'à l'âge de dix ans, Soudhamani fut contrainte de quitter l'école et se consacra entièrement aux travaux domestiques. Du matin avant l'aube jusque tard le soir, elle trimait sans relâche. Mais malgré de ce travail harassant, la petite chantait toujours et répétait les noms divins de son bien-aimé Krishna. Parfois, elle s'absorbait totalement dans son amour pour Lui et oubliait tout ce qui l'entourait.

Comme nous l'avons déjà dit, sa journée commençait bien avant l'aube. Et si, d'aventure, Soudhamani était tellement épuisée qu'elle dormait un peu plus tard que de coutume, Damayanthi lui versait sans hésitation une cruche d'eau froide sur la tête. Au lever, sa première tâche était de pilonner pour les assouplir les fibres de noix de coco qui serviraient plus tard à fabriquer des cordes, un produit artisanal local. Commençait ensuite la première série de travaux : nettoyer la maison et la cour, aller chercher de l'eau au robinet du village, laver la vaisselle, cuisiner les repas et aider ses jeunes frères et sœurs à se préparer pour l'école. Puis elle lavait les vaches, leur apportait du fourrage, faisait de nouveau la vaisselle après avoir servi le déjeuner, lavait le linge de la famille et allait couper de l'herbe pour les vaches. Tout cela durait au moins jusqu'à seize heures, quand ses frères et sœurs rentraient de l'école. Elle leur préparait alors un goûter léger et du thé. Malgré cet emploi du temps chargé, il lui fallait encore trouver le temps de rendre visite aux maisons du voisinage pour y récolter des épluchures de légumes et du gruau de riz pour les vaches. Damayanthi lui avait en outre ordonné de se charger, dans les maisons où elle se rendait, des tâches ménagères qui n'avaient pas été correctement accomplies. Enfin, Kounjou préparait le repas du soir pour sa famille et faisait encore une fois la vaisselle.

Jamais personne ne l'aidait car elle était considérée comme la servante de la famille et tous les travaux domestiques retombaient sur elle. Damayanthi scrutait chacun de ses actes et si elle décelait une erreur, aussi minime fût-elle, le châtiment tombait sans tarder. Le seul ami de Soudhamani était Krishna, le nom qu'elle n'oubliait jamais, sa seule inspiration. Et tandis qu'elle effectuait ces diverses tâches, la pensée intense de son Seigneur faisait monter des larmes dans ses yeux et elle pleurait, pleurait pendant des heures.

Sa journée se terminait enfin vers vingt-trois heures. C'était le seul moment où elle pouvait se reposer, non pas allongée sur un lit, mais en elle-même, en appelant son Bien-Aimé. Tandis que tous dormaient d'un profond sommeil, Kounjou s'asseyait alors dans l'oratoire* familial et ouvrait son cœur à Krishna en chantant. Elle pleurait dans les ténèbres, le cœur brisé, et chantait jusqu'au moment où elle tombait, endormie.

Krishna niyennil karunyamekane

Ô Seigneur Krishna, je T'en prie,
fais preuve de compassion envers moi !
Ô Seigneur Vishnou, je T'adore les mains jointes !
Je T'en prie, délivre-moi du poids de la parole,
de la pensée et du corps !
Protège-moi avec affection !
Ô Krishna, Toi l'ami du malheureux,
n'as-Tu pas un peu de compassion ?
Ne résides-Tu que dans le temple doré ?
Tes yeux brillants se sont-ils éteints ?

Ô Océan de compassion,
Tu débordes d'affection pour Tes dévots !
Tes pieds sont leur éternel soutien !

Durant ces années, déjà, l'esprit de Soudhamani planait à de telles hauteurs que le moindre événement, le moindre chant, tout ce qui captivait le cœur la faisait s'envoler vers les sphères

---

* Le mot *oratoire* a été retenu pour traduire les termes anglais *puja room* ou *shrine room*, qui désignent une pièce ou un coin de pièce dans les maisons indiennes où par le chant, la méditation, la psalmodie des noms sacrés ou toute autre forme de prière, la famille rend un culte au gourou ou à la divinité d'élection. Nous retrouverons ce terme tout au long du présent ouvrage. *(N.d.T.)*

divines. Un jour qu'elle était allée au marché faire quelques courses, elle entendit sur le chemin du retour les échos éloignés d'un chant plein de dévotion. Attirée par cette musique et dans un état semi-conscient, Soudhamani fit demi-tour sans hésiter et se dirigea vers l'endroit d'où provenait la mélodie. Elle arriva ainsi chez une famille chrétienne qui avait perdu un de ses membres ce jour-là. Tous les proches étaient assis autour du corps et chantaient des hymnes d'une voix triste. Le cœur de Kounjou fondit aussitôt et elle oublia le monde, figée dans un état de béatitude divine. De ses yeux fermés, les larmes coulaient le long de ses joues. Ses achats lui tombèrent des mains et la famille réunie là, ne sachant que penser de la transformation soudaine de cette jeune inconnue, se leurra en pensant qu'elle était elle aussi touchée par la mort de leur parent.

Une demi-heure s'écoula ainsi avant qu'elle ne retrouve partiellement son état de conscience habituel. Elle ramassa ses paquets et reprit en hâte le chemin du retour. Mais il était trop tard. Comme elle pouvait s'y attendre, Damayanthi était plantée sur le pas de la porte et, dans un accès de colère, elle la punit en la battant violemment. La petite était encore dans un état second et reçut le châtiment en silence, sans réagir. Quelle force extérieure peut distraire une âme absorbée en Dieu ?

En plus de son intelligence exceptionnelle, de sa bonne humeur inaltérable, de sa dévotion exemplaire et de ses chants qui envoûtaient l'âme, Soudhamani était connue de tous pour sa compassion sans limite envers les pauvres et les nécessiteux. Bien que la petite fît de son mieux pour seconder sa mère dans les tâches domestiques, Damayanthi n'hésitait pas à la punir à la moindre erreur. C'était à cause de sa peau noire qu'elle éprouvait pour sa fille une telle aversion. De plus, Damayanthi surprenait parfois la petite en train de s'esquiver avec du beurre, du lait ou du yaourt, comme le voleur de beurre Shri Krishna. Elle ignora longtemps que ces aliments servaient à approvisionner les familles affamées qui éveillaient la compassion de Soudhamani.

À l'insu de tous, Kounjou dérobait du lait et du yaourt et remplaçait les quantités subtilisées par de l'eau. Si on la surprenait, elle recevait une sévère correction. Très souvent, la nature compatissante de la petite était exploitée par ses frères et sœurs qui volaient, eux aussi, mais pour eux-mêmes, et accusaient ensuite Soudhamani. Et elle, connaissant parfaitement le coupable, ne disait pas un mot et recevait en silence les coups qui pleuvaient sur elle.

Quand Soudhamani entendait parler d'une famille dans la misère, elle dérobait de l'argent dans la boîte où sa mère le rangeait pour pouvoir acheter le nécessaire. Si elle n'y parvenait pas, elle harcelait obstinément son père jusqu'à ce qu'il lui donne quelques billets. Si ces deux moyens s'avéraient insuffisants pour réunir la somme désirée, Kounjou prenait alors des aliments crus dans la maigre réserve de la famille et les distribuait à ces pauvres gens.

Excepté quelques tours d'enfant et des moments d'humeur joueuse, tous les méfaits de Soudhamani avaient un motif désintéressé et venaient de sa compassion innée pour la souffrance humaine. Pourtant, ces actes de charité lui attiraient la colère de Damayanthi, prompte à lui infliger des châtiments corporels. Mais malgré les sacrifices et les souffrances qu'il lui fallait endurer, Soudhamani éprouvait une satisfaction et une joie immenses à prodiguer la paix et à secourir autrui. Les corrections ne la détournaient pas de ses activités bienfaisantes et elle ne révélait jamais les souffrances qu'elle devait subir pour pouvoir aider les pauvres du village.

Sougounanandan s'absentait souvent d'Idamannel pour plusieurs jours, à cause de ses affaires, et ne revenait que tard dans la nuit quand tous les enfants dormaient d'un profond sommeil. Damayanthi profitait de ces occasions pour lui exposer en détail ses griefs contre Soudhamani. Au cours d'une de ces conversations, Soudhamani, qui avait feint d'être endormie, s'écria soudain : « Je ne suis pas ta fille. Je suis peut-être ta belle-fille ! » Damayanthi fut interloquée par cette remarque. Son sous-entendu était clair : une véritable mère pardonnerait avec patience les fautes de son enfant, seule une belle-mère pouvait rendre minutieusement compte des erreurs de sa belle-fille en exagérant dix fois leur importance.

Comment imaginer que le désir insatiable de Soudhamani de soulager les peines et les souffrances des êtres humains conduirait bientôt le monde entier à se précipiter vers les rives lointaines de la mer d'Oman, comme un être mourant de soif en quête de l'oasis ? Comment pouvait-on imaginer que Soudhamani, alors à peine âgée de dix ans, créait dans ce village de pêcheurs isolé une vague de compassion dont l'impact allait se faire sentir sur la terre entière ?

Soudhamani se consacrait à ses devoirs avec la plus grande sincérité, et pourtant sa mère ne lui épargnait pas les coups de bâton. Montrait-elle le moindre relâchement ? Damayanthi l'avertissait : « Ma fille, ne sois pas paresseuse ! Si tu traînes, Dieu ne te donnera pas de travail et, finalement, tu mourras de faim. Prie toujours Dieu : « Ô Dieu, je T'en prie, donne-moi du travail. » C'est ainsi que tout le monde prie. » Soudhamani priait alors : « Ô Krishna, je T'en supplie, donne-moi du travail. Donne-moi Ton travail. »

La patience, l'endurance et l'esprit de sacrifice dont elle faisait preuve étaient inimaginables. Sa capacité d'accomplir toute besogne en se souvenant sans cesse de son Bien-Aimé révélait l'arrivée en Inde d'une nouvelle grande âme, dans la lignée ininterrompue des Sauveurs qui ont réalisé Dieu. Elle qui subissait les innombrables épreuves de la vie et était maltraitée sans pitié acceptait tout cela comme une faveur de la providence divine, gardant pour elle son chagrin et ne le confiant qu'au divin joueur de flûte, le Seigneur Krishna.

Au cœur de la nuit, derrière les portes closes de l'oratoire, elle priait Krishna les yeux remplis de larmes : « Ô Krishna, mon Bien-Aimé, personne d'autre que Toi ne peut comprendre mon cœur. Ce monde est plein de chagrin et de souffrance. L'égoïsme règne en maître. Les gens ne recherchent que leur plaisir, leur joie personnelle. Mon Krishna bien-aimé, je ne désire rien d'autre que l'union totale avec Toi. Ô Seigneur, n'as-Tu pas vu ma souffrance aujourd'hui ? Ô Seigneur, je T'en prie, viens ! Que je puisse voir Ta forme divine ! Ces souffrances ne sont rien pour moi. Ce qui m'est insupportable, c'est d'être séparée de Toi. »

C'est au cours de cette période qu'elle composa ce chant :

Karunya murte

« Ô Incarnation de la compassion,
Toi dont le teint est sombre,
daigne ouvrir les yeux.
N'es-Tu pas celui qui détruis le chagrin ?
S'il en est ainsi, mets fin à ma souffrance !
En ce monde, Tu es le refuge,
Ô Toi à la couleur brillante,
Toi aux yeux semblables à des pétales de lotus rouge.
Je T'adore pour toujours avec les fleurs de mes larmes,
ô Krishna...
Ô Gopala, Enchanteur de l'esprit,
j'erre dans les ténèbres,
Ô Toi qui remplis les quatorze mondes,
Ô Sridhara, ouvre les yeux et délivre-moi du chagrin...

Ainsi passèrent trois années d'épreuves et d'appels intenses et Soudhamani, alors âgée de treize ans, travaillait toujours aussi dur. Plus elle grandissait, plus ses responsabilités augmentaient, mais elle continuait à trimer comme auparavant sans jamais se plaindre. En même temps, ses pratiques spirituelles s'intensifiaient elles aussi. Les lèvres de la petite remuaient sans cesse tandis qu'elle chantait le Nom divin. À l'intérieur comme à l'extérieur, le Nom sacré s'écoulait en un flot ininterrompu.

Sa vie chez de proches parents

Dans cette région côtière, les domestiques pour les travaux de cuisine et les autres tâches ménagères étaient très rares, car il existait des emplois bien plus lucratifs, comme la fabrication des filets de pêche et la production de fibres de coco.

De plus, tout autre travail que leur métier traditionnel de pêcheurs était considéré par les villageois comme une disgrâce. C'est pourquoi les petites filles qui avaient arrêté leurs études peinaient jour et nuit pour accomplir les tâches ménagères et étaient souvent envoyées chez des proches offrir leurs services. Il était courant au sein d'une même famille de demander aux parents les services de leur fille.

Tel fut donc le sort de Soudhamani. Ses proches parents insistaient pour qu'elle vienne servir dans leur maison et, cédant finalement devant leur insistance, ses parents se virent contraints de l'envoyer chez sa grand-mère maternelle. C'est ainsi qu'elle passa les quatre années suivantes dans le rôle de domestique chez différents parents proches.

La grand-mère de Soudhamani vivait à six kilomètres au sud de Parayakadavou. L'endroit était appelé Bhandaratourouttou. On s'y rendait soit en bateau par la lagune, soit à pied en longeant la mer. Nous pouvons facilement imaginer quel effet grisant l'un ou l'autre de ces trajets produisait sur Soudhamani. Assise dans le bateau, elle fixait son regard sur l'azur du ciel et versait des larmes de joie en pensant à son Krishna au teint bleuté. Elle prit l'habitude de chanter « Aum » à l'unisson du ronronnement du moteur du bateau. Elle concentrait son attention sur les vaguelettes à la surface de l'eau, imaginant qu'elle y voyait la forme de son Bien-Aimé et ses exploits divins. Elle entrait bientôt dans un état de ferveur pleine de dévotion et son doux « Aum » se transformait en chant d'amour. Les passagers prenaient grand plaisir à son chant mélodieux et n'étaient nullement étonnés par son comportement car ils l'avaient toujours considérée comme appartenant à un autre monde. Grâce à ces pratiques, Soudhamani ne ressentait jamais la distance ou l'ennui du parcours.

Mais la joie du voyage en bateau fut de courte durée. Comme elle demandait un jour à sa mère l'argent du trajet, Damayanthi rétorqua aussitôt : « Mais qui es-tu donc pour voyager en bateau ? Vas-tu au lycée ? Tu peux bien marcher ! » Kastouri venait d'entrer au lycée, un fait rare dans ces régions côtières et Damayanthi, qui en tirait quelque fierté, lui donnait assez d'argent pour ses dépenses journalières. Il était exceptionnel qu'un enfant du village fréquente le lycée car la plupart des familles étaient trop pauvres pour offrir de longues études à leurs enfants. Et même quand les parents pouvaient se le permettre, les enfants montraient si peu d'intérêt et d'enthousiasme que l'idée était très vite abandonnée. Il n'était donc pas surprenant, dans ces conditions, de voir Damayanthi faire preuve d'un peu de fierté.

Mais Soudhamani, simple servante à la peau noire, était ignorée, délaissée et incomprise par sa propre famille. Malgré sa jeunesse, elle acceptait paisiblement l'injustice et la pauvreté car elle était emplie de la présence de Krishna. L'attitude inflexible de Damayanthi ne l'attristait pas, bien au contraire ! La petite était heureuse de marcher le long du rivage de l'océan jusqu'à la maison de sa grand-mère. Chanter et danser en extase dans la solitude, quelle bénédiction ! La marche de six kilomètres était une expérience indescriptible pour Soudhamani, qui considérait l'océan comme sa propre mère.

Nous pouvons sans peine l'imaginer marchant le long du rivage, chantant à pleins poumons, tandis que les vagues battaient la mesure. Oubliant le monde extérieur, elle avançait de plus en plus lentement. La vue de l'océan bleu sombre et des nuages d'orage bleu gris lui faisait perdre la tête. La voix rugissante de l'océan, qui ressemblait au son « Aum », avait toujours sur elle un effet grisant. Voyant Krishna dans les vagues, elle tentait parfois de les embrasser ! La brise marine n'était pour elle que la douce caresse de son Bien-Aimé. Il lui arrivait de crier très fort :

« Krishna ! Krishna ! » Profondément absorbée dans cet état de suprême dévotion, elle avançait à pas chancelants le long du rivage et parfois, perdant toute conscience du monde extérieur, finissait par tomber sur le sable.

Lorsqu'elle revenait en partie à la conscience ordinaire, elle éclatait en sanglots et priait : « Kanna, mon cher Krishna, viens à l'instant ! Où es-tu passé, me laissant seule ici ? Pourquoi m'as-Tu abandonnée sur ce rivage inconnu ? Où suis-je ? Ô mon Krishna bien-aimé, viens vite avant que les vagues de cet océan de la transmigration ne m'engloutissent ! Ô Krishna, élève cette malheureuse au-delà des sables du plaisir. N'es-Tu pas le sauveur de Tes dévots ? Ignores-Tu la peine de mon cœur ? Quelle faute ai-je commise pour que Tu me laisses souffrir ainsi ? Ô Seigneur de tous les mondes, ne montreras-Tu pas un peu de compassion envers Ton humble servante ? Chaque jour, je guette le son mélodieux de Ta flûte divine. Ô Krishna, je T'en prie, viens... S'il Te plaît, viens ! »

Elle retrouvait bientôt le contrôle d'elle-même et continuait son chemin le long de la mer, chantant en extase, puis de nouveau tombait sur le sable, oubliant le monde qui l'entourait.

Karunya varidhe

Ô Krishna, Océan de compassion,
les misères de la vie ne cessent d'augmenter.
L'esprit ne connaît pas la paix...
Hélas, la confusion est si grande...

Pardonne toutes mes fautes,
essuie la sueur de mon front.
Ô Kanna, je n'ai maintenant plus d'autre soutien
que Tes pieds de lotus adorables...
Ô Krishna, ma gorge se dessèche,
mon regard s'affaiblit,

mes pieds sont lourds,
je tombe à terre, ô Krishna...

C'est ainsi, en s'abreuvant du nectar de l'amour et de la dévotion suprêmes, que Soudhamani parvenait tant bien que mal chez sa grand-mère, pour s'y trouver confrontée à une somme de travail gigantesque. Pourtant la jeune fille chantait avec joie les noms du Seigneur Krishna et s'attelait à la tâche. Chaque instant de sa vie, qu'il fût agréable ou désagréable, était pour elle une occasion que le Seigneur lui offrait de Le servir et de se souvenir de Lui.

Comme elle devait aller de temps à autre au moulin, à quelques minutes de la maison de sa grand-mère, pour y écorcer les grains de riz, elle parcourait joyeusement le trajet en chantant ses chants de dévotion favoris.

Sur la route du moulin, il lui fallait traverser une partie du village où de nombreuses familles vivaient dans une grande pauvreté. Soudhamani, dont la nature même était la compassion, voyait avec désespoir leur misère et lorsqu'elle rentrait chez elle après avoir écorcé le riz, elle en donnait souvent à ces familles à qui il arrivait de rester plusieurs jours sans manger. Sa grand-mère s'apercevait parfois de la portion de riz manquante et, pensant que Soudhamani l'avait vendue en échange d'un goûter, la grondait et la battait. Mais tous les efforts pour la faire parler étaient vains et la petite ne révélait jamais le nom des familles à qui elle avait donné du riz car elle pensait que si sa grand-mère l'apprenait, elle irait certainement chez eux provoquer une querelle.

Quand elle était à Bhandaratourouttou, Soudhamani allait parfois surveiller les champs de riz fraîchement semés pour les protéger des corbeaux et des volailles. Les plantations étaient assez éloignées et selon son habitude, elle transformait toute situation en une occasion de se souvenir de Dieu. Cette tâche était pour elle une chance unique de se séparer de ses proches et de passer quelque temps seule à se souvenir du Seigneur et à prier. À chaque respiration, elle exhalait le nom de Krishna. À chaque pas, elle se remémorait sa forme divine. Son amour et sa dévotion étaient si intenses qu'elle s'effondrait parfois au bord du champ, pleurant abondamment, ravie en extase.

Pour son plus grand bonheur sa grand-mère vouait un culte au Seigneur Krishna. Son portrait était accroché au mur et Soudhamani chantait longtemps, debout devant lui, jusqu'à ce que le travail l'appelle. Son oncle Ratnadasan, qui l'aimait beaucoup, lui apportait un tabouret pour qu'elle puisse s'asseoir pendant ses prières mais elle s'exclamait : « Oh ! Comment puis-je m'asseoir quand Krishna est debout ? » Le portrait du Seigneur n'était pas pour elle une simple peinture sur un morceau de papier ; c'était Krishna, debout, en chair et en os. Pour un dévot véritable, la matière inerte n'existe pas, tout est la gloire manifestée du Seigneur.

Attirés par les chants envoûtants de Soudhamani, les voisins venaient souvent l'écouter, et la ferveur avec laquelle elle chantait les emplissait d'amour et de dévotion. Peu à peu, ils apprirent eux aussi ses compositions et les chantèrent chez eux. Pour la protéger contre le mauvais œil*, son oncle étalait sur le front de la petite de la cendre sacrée chargée de prières spéciales.

Les saisons se succédèrent. Quand Soudhamani eut quatorze ans, ses parents l'envoyèrent chez la sœur aînée de Damayanthi et comme d'habitude, elle se retrouva devant une lourde charge de travail qu'elle devait assumer seule. Elle faisait d'abord cuire le riz complet puis le mettait à sécher au soleil ; ensuite, elle faisait la cuisine, la lessive et le ménage. Les enfants de cette famille allaient tous au collège et estimaient qu'il était déshonorant de participer aux travaux domestiques. Ils n'avaient aucune foi en Dieu et harcelaient Kounjou sans pitié au sujet de sa dévotion. Ils essayaient tout pour l'empêcher de chanter ses

* Une superstition.

hymnes. Pauvre enfant ! Que pouvait-elle contre ces gens sans cœur ? Lorsqu'ils parvenaient temporairement à leurs fins, elle se cachait le visage dans les mains et éclatait en sanglots. Ils avaient beau la réduire au silence, personne ne pouvait tarir le flot incessant d'amour qui coulait de son cœur vers son Bien-Aimé.

Comme les eaux autour de la maison étaient salées à cause de la proximité de l'océan, Soudhamani allait chercher l'eau potable de l'autre côté de la lagune, en ramant dans une petite barque jusqu'au lointain robinet d'eau douce . Elle jouait quelquefois au batelier et embarquait avec elle les enfants de sa famille, en route vers l'école ou le collège, ou prenait de bon cœur d'autres enfants.

Assise dans sa barque, au retour, elle savourait la beauté du paysage et, tandis qu'elle pleurait librement en se confiant au Seigneur, son désir intense de Le voir grandissait démesurément. Elle conversait avec les vaguelettes dansant à la surface de l'eau, leur disant : « Ô petites vagues, l'une d'entre vous a-t-elle vu mon Krishna au teint sombre et bleuté comme des nuages d'orage ? Avez-vous jamais entendu le chant doux et mélodieux de sa flûte enchanteresse ? » Voyant que les vagues continuaient à danser à la surface de l'eau, elle pensait qu'elles lui répondaient non et elle éclatait en sanglots : « Oh, ces petites vagues ressentent comme moi la profonde douleur de ne pas voir Krishna. » Kounjou voyait partout le reflet de son intolérable souffrance. Elle regardait la Nature et s'écriait : « Ô nuages bleu sombre dans le ciel infini, où avez-vous caché mon Krishna ? Ô blanches grues traversant prestement le ciel, allez-vous à Vrindavan* ? S'il vous arrive de rencontrer Krishna, parlez-lui de cette pauvre fille qui pleure sans cesse en pensant à Lui. » Perdant bientôt toute conscience du monde extérieur, elle restait assise dans la barque, immobile comme une statue. Lorsqu'elle recouvrait peu à peu son état normal, elle se retrouvait, toujours assise, dans une embarcation

* Le lieu où se déroula l'enfance de Shri Krishna et où ses dévots vivent encore aujourd'hui, en nombre considérable.

partie à la dérive. Ces états d'exaltation spirituelle survenant à tout moment et en tout lieu lui faisaient parfois courir de graves dangers et même auraient pu lui coûter la vie, comme en témoigne l'incident qui se produisit durant son séjour dans la maison de sa tante.

Un jour, après avoir décortiqué le riz, Soudhamani prit le chemin du retour dans sa petite embarcation. Tout en ramant, elle regardait autour d'elle et admirait le paysage. Tandis qu'elle suivait des yeux les nuages défilant à l'horizon, son cœur innocent s'emplit du souvenir de Krishna, son Bien-Aimé au teint bleuté ; en un instant, elle perdit totalement conscience du monde extérieur et entra en *samadhi**. Les rames lui tombèrent des mains. Les yeux fixés sur le ciel bleu et oubliant ce qui l'entourait, elle restait là assise, immobile. De temps à autre elle appelait : « Krishna ! Krishna ! » mais restait totalement absente. La barque dérivait au gré du courant en suivant une course hasardeuse quand retentit soudain le bruit d'un gros bateau à moteur. Il se dirigeait tout droit sur la petite barque. La collision semblait inévitable ! Les passagers du bateau poussèrent des cris d'alerte, s'efforçant en vain d'attirer l'attention de Kounjou. Sur les rives de la lagune, des gens criaient et certains jetèrent même des pierres dans l'eau autour du bateau. À la dernière minute, la petite reprit quelque conscience du monde extérieur et parvint tant bien que mal à écarter son bateau du danger.

Une année s'écoula ainsi, puis Soudhamani fut envoyée chez Anandan, le frère aîné de Damayanthi. La maison se trouvait dans la ville de Karounagappally, à dix kilomètres de Parayakadavou, dans l'arrière-pays. Là encore, elle accomplissait son travail quotidien avec sincérité et enthousiasme, au grand plaisir d'Anandan et de sa femme. La femme d'Anandan lui offrit même une paire de boucles d'oreilles pour la récompenser du cœur qu'elle mettait à l'ouvrage.

---

* Extase, méditation très profonde où la conscience individuelle s'unit à la Conscience suprême. Libération hors du monde de *maya*.

La compassion envers les pauvres et les nécessiteux était un des traits dominants du caractère de Soudhamani. Où qu'elle fût, chez son oncle, chez sa tante ou dans sa propre famille, rien ne pouvait l'empêcher de venir en aide à ceux qui en avaient besoin. Plusieurs familles musulmanes vivaient dans le voisinage de son oncle et, la plupart étant très pauvres, la petite dérobait toutes sortes d'articles chez son oncle et les leur donnait. Personne ne s'en aperçut tout d'abord mais bientôt, elle fut prise sur le fait. Sa tante ressentit alors envers elle une grande aversion et la frappa à de nombreuses reprises ; pourtant, Kounjou ne se plaignit jamais du comportement de sa tante. Elle pensait : « Pourquoi m'offenserais-je ? L'aversion ne vient que si je me sens différente d'eux, mais je ne les considère jamais comme étant séparés de moi. Dans ma propre maison, j'étais battue. Qu'y a-t-il donc de nouveau à recevoir le même traitement ici ? »

Bien que souvent et sévèrement battue, Soudhamani ne cessa pas de manifester sa compassion envers les affligés et ne perdit jamais l'habitude de donner aux autres. Les incidents que nous venons de raconter montrent la patience, la compassion et l'endurance extraordinaires qui étaient indissociables de sa nature. Chaque événement de sa vie peut être considéré comme un enseignement, et elle-même les prenait ainsi. Le message d'amour qu'elle allait délivrer ne serait que le prolongement de ce sacrifice immense et unique qu'elle accepta comme mode de vie.

La finesse intellectuelle de Soudhamani lui permettait de pénétrer aisément toutes choses et d'en extraire les principes spirituels essentiels. Elle décrivit par la suite les épreuves et les tribulations qu'elle avait dû subir comme de rares bénédictions, envoyées par le Seigneur pour lui faire comprendre la nature éphémère du monde et des relations humaines. Elle dit plus tard :

« À travers toutes ces expériences, je compris que le monde était plein de tristesse. Nous n'avons pas de famille ou de relations véritables, car chacun nous aime uniquement pour ses propres besoins égoïstes. Les êtres humains s'aiment par désir. Personne ne nous aime d'un amour pur et désintéressé. Dieu seul aime ainsi. »

Soudhamani perçut alors clairement que si elle restait en relation étroite avec ces gens, cela constituerait un obstacle au but suprême de sa vie et elle créa finalement des circonstances qui la libérèrent de cet esclavage. Un matin, elle se querella vivement avec cette famille dans le simple but de pouvoir rompre son engagement et de quitter la maison. Sa tante et son oncle étaient si impitoyables qu'ils reprirent tous les cadeaux qu'ils lui avaient offerts auparavant, y compris les boucles d'oreille. La petite fut renvoyée chez elle les mains vides. Avant de partir, elle les prévint : « Vous serez un jour forcés de venir à moi pour mendier. D'ici là, je ne pénétrerai jamais plus dans cette maison. »

Onze ans plus tard, la famille de son oncle fut confrontée à de graves problèmes financiers et ils vinrent tous à Idamannel implorer l'aide de Soudhamani. C'est à ce moment-là seulement qu'elle retourna chez eux pour accomplir certains rituels et leur accorder ainsi sa bénédiction. Ce jour-là, sa tante se repentit des événements passés et dit : « Oh, je n'aurais jamais imaginé que Kounjou deviendrait si extraordinaire. Avec quelle rudesse je l'ai réprimandée et battue ! »

Le Seigneur tient toujours les promesses de ses dévots véritables. Les grandes épopées de l'Inde contiennent de nombreux incidents semblables qui en témoignent. Dieu est véritablement le serviteur de ses dévots.

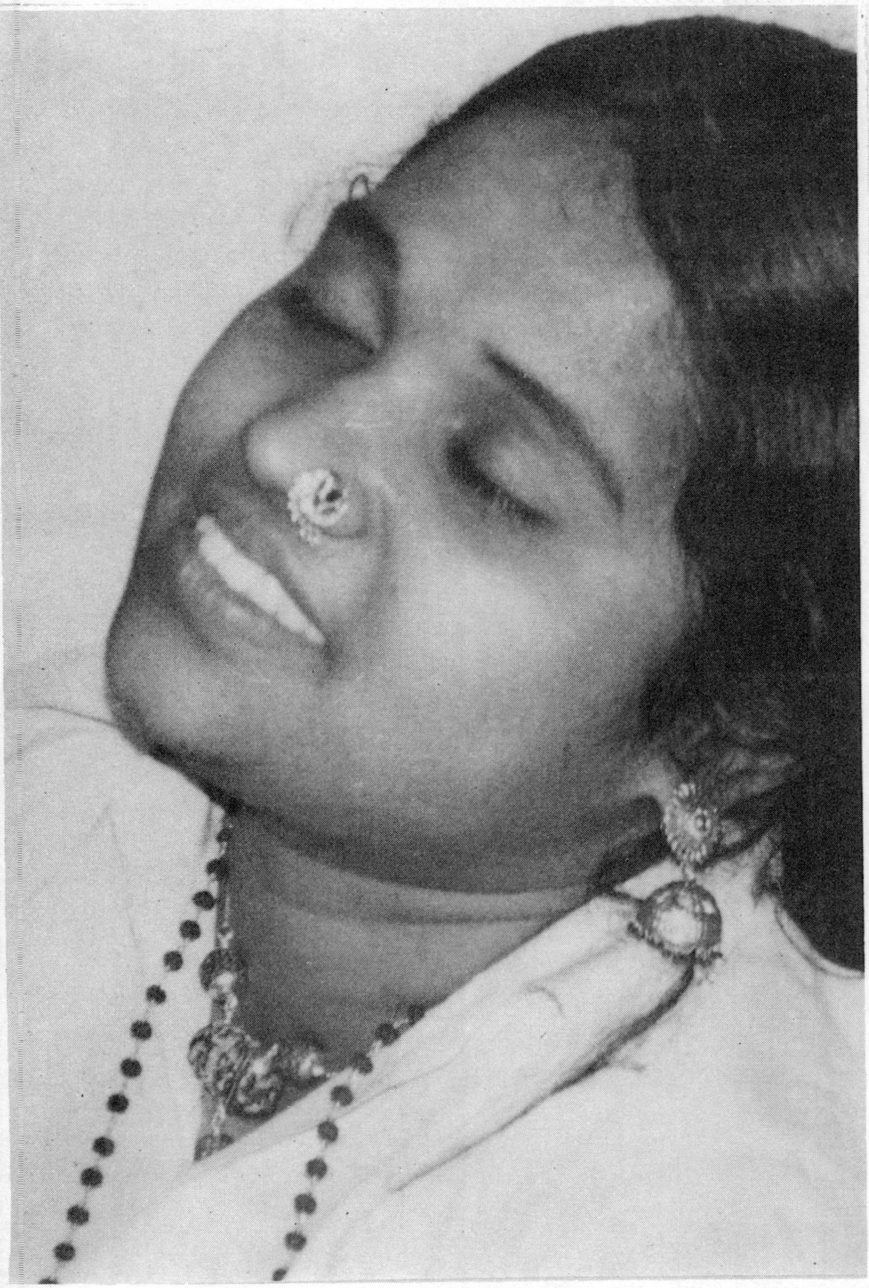

CHAPITRE III

Des larmes pour Krishna

« N'ayant ni beurre ni lait à te donner en présent,
je t'offrirai un peu de ma douleur.
Ô Kanna, à tes Pieds je ferai don des gouttes de
perles de mes larmes. »

— Mata Amritanandamayi

śri bhagavan uvēca

mayyāveśya mano ye mām
nitya yuktā upāsate
śraddha parayopets te me
yuktatamā matāḥ

mayyeva mana ādhatsva
mayi buddhim niveśaya
nivasiśyasi mayyi evq ata
ūrdhvam na samśayaḥ

Le Divin Seigneur dit :

Ceux qui, fixant sur Moi leur pensée, M'adorent, toujours constants et dotés de suprême shraddha, *sont à Mes yeux les mieux versés dans le Yoga.*

Fixe ton regard sur Moi exclusivement, concentre sur Moi ton intellect ; alors, sans aucun doute, tu vivras en Moi pour l'éternité.

— Srimad Bhagavad Gita
Chapitre 12, versets 2 et 8

Le retour à Idamannel

De la maison de son oncle, Soudhamani revint à Idamannel. Alors âgée de seize ans, elle s'absorba totalement dans ses pratiques spirituelles tout en assumant une montagne de travaux domestiques. Même en Inde, pays des saints, sa passion pour les austérités spirituelles accomplies en dépit des plus grands obstacles reste un exemple unique, sans parallèle. Son travail était, comme il l'avait toujours été, une offrande au Divin. Quiconque l'aurait vue durant cette période serait resté perplexe. Comment son petit corps pouvait-il supporter une telle charge de travail ? Damayanthi se montrait encore plus cruelle et prompte à la colère car elle souffrait de rhumatismes qui s'étaient aggravés quand elle avait dû assumer les travaux du ménage en l'absence de sa fille. De plus, les vols que Soudhamani avait commis chez ses proches, par pure compassion, lui avaient valu une mauvaise réputation, ce qui redoublait l'animosité de Damayanthi envers la jeune fille. Elle avait beau accomplir sans faute ses devoirs domestiques, elle était immanquablement grondée et battue.

En dépit des traitements cruels infligés par sa mère, la petite ne nourrissait aucune rancune envers elle. En fait, des années plus tard, Soudhamani parlera avec révérence de Damayanthi comme de son premier gourou. Écoutons ses paroles :

« Damayanthi Amma était en un sens mon gourou. Elle m'inculqua la diligence, la dévotion et la discipline. Elle observait méticuleusement tous mes actes. S'il restait un seul déchet dans la cour après que j'eusse balayé, elle me battait. Lorsque tous les plats étaient lavés, elle les examinait scrupuleusement et s'il restait la moindre trace de saleté, elle me réprimandait. Si un grain de poussière ou de cendre s'infiltrait dans la marmite, j'étais punie. Mère attendait de ses filles qu'elles récitent leurs prières tôt le matin et n'hésitait pas à leur jeter un seau d'eau sur la tête, et particulièrement sur la mienne si, fatiguées, nous nous réveillions un peu tard. Quand je coupais de l'herbe pour les vaches, elle m'observait à distance pour voir si je me permettais de bavarder avec les autres. Elle me battait même avec un pilon en bois qu'on utilisait pour le riz. Témoins des actes de ma mère, les villageois lui disaient : « S'il vous plaît, ne la punissez pas ainsi. Il faudra bien la marier un jour. » Mais j'avais toujours conscience que ces expériences n'étaient que pour mon bien. »

Les lecteurs de la biographie d'Amma seront peut-être stupéfaits de l'attitude sévère de Damayanthi envers sa propre fille, d'autant plus que nous l'avons présentée comme une femme pieuse. Mais son comportement s'explique facilement si nous le considérons à la lumière d'une dévotion dépourvue de connaissance. De nombreux dévots du Seigneur ont une foi et un respect profonds pour les dieux et les déesses et accomplissent régulièrement des rites religieux, mais leur conception de Dieu ne s'étend pas plus loin. Pour eux, Dieu ne demeure pas au cœur de tous les êtres ; Sa présence est limitée aux quatre murs du temple. Ces dévots accomplissent des rituels pour voir leur désirs se réaliser ou pour plaire à Dieu. Leur vision de la religion et de l'adoration du Seigneur n'a rien à voir avec la formation du caractère ou l'annihilation de leurs propres tendances négatives. Leur but suprême n'est pas de réaliser Dieu ou le Soi. Ils vénèrent Dieu parce que leurs ancêtres l'ont fait, ou par peur de commettre un péché.

Il existe pourtant une autre catégorie de dévots qui considèrent Dieu comme immanent au cœur de toute chose et Le servent en tant que tel. Ils renoncent à tout et s'abandonnent entièrement aux Pieds de lotus du Seigneur. Le but ultime de leur vie est de connaître la Réalité suprême et de s'unir à elle.

Damayanthi appartenait à la première catégorie de dévots ; il n'est donc pas étonnant qu'elle ait eu une vision limitée de Dieu et de la spiritualité, comme le reflétait sa sévérité envers sa fille.

Quand Damayanthi s'apprêtait à la frapper, Soudhamani lui attrapait parfois la main. Malgré sa petite taille, elle était très forte. Incapable de se libérer de l'emprise de Soudhamani, Damayanthi essayait alors de lui donner des coups de pieds. Mais Kounjou jouait adroitement son rôle et attrapait également la jambe de sa mère. Le plus intéressant était alors le prochain mouvement de Damayanthi. Ne trouvant plus de moyen de punir sa fille, elle la mordait. Elle la frappait parfois avec une machette utilisée pour ouvrir les noix de coco et, sans retenue, déversait sur elle des flots d'injures et de grossièretés.

Soudhamani pouvait se montrer très hardie et impertinente lorsqu'il s'agissait de tenir tête à sa mère. Quelquefois si Damayanthi ordonnait : « Tais-toi ! », elle répondait immédiatement : « Non, je parlerai ! » Si Damayanthi disait : « Ne fais pas cela ! », Soudhamani rétorquait sans hésiter : « Si, je le ferai ! » Mais plus elle répliquait, plus la punition était cruelle. Damayanthi maudissait sa fille : « Damnée soit cette fille arrogante ! » Et elle poursuivait : « Si elle grandit ainsi, elle donnera certainement mauvaise réputation à toute la famille. Ô Dieu, pourquoi ne mets-Tu pas un terme à son existence ? »

Soudhamani n'était pas perturbée par l'hostilité de sa mère à son égard. À ses yeux, tous les êtres étaient égaux. Depuis l'enfance, elle appelait les hommes âgés « père » et les femmes âgées « mère », ce qui rendait ses parents encore plus furieux car ils considéraient sa façon particulière de s'adresser aux autres comme une disgrâce pour la famille. Ils la réprimandaient : « Est-il correct de ta part d'appeler ainsi père et mère tous ces malpropres ? » La réponse de Soudhamani arrivait sans tarder : « Je n'ai jamais vu mon vrai Père et ma vraie Mère. Alors pour moi, tous sont mon père et ma mère. »

Les membres de la famille interdisaient à la petite d'appliquer de la cendre sacrée sur son front. Ils la raillaient : « Hé, fille, est-ce que tu vas devenir sannyasin ? » Elle n'avait même pas le droit de s'habiller comme les jeunes filles ordinaires. Si elle se mettait du vermillon* sur le front ou portait une blouse à carreaux ou une veste propre, les railleries ne se faisaient pas attendre. Ils se moquaient : « Pourquoi portes-tu ces vêtements colorés et mets-tu du vermillon ? À qui veux-tu plaire ? » et ils lui donnaient des conseils : « Les jeunes filles doivent se comporter avec la plus grande pudeur. »

Ce qui était encore plus étonnant que leurs mauvais traitements était l'imperturbable tolérance de Soudhamani. Même si elle se montrait parfois effrontée, on ne décelait pas en elle la moindre trace de haine. Interrogée plus tard à ce propos, Kounjou répondit simplement : « Damayanthi ne me punissait pas. C'est

* Marque rouge au milieu du front symbolisant l'œil de la Connaissance..

uniquement à cause de sa vision limitée qu'elle me traitait aussi durement. Toutes ces épreuves m'ont conduite sur le bon chemin, et c'est pourquoi je n'éprouve aucune haine envers elle. »

Comme si la souffrance de Soudhamani n'était pas suffisante, Dieu la gratifia d'un frère aîné appelé Soubhagan, véritable terreur non seulement pour elle mais pour la famille entière autant que pour les villageois. Il se proclamait athée et soutenait que les femmes devaient se montrer réservées et se tenir absolument tranquilles. Son caractère belliqueux était célèbre et Soudhamani en était la fréquente victime. Il ne lui permettait pas de se lier d'amitié avec les filles de son âge, fermement convaincu que cela gâterait son caractère. Lorsqu'elle partait chercher de l'eau potable pour la famille, elle y allait toujours seule. S'il lui arrivait de rencontrer un groupe de jeunes filles, elle pouvait être sûre de recevoir au retour une correction sévère de son frère. En réalité, cette règle lui convenait tout à fait car elle préférait être seule pour se souvenir de Dieu sans contrainte.

Il n'y avait en ce temps-là qu'un seul robinet d'eau pour tout le village et il fonctionnait à l'aide d'une éolienne. La queue pour obtenir de l'eau était souvent très longue et chacune attendait son tour. Les femmes du village s'assemblaient avec leur pots et Soudhamani patientait parmi elles. Elles attendaient parfois des heures, ensemble, que le vent veuille bien souffler. Les jours où l'attente était longue, Soudhamani laissait ses pots dans la queue et partait couper de l'herbe pour les vaches. Les autres femmes, qui connaissaient la nature pieuse et travailleuse de la petite, remplissaient gentiment ses pots et les lui mettaient de côté.

Soudhamani rendait visite aux maisons avoisinantes pour y collecter les épluchures de légumes et le gruau de riz pour les vaches. S'il lui fallait attendre, elle entrait dans l'oratoire familial et chantait des *bhajans*, ou méditait. Puis elle s'attardait avec les vieilles femmes de la maison, s'enquérait de leur santé et les écoutait avec grand intérêt raconter leurs malheurs. Leurs propres enfants semblaient les maltraiter et les négliger simplement parce qu'elles étaient vieilles et infirmes. C'est ainsi que, dès son jeune âge, Soudhamani fut témoin de la nature éphémère et égoïste des relations humaines. Chaque fois qu'elle le pouvait, elle amenait ces femmes âgées chez elle et leur donnait un bain chaud, un repas nourrissant et les habillait avec les vêtements des membres de sa famille.

Si elle entendait parler d'une personne qui manquait de nourriture, elle lui offrait au moins des provisions qu'elle trouvait chez elle. Elle amenait parfois à la maison de jeunes enfants rencontrés sur la route, mal nourris par leurs parents qui ne s'occupaient pas d'eux, et leur apportait l'aide dont ils avaient besoin avant de les renvoyer chez eux.

Soudhamani fut un jour surprise en train de dérober de la nourriture pour un homme pauvre. Malgré la sévérité de la correction, elle n'abandonna pas ses actes de compassion et, à l'insu de ses parents, continua de prodiguer son aide chaque fois qu'elle était nécessaire. Un autre jour, elle rencontra une famille en train de mourir de faim et, n'ayant rien d'autre, elle leur donna un bracelet en or appartenant à sa mère, qu'ils pourraient vendre pour obtenir de quoi acheter la nourriture dont ils avaient désespérément besoin. Lorsque son père l'apprit, de colère, il l'attacha à un tronc d'arbre et la battit sans pitié jusqu'à faire saigner son corps d'enfant. Malgré ces traitements, la petite gardait courage et pardonnait. On l'entendait prier Dieu pour qu'Il pardonne les actes terribles que ses proches commettaient envers elle par ignorance, en se méprenant sur ses intentions.

Assise dans un endroit solitaire, Soudhamani pensait : « Ô Krishna, quel monde est-ce là ? Même la mère qui donne naissance à l'enfant le traite sans bonté. Elle n'éprouve aucun amour véritable pour sa propre famille. Où puis-je trouver en ce monde un amour pur et désintéressé ? L'amour que je rencontre est-il réel ? N'est-il pas une simple illusion ? » Parfois, assise dans l'oratoire familial, elle fondait en larmes à ces pensées et s'écriait :

« Krishna ! Krishna ! Je n'ai personne d'autre que Toi en ce monde. Mon esprit Te poursuit toujours, désirant ardemment voir Ta forme divine. Ne m'emmèneras-Tu pas avec Toi ? Ô Krishna, je T'en prie, viens vite ! »

Durant cette période, un vieil homme, un membre éloigné de la famille, vint vivre à Idamannel, n'ayant plus ni famille ni parents. Il était en très mauvaise santé : c'est à peine s'il pouvait marcher et il était contraint de faire ses besoins naturels au lit. Sans qu'on le lui demande, Soudhamani s'occupa immédiatement du vieillard et prit l'entière responsabilité de son service. Les autres membres de la famille le regardaient à peine et s'occupaient encore moins de le soigner. Kounjou le faisait avec dévouement et patience. Elle lavait ses vêtements, lui donnait chaque jour un bain chaud, nettoyait le lit pour enlever l'urine et les excréments, et lui administrait ses remèdes au moment voulu. Personne dans la famille ne semblait remarquer l'abondance extraordinaire de nobles qualités qu'elle manifestait. Personne ne comprenait ou n'appréciait l'attitude de la petite, qui prenait toute la vie dans ses bras. Seul un paradoxe divin voulait qu'elle ne reçût que des montagnes de châtiments pour chacun de ses actes.

Elle avait l'habitude, tout en travaillant, de se souvenir de Krishna et d'imaginer qu'elle était Krishna, Radha, une *gopi* ou une autre personne associée à la vie de Krishna.

Quand elle cuisinait, la forme de la mère de Krishna, Yashoda, emplissait pafois son cœur : elle barattait le lait et donnait le sein à son bébé Krishna. Quand elle aidait ses frères et sœurs à se préparer pour l'école, elle se voyait en train de parer Krishna, Balarama et les *gopas** avant qu'ils ne partent conduire les vaches au pâturage. Quand son regard intérieur percevait ces visions, elle pleurait de joie. En allant au marché acheter des ustensiles pour la maison, elle se souvenait des *gopis* qui marchaient le long des rues de Vrindavan en vendant du lait et du beurre. Au lieu

* Les jeunes pâtres de Vrindavan.

de s'exclamer : « Du lait ! Du beurre ! », elles criaient : « Krishna, Madhava, Govinda, Achyouta... » tant était grande leur dévotion !

L'amour pur et la dévotion des *gopis* pour Shri Krishna était toujours pour elle une source inépuisable d'inspiration. Elle s'imaginait parfois être Radha, la Bien-Aimée de Shri Krishna. La simple pensée de Radha suffisait pour que son esprit s'envolât et elle perdait aussitôt conscience de ce qui l'entourait. Elle s'absorbait totalement dans un état divin et se mettait à chanter, à danser, en versant des larmes d'extase.

Kalina kannan

Ô Toi au teint sombre,
mes yeux brûlent pitoyablement
du désir de voir Tes pieds.
Ô Toi aux yeux de lotus, viens vite,
avec Tes vaches et Ta flûte mélodieuse.

Pendant combien de jours T'ai-je appelé ?
N'as-Tu pas la moindre compassion ?
Quelle erreur irréparable ai-je commise ?
N'es-tu pas l'amant des dévots ?

Daigne venir avec ta flûte
avant que je ne m'effondre en pleurs,
incapable de vivre ainsi, sans Te voir,
Toi la seule réalité, viens, viens...
Toi qui exauces les désirs, Cause de tout ce qui est,
ô Toi au teint sombre, viens, viens...
Sans perdre de temps, sans augmenter ma peine,
Ô Incarnation de la compassion, viens, viens...

En allant chercher de l'eau, elle évoquait les *gopis* qui partaient puiser de l'eau à la rivière Yamouna, portant leurs pots sur la tête. Quand elle lavait les vêtements de sa famille, elle chantait des chants de dévotion et se voyait lavant les robes de soie de Krishna et des *gopis.* Une fois le linge étendu, Soudhamani le regardait flotter au vent et pensait : « Oh ! Regardez comme les habits de soie jaune doré de Krishna dansent merveilleusement dans la brise ! » Quand elle ramassait l'herbe pour les vaches et leur donnait à manger, elle pensait intensément à Krishna qui menait chaque jour son troupeau dans les champs et les forêts de Vrindavan. Elle se souvenait avec délectation des jeux du jeune pâtre et des *gopis.*

Mais elle aimait surtout le crépuscule, lorsqu'elle parcourait la lagune à la recherche des canards, des chèvres et des vaches qui s'étaient égarés pendant la journée. Elle se rappelait alors Krishna, cherchant les vaches et les veaux qui s'étaient écartés du troupeau. Entendait-elle un chant de dévotion, ce qui est fréquent en Inde à la tombée de la nuit, elle s'immobilisait, transportée dans un autre monde. Ces incidents étaient courants et un membre de sa famille partait, en colère, à sa recherche.

Tandis qu'elle travaillait sans relâche, sa pensée n'était pas du tout prisonnière de son travail car elle était toujours remplie du désir intense de Krishna, toujours en quête du Seigneur dont les noms sacrés demeuraient éternellement sur ses lèvres. Le simple mot « Krishna » lui faisait monter les larmes aux yeux. Comme elle portait toujours de l'eau, lavait le linge de la famille ou pataugeait dans la lagune, ses habits étaient trempés vingt-quatre heures sur vingt-quatre. Écoutons-la : « Je voulais tellement que mes vêtements sèchent ! Malgré mon travail éreintant, je priais Dieu pour qu'Il m'en donne davantage, pour que je sois ainsi toujours occupée à Lui dédier mes actes. A force de porter des pots pleins d'eau pour la cuisine et des marmites de riz brûlantes sur la tête, je perdais mes cheveux à cet endroit à cause du poids et de la chaleur des pots. »

Quelle que fût son activité, Soudhamani remuait continuellement les lèvres. Personne ne comprenait que la petite répétait sans relâche les noms du Seigneur. Un jour son frère cadet Sathish qui, comme ses aînés, avait pris l'habitude de l'agresser verbalement, fit une remarque blessante : « Remuer toujours les lèvres est un signe de maladie mentale. » Soudhamani entendit le commentaire de Sathish, mais ne broncha pas. Et quand Sathish souffrit de graves crises d'asthme, ce fut Soudhamani qui le porta sur sa hanche jusqu'à l'hôpital, alors que d'autres membres de la famille auraient pu le faire avec moins de difficulté. Personne ne se souciait de son asthme, sauf l'innocente petite qui cherchait toujours l'occasion de servir et d'aider les autres avec abnégation.

Il était souvent tard dans la nuit lorsque Soudhamani terminait son travail et plus une seule lampe ne brûlait dans la maison ni dans le voisinage. Malgré l'heure tardive, elle chantait à tue-tête en appelant le Seigneur dans l'oratoire familial. Damayanthi et Soubhagan la maudissaient de chanter ainsi dans le noir, troublant leur sommeil. « Pourquoi hurles-tu et beugles-tu ainsi ? Pour que Dieu t'entende, au ciel ? Est-ce que ton Dieu est sourd ? » jurait son frère aîné Soubhagan. Mais en dépit des punitions et des réprimandes, Soudhamani n'était pas prête à cesser de chanter aux heures silencieuses de la nuit. Soubhagan en colère entra un jour dans la salle de prières et lui reprocha de chanter ainsi dans l'obscurité. La réponse ne se fit pas attendre : « Tu ne vois que la lampe extérieure, mais en moi brûle une lampe qui ne s'éteint jamais. » Il va sans dire que la signification profonde de sa remarque échappa complètement au cynique Soubhagan.

Soudhamani avait peur que Dieu ne punisse sa mère, son père et son frère pour l'avoir frappée pendant qu'elle chantait des chants de dévotion. Elle se mit donc à chanter à voix basse, car elle désirait leur éviter de commettre une telle vilenie. Profondément peinée par les obstacles que lui créait sa famille, Soudhamani pleurait, assise dans l'oratoire. Alors surgit la prochaine objection : il n'était pas bon pour elle de pleurer quand elle chantait des *bhajans* et cela risquait de leur attirer de graves ennuis. Quoi qu'elle fît, ils y voyaient du mal. Pauvre enfant ! Elle supportait tout en silence et oubliait ses misères dans le doux souvenir de Krishna.

Enfant, Soudhamani ne confiait jamais son chagrin à personne. Elle n'ouvrait son cœur qu'à Shri Krishna. Elle parlait aussi aux animaux et à la Nature, car elle percevait Krishna en toutes choses. Alors elle leur parlait, imaginant que Krishna entendait la moindre de ses paroles. Les vaches étaient pour elle Krishna prêtant une oreille attentive à ses discours et si l'une d'entre elles était couchée dans l'herbe, la petite s'allongeait contre son corps en pensant avec délice qu'elle reposait contre Krishna.

Elle regardait les étoiles, la lune et les arbres en fleur, et demandait : « Ô mes amis, avez-vous vu mon Krishna ? Ô douce brise, as-tu jamais caressé Sa forme ravissante ? Et vous, les étoiles scintillantes et la lune silencieuse, êtes-vous également à sa recherche ? Si vous Le trouvez, dites-lui que cette pauvre Soudhamani L'attend, elle aussi. »

Ningalil arunum undo

L'un d'entre vous a-t-il vu mon bien-aimé Krishna ?
Vous pouvez Le voir, mais jamais il n'apparaît
devant mes yeux...
La marque de santal sur son front,
la beauté de Ses robes de soie jaune,
Ses cheveux bouclés, sa plume de paon...
Oh, quand pourrais-je enfin les voir ?
À quoi me servent cette existence et ce corps ?
Ma bonne fortune a pris fin...
Combien de temps encore durera cette souffrance ?

La « Mère Océan » était également l'une des meilleures amies de Soudhamani qui voyait en elle sa propre mère. Dès qu'elle le pouvait, Kounjou s'échappait vers le rivage et épanchait les misères de son cœur en contemplant la vaste mer. Le bleu sombre de l'eau lui rappelait la couleur de son Bien-Aimé, et elle perdait bientôt conscience du monde extérieur.

Soudhamani avait remarqué que des voisins gagnaient leur vie en effectuant de petits travaux de couture et, pensant qu'elle pourrait aider les autres avec l'argent gagné, elle ressentit le désir d'apprendre à coudre. Elle pourrait ainsi éviter de voler dans sa propre maison pour secourir les autres, et c'est donc pleine d'espoir qu'elle exprima ce souhait à ses parents. La réponse de Damayanthi ne fut pas très encourageante : « On ne va pas t'envoyer apprendre à coudre, mais plutôt te donner bientôt en mariage à un homme qui grimpe aux arbres pour cueillir les noix de coco. » Au Kérala, les hommes qui grimpent aux arbres pour cueillir les noix de coco appartiennent à une classe inférieure de la société ; ils gagnent leur vie uniquement en allant chez les gens grimper aux cocotiers pour en faire tomber les noix. Soudhamani avait souvent été surprise en train de voler des noix de coco et Damayanthi pensait bien sûr qu'elle allait les manger mais en réalité, elle les avait toujours données à des villageois dans le besoin. C'était à cela que, dans sa colère, Damayanthi faisait allusion.

En fin de compte, Kounjou insista tant que ses parents l'autorisèrent à apprendre à coudre, une heure par jour, à une condition : elle devait finir tous les travaux du ménage avant de partir à sa leçon de couture. A cette époque, l'emploi du temps de Soudhamani était proprement inimaginable. Pourtant, elle parvenait à finir avant midi ses corvées du matin et se précipitait à la classe de couture. Les filles qui étudiaient avec elle connaissaient sa situation et venaient parfois l'aider à terminer son travail. Dans la chaleur accablante du soleil de midi, Soudhamani marchait deux ou trois kilomètres pour se rendre au cours de couture. Une heure plus tard, elle se dépêchait de rentrer à la maison pour servir le déjeuner. Le reste de la journée se déroulait comme d'habitude, selon le même emploi du temps épuisant. Les

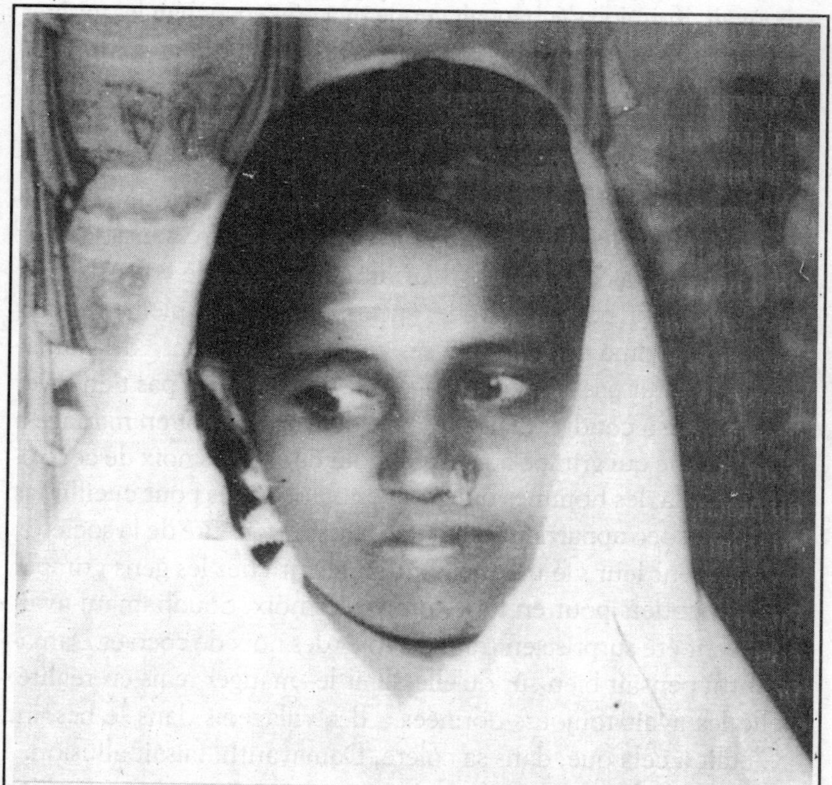

seuls moments qu'elle pouvait consacrer à ses activités essentielles, la prière et la méditation, étaient les heures silencieuses de la nuit. Alors, pleurant, pleurant sans cesse, la petite se fondait dans un état d'ivresse divine puis, reprenant à demi conscience, elle sombrait dans le sommeil.

La patience, l'endurance et l'énergie apparemment inépuisables de Soudhamani, qualités qui demeurent encore à ce jour, étaient miraculeuses. Quelle que soit la somme de travail accumulée sur ses épaules, elle l'accomplissait joyeusement, sans la moindre plainte. Elle considérait comme son droit de naissance de secourir tout être qui en avait besoin, sans attendre qu'on la sollicite : c'était là son *dharma*. Elle expliqua plus tard : « Ma joie venait du bonheur des autres. Je ne pensais jamais à mon confort ni au poids de mon travail. Chaque fois que m'était offerte une occasion de servir et d'aider les autres, j'essayais de m'en acquitter au mieux, avec sincérité et amour. »

Au début, Soudhamani apprenait la couture à deux endroits différents. Plus tard, elle choisit de suivre les cours offerts à l'atelier paroissial d'une chapelle des environs. Elle maîtrisa rapidement les secrets de cet art et commença à effectuer de petits travaux de retouche pour les femmes pauvres du voisinage. Tout d'abord, elle refusa d'accepter de l'argent pour ses services car ce n'était pas sa manière d'agir. Mais lorsque ses parents refusèrent de régler ses cours, elle fut contrainte d'accepter une rétribution pour son travail. Elle put ainsi payer ses classes, parvint même à acheter quelques fournitures essentielles à son travail de couture, et donna le reste à des villageois sans ressources. Soudhamani était douée pour la couture et gagnait un bon salaire. Elle ne donnait pas une *paisa** chez elle et utilisait tous ses gains pour aider les pauvres.

Tandis qu'elle cousait dans l'atelier de la chapelle, Soudhamani chantait. Perdue dans ses chants de dévotion, elle pleurait et ses larmes coulaient sur la machine à coudre. Le prêtre de cette église était un homme d'âge mûr, très pieux, et il remarqua rapidement son caractère exceptionnel. Pendant que les autres filles papotaient, Soudhamani était plongée dans ses chants d'amour. Le prêtre, très touché, la prit en affection. Les autres filles en furent jalouses mais Kounjou continua de se montrer aimante à leur égard, sans aucune trace d'animosité.

Sathish accompagnait toujours sa sœur à l'école et l'attendait près de l'église, assis dans un coin. Un jour pendant la prière, elle lui demanda : « Pourquoi ne te joins-tu pas à nous ? » « Ne sommes-nous pas des Hindous ? » répondit-il. « Demande au prêtre si tu peux participer » dit Soudhamani. Celui-ci acquiesça de bon cœur et Sathish assista ensuite régulièrement à la prière.

---

* Équivalant à un centime.

Après le cours de couture, Soudhamani allait dans le cimetière attenant à l'église pour broder. Elle adorait la solitude qui y régnait. Assise là, elle parlait aux âmes des disparus : « Comment est votre vie ? Où vivez-vous ? Êtes-vous heureux ? Est-ce que vous ressentez quelque chose ? » Elle avait l'impression d'être en leur compagnie et les consolait. Une amie de sa sœur aînée Kastouri était enterrée dans ce cimetière. Cette fille avait manifesté un amour sans bornes pour Soudhamani, alors même que les membres de sa famille la maltraitaient cruellement et c'était peut-être une des raisons pour lesquelles Soudhamani se plaisait en ce lieu. Sensible à la misère des disparus, elle versait des larmes, parlait aux âmes parties à la dérive dans leur corps subtil et chantait d'un ton poignant pour qu'elles trouvent le repos. Quelquefois, elle s'asseyait en méditation et entrait en *samadhi*, dans le silence et la paix du cimetière chrétien.

S'il lui restait du temps après sa broderie, elle retournait dans la chapelle qui comportait une pièce ressemblant à une grotte. Dans la lumière tamisée, elle regardait la forme crucifiée de Jésus-Christ et, voyant son corps sur la croix, elle pensait que c'était son bien-aimé Krishna. Aussitôt, elle entrait en extase et, quand elle revenait à son état de conscience habituel, elle pleurait en songeant à l'amour et au sacrifice de Jésus et de Krishna. Elle pensait : « Oh, comme ils ont tout sacrifié pour le monde. Les hommes se sont retournés contre eux et pourtant, ils les aimaient. Si eux l'ont fait, pourquoi pas moi ? Il n'y a là rien de nouveau. »

Profondément consciente de l'extrême pauvreté des villageois, elle pleurait durant les heures silencieuses passées dans l'oratoire en pensant à leurs misères et à leurs souffrances. Elle priait : « Ô mon Dieu, est-ce cela, la vie ? Les gens triment sans relâche pour obtenir un peu de nourriture afin d'apaiser leur faim. Ô Krishna, pourquoi permets-tu qu'ils souffrent de la faim ? Pourquoi tombent-ils malades ? Partout où je regarde, je me trouve confrontée à l'égoïsme et aux souffrances humaines qui en résultent. Les jeunes prient pour vivre longtemps et les enfants prient pour que leur père et mère âgés meurent rapidement. Personne ne songe à prendre soin des vieillards. Ô Seigneur, quel est ce monde ? À quoi sert-il de créer un tel univers ? Ô Krishna, quelle est la solution à tout cela ? » Telles étaient les prières de l'innocente petite fille.

Au bout de trois ans, Soudhamani décida d'arrêter les cours de couture, les considérant comme un obstacle à ses pratiques spirituelles qu'elle désirait intensifier et, bientôt, elle cessa de se rendre à la chapelle. Le prêtre fut transféré au même moment dans une autre paroisse et, avant de partir, il envoya quelques filles de la classe à Idamannel pour exprimer son désir de lui dire au revoir. Accompagnée de Sathish, elle alla lui rendre une dernière visite. Alors, regardant intensément la petite, le prêtre éclata en sanglots et pleura comme un enfant. Soudhamani contenait son émotion. Le prêtre dit : « Ma fille, je vais abandonner ce travail maintenant. J'ai décidé de mener une vie de *sannyasin.* » Au moment où Soudhamani et Sathish allaient partir, le prêtre dit à Sathish : « Tu sais, Soudhamani deviendra très célèbre dans le futur. » Peut-être le prêtre vertueux avait-il déjà perçu la divinité qui rayonnait dans le cœur de la petite fille.

Maintenant qu'elle savait coudre, Soudhamani exprima le désir de posséder sa propre machine. Damayanthi lui reprocha d'être ambitieuse mais Sougounanandan lui promit plusieurs fois qu'il lui en achèterait une. Il ne tint cependant jamais sa promesse. Soudhamani décida : « Je ne leur demanderai plus jamais de machine à coudre et je n'en utiliserai une que si Dieu me la donne. » Plusieurs années plus tard, quand les dévots commençèrent à affluer à Idamannel, un hollandais nommé Peter lui offrit une machine à coudre et Soudhamani se souvint de son vœu. Dieu prend soin des dévots sincères et satisfait leurs moindres besoins.

Hormis Soudhamani, tous les enfants de la famille étudiaient au lycée ou au collège. Ils avaient bonne allure et le teint clair. Mais sa peau bleu sombre et son habitude de travailler dur les incitaient à la considérer comme une simple domestique. On ne

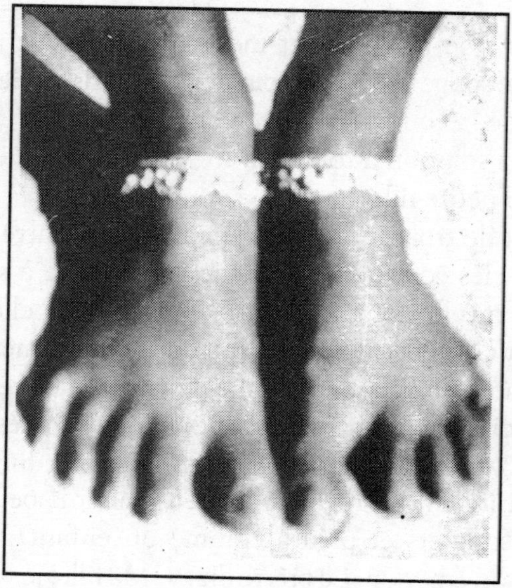

lui donnait même pas suffisamment de vêtements. Témoins des vicissitudes qu'elle endurait et de la différence de traitement que ses parents et ses frères aînés marquaient à son égard, les villageois murmuraient : « Soudhamani a été achetée à Kollam* contre de la balle de riz. » Ses parents emmenaient tous les enfants au temple durant les fêtes et les autres cérémonies, mais ils ignoraient Soudhamani et la laissaient à la maison.

Elle reçut un jour une chemise à carreaux et l'enfila, toute heureuse. La voyant ainsi habillée, son frère aîné lui ordonna de l'enlever, puis il lui arracha la chemise des mains et y mit le feu, devant elle, en criant : « C'est uniquement pour attirer l'attention des autres que tu veux porter ces vêtements colorés ! » Une autre fois, Damayanthi injuria la petite parce qu'elle portait une veste en soie jaune qui appartenait à une de ses sœurs. Elle décida alors de ne porter que les vêtements donnés par le Seigneur, c'est-à-dire les vieux vêtements usés dont les autres se débarrassaient.

* Une ville côtière, à 35 kilomètres au sud de Parayakadavou.

Soudhamani coupait ces vêtements pour s'en faire une chemise et une jupe. Elle les cousait ensemble avec les fils d'une vieille corde à linge et se sentait heureuse de n'être un poids pour personne. À propos de ce temps-là, elle raconta : « Sans fil, sans ciseaux et sans machine à coudre, je parvenais à confectionner mes propres habits. »

CHAPITRE IV

La véritable flûte

« La véritable flûte est à l'intérieur. Essayez de prendre plaisir à en jouer. Celui qui entend ce son peut transcender la naissance et la mort. »

— Mata Amritanandamayi

Vaggadgadā dravatē yasya cittam
rudatyabhīshnam hasati kvacicca
vilajja udgāyati nrityatē ca
madbhaktiyuktō bhuvanam punāti

Le dévot dont la voix tremble d'émotion, dont le cœur fond d'amour, qui sanglote sans cesse et par moments commence à rire et, rejetant toute honte, se met à chanter à tue-tête et à danser, ce dévot sanctifie le monde entier.

— Srimad Bhagavatam
Skanda X, canto XIV, verset 24

La gloire spirituelle d'une âme qui a réalisé Dieu et le comportement qui l'accompagne dépassent de beaucoup le domaine et l'intelligence d'une conscience humaine ordinaire. Certains considèrent la soif de Dieu comme de la folie, d'autres la nomment refoulement psychologique et d'autres encore refusent d'accepter la possibilité même de son existence. Quoi qu'il en soit, les grandes âmes demeurent impassibles. Elles ne prêtent aucune attention aux remarques absurdes des sceptiques et des critiques, que l'on ne peut blâmer pour leur perception limitée des niveaux subtils de la conscience. Le physicien cesse-t-il d'exister parce que l'homme de la rue met en doute la réalité des particules subatomiques et de leurs mérites ? Se laisse-t-il troubler par ces opinions sans fondement ?

Ce genre d'attitude critique était courante dans l'entourage de Soudhamani. À la fin de son adolescence, elle était immergée dans un flot ininterrompu de conscience spirituelle. L'intensité de sa dévotion pour le Seigneur Krishna était indescriptible. Soudhamani s'envolait spontanément et naturellement d'un plan de conscience à un autre et ne pouvait supporter d'être séparée de son Bien-Aimé. Comme pour compenser sa lourde charge de travail, le désir intense de son cœur s'épanchait sans cesse en des chants de dévotion poignants qu'elle chantait jour et nuit.

Niramilla

Un arc-en-ciel sans couleurs, une fleur sans parfum,
Tel est mon cœur,
alors pourquoi implorer Ta compassion ?

La vie est devenue si froide, sans flamme,
comme un luth sans mélodie
abandonné dans un douloureux silence...

Les fleurs de lotus s'épanouiront-elles
dans un petit étang au cœur de la forêt profonde,
là où les rayons du soleil ne peuvent parvenir ?

Voyant les nuages dans le ciel,
le paon déploie ses ailes pour danser,
mais en vain,
et l'oiseau chataka attend les gouttes de pluie...*

Incapables de comprendre le sens de ses états de dévotion et d'extase, les parents et le frère aîné de Soudhamani la châtiaient et la maltraitaient sans merci. Ils étaient convaincus que ses actes de dévotion étaient les symptômes d'une maladie mentale et d'une dépression psychologique.

Kounjou passait maintenant ses journées et ses nuits à méditer,

* On dit que l'oiseau *chataka* ne boit que les gouttes de pluie qui tombent durant les averses. Il n'aime aucune autre eau. L'idée est que le paon et le *chataka* sont tous deux heureux à la vue des nuages, mais s'attristent en l'absence de pluie. De même, attendre le bonheur de Dieu seul peut paraître vain quand notre quête se prolonge et que nos pratiques spirituelles ne semblent pas porter de fruits.

à chanter et à répéter le nom divin. Elle s'enfermait souvent dans l'oratoire familial et dansait en extase, au grand mécontentement de son frère aîné. D'autres fois, on la voyait pleurer, accablée par la douleur de la séparation, et on la retrouvait ensuite allongée inconsciente sur le sable. On peut se demander comment l'amour que Kounjou portait à Krishna pouvait encore grandir, mais il ne connaissait pas de limites. Les portes de son cœur étaient grandes ouvertes et Soudhamani attendait ardemment l'arrivée de son Bien-Aimé.

Elle ne pouvait étancher sa soif d'entendre conter les exploits de Krishna et, s'il lui arrivait de surprendre quelqu'un narrant ses aventures, son attention était aussitôt captivée et elle entrait en *samadhi.* Bien après la fin du récit, Soudhamani était encore assise, immobile, au même endroit. Les villageois ne trouvaient plus son comportement ni étrange, ni surprenant. Quelquefois, elle réunissait les petits enfants et les invitait à mettre en scène des histoires relatant la vie de Krishna. Elle les regardait jouer, en pleurs, et pendant la narration, elle imaginait que Krishna était assis près d'elle et racontait lui-même ses aventures. Oubliant les circonstances extérieures, elle prenait les enfants dans ses bras, pensant qu'ils étaient vraiment Krishna. Mais, devant le comportement inhabituel et les états étranges de Soudhamani, les petits prenaient peur. L'innocente Kounjou prit l'habitude de vénérer les jeunes enfants comme s'ils étaient Krishna, en leur offrant du *naivedyam** et des friandises tout en psalmodiant des prières.

S'il arrivait à quelqu'un d'être éveillé durant les heures silencieuses de la nuit, il pouvait entendre les supplications déchirantes de la petite implorant son Bien-Aimé :

« Krishna ! Krishna ! Tu es le but de ma vie ! Quand pourrai-je enfin contempler Ta forme merveilleuse ? Ma vie et tous mes

* Un mets offert à Dieu ou à la divinité dans un temple, avant d'être distribué aux dévots.

efforts pour Te voir seront-ils vains ? Mes prières pour m'unir à Toi resteront-elles stériles et sans réponse ? Ô Krishna, il est dit que Tu es plein de compassion pour Tes dévots. Ai-je déplu à Ton cœur ? Ne suis-je pas digne d'être Ta servante ? Combien de jours encore resteras-Tu sourd à mes prières ? Ne ressens-Tu aucune compassion pour cette humble enfant délaissée... Ô Kanna, m'as-Tu Toi aussi abandonnée ? Où es-Tu ?... Où es-Tu ?... »

Elle s'effondrait finalement sur le sol, mais ses nuits demeuraient sans sommeil. Elle attendait, attendait, les yeux grands ouverts, espérant à chaque instant la venue de son Seigneur.

Parfois, Soudhamani sculptait dans l'argile une statue de Krishna et lui rendait un culte. Elle se confiait en pensée à son Bien-Aimé : « Vois-tu, personne ne m'a appris à Te servir ni à T'adorer. Je T'en prie, pardonne mes erreurs ! » Alors, faute de fleurs, elle offrait du sable aux pieds de la divinité. À la fin du rituel, elle avait le sentiment que le véritable Krishna était arrivé et se tenait debout devant elle. Le corps tremblant et les yeux pleins de larmes, submergée par la dévotion, elle se prosternait sans fin devant la statue d'argile. L'instant suivant elle pressentait que Krishna allait s'enfuir et s'élançait promptement vers Lui pour l'attraper. Mais elle réalisait aussitôt que tout était imaginaire et que la statue d'argile était toujours de l'argile. Elle éclatait alors en sanglots et, pleurant sur son sort misérable, elle implorait sans fin : « Krishna ! Krishna ! Je T'en supplie, viens et bénis cette enfant déchirée par le désir de te voir. Tout cela n'est-il qu'un test de mon amour pour Toi ? Pourquoi hésites-Tu ? Ô Kanna, je peux supporter n'importe quel tourment sauf celui d'être séparée de Toi. Ô Kanna, Ton cœur a-t-il perdu toute compassion ? »

Soudhamani ne se laissait pas facilement décourager. Pleine d'optimisme et d'espérance, cette petite fille de pêcheurs attendait indéfiniment l'arrivée de son Seigneur. Parfois elle se considérait comme Sa bien-aimée, parfois comme Sa servante. Cette enfant sans instruction, qui n'avait pas dépassé la classe de CM1 et ne connaissait pas les Écritures, les Védas ni les Oupanishads, devint l'incarnation de la dévotion suprême au Seigneur Krishna. Différents aspects de cette dévotion se manifestaient spontanément en elle.

C'est au cours de cette période que les finances de la famille prirent soudain mauvaise tournure : Sougounanandan subit d'importantes pertes dans son commerce de poisson. Damayanthi et les autres membres de la famille étaient désespérés. Damayanthi dit un jour à Soudhamani : « Pourquoi Dieu nous envoie-t-Il ces souffrances ? Ma fille, prie pour ton père. Toutes ses affaires ont fait faillite. » Soudhamani pensa alors : « Ô Krishna, comment naît le chagrin ? Quelle en est la cause première ? Ma mère perd courage parce qu'elle désire obtenir le bonheur de son mari et mener une vie confortable. N'est-ce pas le désir qui engendre la souffrance ? Ô mon Krishna Bien-Aimé, fais que je n'en sois pas prisonnière ! Si je dépends d'êtres humains plongés dans l'ignorance et le désir, je connaîtrai certainement moi aussi le chagrin. Ô Krishna, fais que mon esprit soit pour toujours attaché à Tes Pieds de Lotus ! »

En ce temps-là, en dépit de leurs problèmes financiers, les parents de Soudhamani décidèrent de la marier. Il faut mentionner ici que la fierté que Damayanthi mettait dans l'éducation de ses quatre filles n'était un secret pour personne dans le village. Elle voulait que ses filles soient considérées par la communauté comme droites et vertueuses. A ses yeux, si ces qualités faisaient défaut, tout était perdu ; c'est pourquoi elle éduquait ses filles avec la plus grande rigueur. Il leur était interdit de parler aux hommes, en particulier à ceux de leur âge. À cette époque, Idamannel était entouré d'eau sur trois côtés et Damayanthi fit de plus ériger une clôture tout autour de la maison pour la protéger contre d'éventuels intrus. Toujours insatisfaite, elle dressa aussi un chien pour qu'il l'avertisse au cas où quelqu'un s'approcherait. Au moindre aboiement, elle envoyait Soubhagan voir qui était là et, s'il s'agissait d'un jeune homme ou d'un étranger, elle interdisait qu'on ouvre la porte. Damayanthi se faisait toujours du souci pour ses filles aînées, c'est pourquoi elle désirait tant se débarrasser de Soudhamani, son principal tourment.

Sougounanandan et Soubhagan trouvèrent un parti convenable pour Soudhamani et un jour fut fixé pour le premier rendez-vous, comme le veut la coutume indienne, ce qui permet aux parents de s'assurer avant le mariage de la sympathie mutuelle des jeunes gens. Tout fut arrangé à l'insu de Soudhamani. De plus, les conspirateurs avaient prévu que la rencontre se déroulerait dans une autre maison, loin d'Idamannel. Le jour convenu, une habitante de ladite maison vint chez Soudhamani, prétendant avoir besoin de ses services pour des travaux de couture. Elle lui demanda de l'accompagner chez elle pour prendre les mesures de ses filles afin de leur confectionner des jupes et des blouses.

Lorsque Soudhamani arriva dans cette famille, elle comprit que leur intention était toute autre. La femme qui l'avait accompagnée lui donna un verre de thé et lui dit : « Viens voir, Soudhamani, quelqu'un est assis dans la pièce à côté. Va lui offrir ce thé. » Telle est la manière habituelle d'introduire une jeune femme à son futur époux. Soudhamani devina alors leur dessein secret et répondit d'un ton grave : « Je ne peux pas. Je suis venue ici pour prendre des mesures et non pour servir du thé. » Sur ce, elle quitta la maison. De retour chez elle, elle raconta l'incident à Damayanthi et comprit alors que toute cette affaire avait été manigancée par ses propres parents et par son frère aîné.

Une autre proposition de mariage suivit la première. Cette fois-ci, on jugea plus sûr de convenir que le prétendant et sa famille viendraient à Idamannel. Quand il arriva, Damayanthi demanda d'une voix douce à Soudhamani de lui apporter quelques bananes. « Non, je ne le ferai pas ! Si tu veux, tu peux aller toi-même lui acheter des bananes », rétorqua la petite, en présence des invités. Ainsi se termina cette seconde tentative de mariage. Mais les parents n'étaient pas prêts à abandonner leur idée. Ils organisèrent donc un nouveau rendez-vous, dans la maison d'Idamannel. Damayanthi était d'abord allée voir Soudhamani et l'avait suppliée, en versant même quelques larmes : « Ma fille, je t'en prie, ne ternis pas notre réputation par ton comportement. Sois polie envers ton futur époux. » Lorsque le jeune homme arriva pour rencontrer Soudhamani, il s'assit tranquillement dans la salle de séjour. La jeune fille était occupée à la cuisine, réduisant des piments rouges en poudre à l'aide d'un pilon de bois. Elle avait déjà pris la décision d'affronter la situation avec encore plus de grossièreté qu'avant. Brandissant son pilon des deux mains comme un soldat prêt à l'attaque, elle se mit à hurler des menaces en direction du jeune homme à travers la fenêtre qui séparait la cuisine de la salle de séjour, agitant son pilon en un geste grotesque. Damayanthi faillit s'évanouir de honte mais la petite était déchaînée et continua son cirque jusqu'à ce que la famille du prétendant prenne la fuite en pensant qu'elle était folle. Après leur départ, Soudhamani fut battue encore plus brutalemment que de coutume.

Après cet incident, Kounjou décida que si ses parents l'importunaient de nouveau avec des propositions de mariage, elle quitterait la maison pour poursuivre ses pratiques spirituelles dans une grotte ou un autre endroit solitaire. En cette affaire de mariage, Soudhamani était absolument inflexible et elle était persuadée, maintenant, que sa famille ne récidiverait pas de si tôt. Il est difficile d'imaginer comment les mauvais traitements infligés à la petite par sa famille pouvaient encore empirer. C'est pourtant ce qui arriva. Elle décida alors de s'enfuir pour ne plus avoir à subir cette situation. Le même jour, une feuille de papier apportée par le vent vint se poser juste devant elle. Elle la ramassa et découvrit avec étonnement qu'il s'agissait d'un morceau de journal racontant les terribles mésaventures d'une jeune fille qui s'était échappée de chez elle. La petite vit dans cet incident un message venu directement de Dieu et abandonna l'idée de partir.

Une autre fois, ne pouvant plus supporter les châtiments injustes que lui infligeaient les membres de sa famille, elle décida de mettre fin à sa vie en se jetant dans la mer. Mais elle pensa aussitôt : « Qui meurt ? Qui naît ? Qui peut tourmenter un véritable dévot du Seigneur ? » Cette conviction profonde modifia radicalement sa façon de penser.

En ces jours d'intense *sadhana**, Soudhamani ne pouvait dormir dans une autre maison ni manger de la nourriture préparée dans la cuisine d'une personne attachée au monde. Si elle en consommait, elle devenait immédiatement très agitée ou même vomissait. Elle jeûnait donc la plupart du temps. S'il lui arrivait de rester dans une autre maison où des laïcs avaient dormi, elle ne pouvait se reposer un seul instant. Mais elle ne se souciait pas de son sommeil et préférait rester éveillée à méditer et à appeler son Bien-Aimé. Elle avait toujours peur de s'endormir car elle était certaine que Krishna allait venir juste à ce moment-là et qu'elle manquerait l'occasion si longtemps espérée de voir Sa forme divine.

Même durant cette période, Soudhamani venait toujours à bout de ses tâches domestiques. À cause de son travail épuisant et sans fin, les villageois l'avaient surnommée « Kaveri ». Kaveri est un personnage idéal, pourvu de toutes les vertus. Même quand elle était malade, elle allait de maison en maison vendre son lait. Et les villageois, témoins de ses difficultés sans fin de et de ses nobles qualités, éprouvaient pour elle un respect et un amour immenses.

Les expériences amères qu'elle dut affronter et le milieu brutal dans lequel elle grandit persuadèrent Soudhamani de la nature instable et égoïste de la vie dans le monde. Son esprit était plongé dans une contemplation sérieuse et profonde de la vie et de son but. Réfléchissant au mystère de l'existence, elle songeait : « Ô mon Dieu, ne vois-Tu pas toutes ces peines et ces souffrances ? Suis-je seule en ce monde ? Quelle est ma vraie famille ? Qui est mon Père, qui est ma Mère ? Où est la vérité dans tout cela ? Si l'on naît dans un corps humain, est-on destiné à souffrir ? » Absorbée

* Discipline spirituelle.

dans ces pensées, la petite pleurait et priait sincèrement le Seigneur.

Soudhamani éprouvait toujours de la compassion pour les gens attirés par les plaisirs éphémères de la vie mondaine. Elle priait pour eux : « Ô Seigneur, jeT'en prie, sauve ceux qui souffrent à cause de leur ignorance et attribuent une valeur excessive à ce monde éphémère. Accorde-leur la connaissance véritable. »

Damayanthi aimait beaucoup les vaches. Même quand les membres de la famille souffraient, elle ne permettait pas que les vaches aient à subir le moindre désagrément. À ses yeux, les vaches étaient égales à Dieu. Pendant la période des moussons du sud-ouest, les lagunes du Kérala débordaient et rejoignaient la mer d'Oman, provoquant des inondations tout au long des côtes. L'étable familiale d'Idamannel était alors inondée et Damayanthi abritait les vaches à l'intérieur de la maison ! La salle de séjour était pleine de bouse de vache et d'urine et tous les membres de la famille protestaient, maudissant Damayanthi, sauf bien sûr Soudhamani, qui adorait les vaches encore plus que sa mère à cause de leur rôle dans la vie de Shri Krishna.

Chaque saison était pour Kounjou une source d'inspiration ; pour elle, tout était le jeu Divin. Elle ne se souciait nullement de la chaleur accablante de l'été, des pluies torrentielles de la mousson ou des vents froids soufflant de l'océan pendant l'hiver. Elle ne voyait dans la Nature rien d'autre que son Bien-Aimé. Elle ne désirait rien en ce monde ; son seul but était de s'unir aux pieds de lotus du Seigneur Krishna. Même le son des gouttes de pluie emplissait son cœur d'amour et de dévotion. Pour elle, tous les sons évoquaient la syllabe sacrée « Aum », surtout le bruit de la pluie. Elle chantait les louanges de son Seigneur en harmonie avec ce son et regardait tomber la pluie avec bonheur, visualisant Krishna dans chaque goutte d'eau.

Les pratiques spirituelles de Soudhamani s'intensifiaient et elle se trouvait de plus en plus souvent en extase. Il lui arrivait d'entrer dans la salle de bains pour prendre une douche et d'y être encore trois heures plus tard : on la retrouvait alors totalement inconsciente du monde qui l'entourait. Ces états demeuraient un mystère pour les membres de sa famille, convaincus qu'elle était atteinte d'une sorte de déséquilibre mental. Elle était un voyageur solitaire en son propre monde. Comment imaginer la profondeur spirituelle de cette innocente petite fille dont l'amour était sans limite ? Quelle force, sinon Dieu Lui-même, la conduisait toujours plus avant vers les profondeurs de la réalisation du Soi ?

Souvent, quand elle partait ramasser des feuilles pour nourrir les chèvres, Soudhamani était accompagnée par de petits enfants qui la suivaient partout où elle allait. Ils aimaient sa compagnie. Elle était leur chef. Assise sur la branche d'un arbre pour en cueillir les feuilles, elle avait soudain le sentiment d'être Krishna, et elle raconta plus tard : « Tous les petits garçons et les petites filles debout sous l'arbre semblaient être les *gopis* et les *gopas.* »

Elle eut de nombreuses visions divines. Krishna venait tard dans la nuit et lui apparaissait. Le divin Joueur de flûte lui prenait les mains et dansait avec elle. D'autres fois, il s'amusait avec elle et la faisait rire. Dans ces moments de béatitude, elle dansait comme jamais, en extase divine, la danse de Radha et de Krishna. Elle entendait alors le son mélodieux de la flûte de Krishna. Tout d'abord, elle croyait que Krishna se tenait quelque part alentour pour jouer de sa flûte céleste, mais elle découvrit qu'en réalité, le son venait de l'intérieur d'elle-même ! Elle fondit aussitôt en larmes et s'évanouit devant le portrait de Krishna. Même quand il lui arrivait de dormir, Krishna apparaissait bientôt devant elle et la réveillait. Soudhamani raconta par la suite : « La texture de sa peau était un mélange de bleu sombre et de rouge pâle. » Parfois, elle voyait un lit parsemé de fleurs odorantes. Attrapant la main de la petite, Krishna dansait avec elle sur cette couche délicieuse. Il l'emportait au-dessus des nuages et lui montrait différents mondes et de merveilleux paysages. Mais elle songeait : « Quel attrait ont ces choses, sans Lui ? Il en est l'essence ; l'apparence de ces mondes continuera de changer ! » Et elle en restait fermement convaincue. Intérieurement, elle s'envolait fréquemment vers son Bien-Aimé. C'est durant cette période que l'abandon de la petite au Seigneur devint total.

Parfois, elle voyait Krishna marcher à ses côtés. A d'autres moments, identifiée intérieurement au Seigneur Krishna, l'envie lui venait d'arracher du mur toutes les images des dieux et des déesses, y compris celles de Krishna. « Ces portraits ne sont que du papier et de l'encre, ils ne sont pas Krishna. Je suis moi-même Krishna ! » La minute suivante, elle changeait d'attitude : « Non, je ne dois pas déchirer ce portrait. C'est lui qui m'a aidée à atteindre Krishna. Tout est imprégné de Krishna, la Conscience suprême. Ce portrait est donc, lui aussi, Cela ! »

Le moment où elle réalisa la présence de Krishna en toutes choses marqua le point culminant d'une longue période de sacrifice et d'intense aspiration. On voyait Soudhamani étreindre et embrasser les arbres, les plantes et même les petits enfants car, partout où elle se tournait, elle voyait la forme enchanteresse du Seigneur Krishna. Pas un seul point, même infinitésimal, n'était dépourvu de Sa présence.

Elle raconta plus tard, à propos de cette période : « Je regardais la Nature et je voyais partout Krishna. Je ne pouvais même pas cueillir une fleur car en elle aussi, je percevais Krishna. Lorsque la brise effleurait mon corps, je la ressentais comme une caresse de Krishna. J'avais peur de marcher car je pensais : « Oh, je marche sur Krishna ! » Pour moi, le moindre grain de sable était Krishna. De temps en temps, je percevais clairement que j'étais moi-même Krishna. Progressivement, cet état devint naturel. Je ne pouvais plus voir de différence entre le Krishna qui avait vécu à Vrindavan et moi. »

Ainsi, Soudhamani se fondit dans l'océan de l'existence et de la béatitude pures et atteignit la paix parfaite de l'esprit. Pourtant, son identité avec le Suprême restait inconnue de sa famille et des habitants du village. Extérieurement, elle ressemblait toujours à une petite villageoise ordinaire tandis qu'intérieurement, elle était une avec le Seigneur Krishna, établie dans l'état naturel d'identification à la réalité unique.

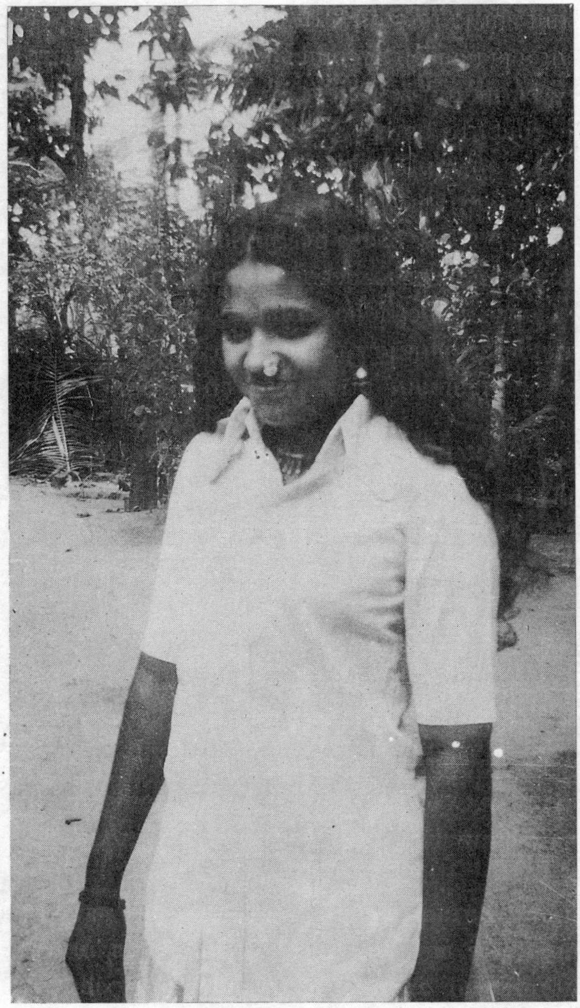

Chapitre V

Pour le bien du monde

« Toutes les divinités du panthéon hindou, qui représentent les aspects infinis de l'Être unique suprême, existent également en nous. Une incarnation divine peut manifester n'importe quel aspect par un simple acte de volonté, pour le bien du monde. L'état divin d'identification totale avec Krishna (Krishna bhava) est la manifestation de l'Absolu sous son aspect de purusha ou pure conscience. »

— Mata Amritanandamayi

Vamsī vibhūśita karāt navanīra dabhāt
pitāmbarāt aruna bimba phalā taroṣṭāt
purnēntu sundara mukhāt aravinda nētrāt
kṛṣṇāt param kimapi tatva maham na jāne

Je ne connais d'autre réalité que Shri Krishna dont les mains tiennent la flûte, dont la beauté est comme un frais nuage de pluie, vêtu de jaune, dont les lèvres sont rouges comme un fruit aruna bimba*, le visage charmant comme la pleine lune et les yeux allongés comme des pétales de lotus.*

— Madhousoudana Saraswati

L'avènement du Krishna *bhava*

La jeune Soudhamani, dont l'être était totalement et éternellement immergé dans le Divin, luttait maintenant pour mener à bien ses tâches domestiques comme par le passé. Elle s'efforçait autant que possible de les accomplir sans faute mais, comme nous le verrons, tel n'était pas le destin que lui réservait le Divin.

Un mercredi soir du mois de septembre 1975, certains événements survinrent qui allaient marquer le début d'un nouveau chapitre dans les annales de l'histoire spirituelle de l'Inde. La petite finissait juste de couper l'herbe pour les vaches et rentrait à la maison accompagnée de son frère cadet Sathish. Elle portait sur la tête un gros ballot d'herbe et il était environ dix-sept heures. Elle était comme d'habitude dans un de ses états sublimes et ses lèvres laissaient échapper l'harmonieuse mélodie d'un chant de dévotion. Comme les deux enfants franchissaient le portail d'entrée de la maison voisine, au nord d'Idamannel, Soudhamani s'arrêta brusquement. Elle avait entendu les derniers versets du Srimad Bhagavatam, lus à haute voix dans la cour de la maison.* La lecture venait de prendre fin, les *bhajans* commençaient à peine.

Elle restait là, subjuguée, et semblait écouter attentivement les litanies. Soudain, son comportement changea de façon spectaculaire. Le ballot d'herbe qu'elle portait sur la tête tomba tandis qu'elle se précipitait vers l'endroit d'où provenait le chant, au milieu des dévots rassemblés. Elle était submergée de béatitude divine et son identification intérieure avec le Seigneur émanait de tout son être, métamorphosant son port et ses gestes en ceux de Shri Krishna lui-même !

La plupart des dévots crurent que Shri Krishna leur apparaissait un instant sous la forme de cette jeune villageoise, pour les bénir. Soudhamani demanda à l'un d'eux d'apporter de l'eau, dont elle aspergea chacun comme s'il s'agissait d'eau sacrée. La nouvelle de la manifestation divine de Soudhamani se répandit rapidement et une foule importante se rassembla. Dans la foule se trouvaient quelques sceptiques qui émirent des doutes quant au caractère divin de cette manifestation, disant : « Si tu es vraiment le Seigneur Krishna, tu dois nous le prouver par un miracle. Sinon, comment pouvons-nous croire ? » La réponse vint sans tarder : « Un objet qui n'existe pas ne peut être amené à l'existence. Tout ce que nous voyons n'est en réalité qu'une projection de l'esprit. Vous avez en vous le véritable joyau, pourquoi en désirez-vous une imitation ? Bien que l'Être pur soit en vous, l'ignorance le voile ! »

Mais ils ne purent comprendre cette vérité sublime, énoncée par un être établi dans cette pure Existence, et ils la pressèrent à nouveau d'accomplir un miracle. Soudhamani répondit : « Convertir les gens en accomplissant des miracles ne m'intéresse pas. Mon intention n'est pas de réaliser des prodiges mais d'éveiller chez les êtres humains le désir d'atteindre la libération en réalisant

* Chaque mois, la famille organisait des lectures de cette grande épopée relatant la vie et les aventures du Seigneur Krishna, et un certain Shri Narayanan venait régulièrement du village voisin pour en lire un chapitre.

leur Soi éternel. Les miracles sont illusoires. Ce n'est pas là que réside le principe essentiel sur lequel se fonde la spiritualité. De plus, quand un miracle aura été accompli, vous désirerez et demanderez à en voir d'autres, indéfiniment. Je ne suis pas ici pour créer des désirs, mais pour les faire disparaître. »

Les sceptiques insistèrent : « Non, nous ne t'en demanderons pas davantage. Accomplis un miracle une fois et nous n'insisterons plus. » Cédant finalement à leurs supplications, Soudhamani leur dit : « Pour éveiller la foi en vous, j'en accomplirai donc un. Mais ne m'approchez plus jamais avec de tels désirs. Que ceux qui doutent viennent en ce même lieu, le jour où commencera la prochaine lecture du Srimad Bhagavatam. »

Ce jour-là, un grand nombre de gens s'étaient réunis, tant à l'intérieur qu'à l'extérieur de la maison. Les incrédules étaient perchés dans les arbres et sur les toits, dans l'espoir de démasquer la fraude. Manifestant son identité avec le Seigneur Krishna, Soudhamani appela l'un d'eux et lui demanda d'apporter une cruche d'eau. De nouveau, cette eau servit à asperger les dévots, comme si elle était sacrée. Elle demanda ensuite à l'homme de plonger les doigts dans l'eau qui restait. À l'étonnement général, l'eau était devenue du lait pur ! Celui-ci fut distribué parmi la foule, comme une offrande sacrée venant de Dieu. Puis elle appela un autre sceptique et lui demanda de tremper les doigts dans la cruche. Le lait s'était transformé en un pouding sucré et parfumé *(panchamritam)* fait de lait, de bananes, de sucre roux, de raisins secs et de sucre cristallisé. Toute l'assistance se crut alors vraiment en la divine présence du Seigneur Krishna et poussa des cris : « Ô Seigneur ! Ô Seigneur ! ». Le *panchamritam* fut distribué à plus de mille personnes et pourtant, le pot restait plein à ras bords. Certaines personnes, assises à distance près d'un petit banian, sur le rivage, eurent droit elles aussi au pouding ; et la cruche ne désemplissait toujours pas. Certains sceptiques, toujours incrédules, déclarèrent que l'incident était un tour de mesmérisme et que le *panchamritam* allait disparaître en quelques secondes. À leur grande déception, non seulement il ne disparut pas, mais son odeur sucrée resta sur toutes les mains pendant plusieurs jours. Cet événement accrût considérablement la foi des villageois, et ils furent convaincus de la divinité de Soudhamani.

Concernant l'avènement du Krishna *bhava*, Soudhamani explique :

« Autrefois je dansais et je me déplaçais, identifiée à Krishna, mais personne ne le savait. Un jour, je ressentis très fortement le désir d'être absorbée à jamais dans cet Être suprême. Mais j'entendis alors une voix intérieure me dire : « Des milliers et des milliers de gens de par le monde sont écrasés par la misère. J'ai beaucoup à accomplir à travers toi, qui es unie à Moi. »

C'est après avoir entendu cette voix que Soudhamani manifesta son identité avec le Seigneur Krishna devant les villageois. Soudhamani poursuit :

« J'avais la faculté de tout connaître de chaque personne. J'avais pleinement conscience d'être moi-même Krishna, non seulement au moment particulier de la manifestation mais à tout autre moment également. Je ne pensais pas : « Je suis un personnage important ». Quand je voyais les gens et que je devinais leur souffrance, je ressentais pour eux une immense compassion. J'étais consciente du fait que les dévots m'offraient leurs hommages et m'appelaient « Seigneur ». Je connaissais leurs problèmes avant même qu'ils m'en parlent. »

Dès lors, Soudhamani manifesta régulièrement son identité avec Krishna, près d'un petit banian qui poussait sur le côté ouest d'Idamannel, en bordure du chemin longeant le rivage. Il y avait là également quelques plantes fleuries autour de l'arbre, formant une sorte de buisson. Quelques années auparavant, les villageois avaient projeté de construire un temple à cet endroit et quelques jeunes gens du village s'étaient réunis pour y planter un banian et allumer une lampe à huile afin de le consacrer. Sougounanandan avait vivement encouragé les jeunes gens et pris une part active à leurs efforts. Sa mère Madhavi venait chaque soir, souvent accompagnée de Soudhamani, pour allumer la lampe à huile et chanter des *bhajans.* Les jeunes du village avaient érigé une minuscule hutte recouverte de palmes tressées juste devant le banian* et accroché les portraits de Krishna et de Kali à l'intérieur.

C'est à cet endroit que, quelques années plus tard, Soudhamani allait révéler son identité avec Shri Krishna. Cette parcelle de terrain était propriété publique et se révéla très commode pour les villageois qui pouvaient s'y rassembler et participer au Krishna *bhava.* Allongée sur une fine branche du banian,

Soudhamani prenait la pose d'Anantasayana, le Seigneur Vishnou reposant sur Ananta, le serpent à mille têtes. Par un simple acte de sa volonté, son corps devenait aussi léger que l'air. Quelle scène merveilleuse pour les dévots !

Ce lieu sacré devint un véritable Vrindavan (le lieu où Shri Krishna passa son enfance) et l'atmosphère était saturée des chants de dévotion en hommage au Seigneur. Les dévots commencèrent à affluer pour recevoir le *darshan* bienfaisant de Shri Krishna et trouver un soulagement à leurs peines. Leur

* Ce petit autel est situé près de la route qui longe l'océan, derrière l'ashram *(photo ci-dessus).*

détresse disparaissait mystérieusement quand ils avaient confié leurs difficultés à Soudhamani durant le Krishna *bhava*.

En ce temps-là, lorsqu'un dévot priait pour obtenir une solution à ses problèmes, Soudhamani en Krishna *bhava* l'invitait à allumer un morceau de camphre et à placer le camphre enflammé sur la langue de Krishna. Elle avalait alors le tout, camphre et flamme ! À la fin du Krishna *bhava*, personne ne pouvait déceler la moindre trace de brûlure sur sa langue. Cette pratique accroissait la foi des témoins.

La nouvelle du Krishna *bhava* se répandit rapidement et des gens venus du Kérala et des différents États de l'Inde commencèrent à affluer vers Parayakadavou. Ceci marqua le début des pèlerinages vers ce lieu sacré. Les gens venaient pour guérir leurs maux, ou trouver une solution à leurs difficultés matérielles ; certains étaient attirés par la curiosité, d'autres poussés par la dévotion. Mais ils constataient tous une chose : après avoir rencontré Soudhamani, leurs problèmes se trouvaient résolus.

Un groupe de sceptiques des villages avoisinants commença à venir simplement pour passer le temps, espérant révéler au grand jour la fraude qu'ils pensaient percevoir dans la manifestation divine de Soudhamani. Mais la petite restait imperturbable en toutes circonstances. Elle expliqua plus tard : « Pendant les *bhavas*, des gens de toutes sortes viennent me voir : certains par dévotion, d'autres pour trouver une solution à leurs problèmes matériels ou soulager leurs maux. Je n'en rejette aucun. Puis-je les rejeter ? Sont-ils différents de moi ? Ne sommes-nous pas tous des perles enfilées sur le même fil de la vie ? Chacun me voit selon son propre niveau de compréhension. Ceux qui m'aiment et ceux qui me haïssent sont pareils pour moi. »

Pendant les deux premiers Krishna *bhavas*, Sougounanandan s'était absenté en ville pour ses affaires. Lorsqu'il entendit parler de la mystérieuse transformation survenue chez sa fille, il pensa qu'il s'agissait d'une maladie non identifiée. Il résolut cependant d'assister au Krishna *bhava* pour se faire une opinion personnelle avant de prendre une décision. Il organisa donc une lecture du Bhagavatam à Idamannel et ce jour-là, Soudhamani révéla son identité avec Shri Krishna. Quand il assista à la manifestation divine de sa fille, qui lui avait réservé tant de surprises depuis sa naissance, il fut frappé de stupeur, incapable de prononcer un mot. Sougounanandan, ardent dévot du Seigneur Krishna, prit ensuite part à tous les *bhavas darshan*s. Ceux-ci devinrent alors un événement régulier sur la côte, dans ce lieu de pêche béni.

À cette époque, les parents pensaient encore que, pendant les manifestations divines, Soudhamani était simplement possédée par le Seigneur Krishna, et que ses pratiques de dévotion étaient des aberrations temporaires qui prendraient fin un jour. Ils attendaient donc l'arrivée de ce jour pour donner leur fille en mariage. On ne peut les blâmer car ils ignoraient tout de l'existence des grandes âmes et de leur comportement. Leur vision de Dieu était simple et, dans leur esprit, ses manifestations sur la terre se limitaient strictement aux dieux et aux déesses dans les oratoires et dans les temples. Dieu ne se trouvait nulle part ailleurs, et surtout pas dans leur excentrique petite fille !

Oubliant les expériences passées, ils tentèrent une fois de plus d'organiser le mariage de Soudhamani. Mais celle-ci menaçait ouvertement tout prétendant assez malchanceux pour parvenir jusqu'à Idamannel. Finalement, elle se mit en colère et avertit ses parents : « Si vous parvenez à me donner en mariage, je tuerai cet homme, puis je reviendrai à Idamannel. »

Ayant pitoyablement échoué dans leur tentative de marier Soudhamani, les parents décidèrent de consulter un astrologue de renom qui vivait dans un village éloigné et n'avait jamais entendu parler ni d'Idamannel, ni de Soudhamani et de ses manifestations divines. Ils avaient grand espoir de parvenir enfin au bout de leurs peines. Après avoir consulté l'horoscope de

---

* En Inde, les mariages sont traditionnellement arrangés par les parents après qu'un astrologue ait consulté l'horoscope de leur fils ou de leur fille.

Soudhamani, l'astrologue se tourna vers Sougounanandan et déclara d'un ton solennel : « Cette jeune fille est un *mahatma**. Si le mariage n'est pas encore conclu, je vous en prie, abandonnez tout effort en ce sens. S'il l'est déjà, alors ramenez immédiatement Soudhamani chez vous. Sinon, vous devrez affronter un grand malheur qui vous causera un profond chagrin. » Déconfit, le père rentra chez lui le cœur lourd et abandonna tous ses plans pour tenter de marier sa fille.

Quand ils comprirent que la manifestation divine de Soudhamani en Krishna *bhava* était authentique, les gens accoururent de plus en plus nombreux pour recevoir sa bénédiction. Parallèlement, certains vinrent dans l'espoir de profiter de sa bienveillance divine pour servir leurs intérêts personnels et « faire de l'argent ». Une nuit, quelques-uns l'approchèrent, et pensant qu'elle pourrait être tentée par l'argent, ils proposèrent de lui donner une grosse somme si elle acceptait d'accomplir des miracles. Elle éclata de rire et leur répondit affectueusement :

« Accomplir des miracles ne m'apporterait rien du tout. Mon but n'est pas d'obtenir la renommée, la gloire et la prospérité matérielle en exhibant des miracles. Il y a en nous un trésor divin immense et inépuisable. Pourquoi l'ignorer, et courir après les biens périssables et insignifiants de ce monde ? Le but de ma vie est de servir Dieu et l'humanité souffrante avec désintéressement. Je ne suis pas ici pour gagner quoi que ce soit, mais pour renoncer à tout et donner le bonheur aux autres. »

Les expériences merveilleuses vécues par ceux qui avaient assisté au Krishna *bhava* encourageaient les autres à prendre refuge, eux aussi, auprès de Soudhamani, et le nombre de dévots croissait de jour en jour. Autour du banian, le rivage vibrait de chants emplis de dévotion et les villageois, oubliant leurs différences, se rassemblaient pour chanter ensemble et recevoir sa bénédiction.

---

* Une grande âme, une sainte.

Au cours d'une de ces rencontres, une foule importante s'était réunie près du banian sacré quand soudain, d'énormes nuages noirs et menaçants s'amoncelèrent au-dessus de leurs têtes, puis éclatèrent en orage. Il n'y avait aucun abri aux alentour et les dévots restèrent sur place, s'attendant à être complètement trempés, mais à la stupéfaction générale, il ne tomba pas une seule goutte à l'endroit où ils se trouvaient, bien qu'il plût à verse tout autour d'eux !

Durant cette période, un cobra venimeux tourmentait les passants, en particulier la nuit, et les villageois qui le voyaient souvent aller et venir n'osaient plus se promener le long de la mer après le coucher du soleil. Quelques-uns s'adressèrent à Soudhamani pendant un Krishna *bhava* et la prièrent de leur venir en aide. Un soir, pendant un *bhava* divin, le redoutable serpent apparut. La foule se dispersa et resta craintivement à distance tandis que, sans la moindre peur, Soudhamani attrapait le cobra et touchait sa langue, si vive, avec la sienne ! Après quoi elle le relâcha. Les villageois ne furent plus jamais dérangés par le cobra et recommencèrent à circuler librement le long de l'océan.

Un jour que les « Enfants de la Mère Océan », comme on surnommait les pêcheurs, étaient tenaillés par la faim, n'ayant pas attrapé le moindre poisson depuis plusieurs jours, ils vinrent voir Soudhamani pendant un Krishna *bhava* et lui confièrent leur peine. Elle leur donna une feuille de *tulasi** et leur dit qu'un jeune garçon devait la jeter dans la mer à un endroit précis où ils pourraient ensuite aller pêcher. Pour la mettre à l'épreuve, les villageois passèrent outre ses conseils et revinrent la voir au cours du *darshan* suivant. Avant qu'ils pussent dire un mot, Soudhamani révéla leur mauvaise intention et leur donna une nouvelle feuille de *tulasi.* À la fois étonnés et pris de remords, ils acceptèrent la feuille et retournèrent vers l'océan mais, sans que l'on sache très

* Variété de basilic considérée comme une plante sainte et consacrée à Shri Krishna.

bien pourquoi, ils ne réussirent pas à la jeter à l'endroit indiqué.

Lorsqu'ils revinrent au *darshan* suivant, Soudhamani eut pitié d'eux et alla danser en extase au bord de la mer, leur accordant ainsi sa bénédiction. Au grand bonheur des pêcheurs, un énorme banc de poissons s'approcha de la côte le jour suivant. Jamais, dans les annales du village, on n'avait vu pêche aussi abondante ! Par deux fois Soudhamani répéta son geste, en réponse à la prière et à la demande sincère des pêcheurs. Mais cette dévotion née de l'égoïsme et du désir ne leur valut ni sa faveur ni ses encouragements.

Bien que le Krishna *bhava* ne fût que la manifestation extérieure du pouvoir spirituel infini de Soudhamani, ses parents et la plupart des gens du village pensaient qu'elle était momentanément possédée par Krishna, le temps du *bhava*. Son frère aîné et ses parents avaient également en tête l'idée qu'elle souffrait de schizophrénie ou de quelque autre hallucination. Pour sa part, Soudhamani préférait en rester là. Il lui suffisait alors que, grâce au Krishna *bhava*, les gens éprouvent de la dévotion pour Dieu et se sentent soulagés de leurs misères. Les diverses étapes du grand jeu divin allaient se dérouler selon les besoins des dévots et au moment opportun.

Le *darshan* en bord de mer présentait bien des inconvénients, même si les villageois avaient effectivement l'avantage de pouvoir s'y réunir en toute liberté. La plupart venait par dévotion et par respect religieux, mais il y avait aussi un groupe qui n'assistait au *darshan* que pour harceler et discréditer Soudhamani. L'accroissement rapide du nombre de dévots avait suscité la création d'une multitude de petits commerces autour du banian, et un groupe autonome parmi les villageois s'était même associé pour former un conseil administratif ; celui-ci prit promptement la décision d'installer un tronc fermé avec un cadenas, afin d'y recueillir des dons en espèces pour leur propre compte. C'était le signe avant-coureur de la création d'une alliance qui allait susciter de nombreux problèmes.

Ces événements attristaient profondément Sougounanandan. Une nuit, il se rendit auprès de Soudhamani pendant le Krishna *bhava* et lui confia son inquiétude : « Cela me fait de la peine de te voir accomplir le Krishna *bhava* sur le bord de cette route et je ne peux pas supporter d'entendre les incrédules se moquer de toi. Et de plus, cette petite est ma fille et cela me fait mal au cœur de la voir ainsi entourée de toutes sortes de gens dans un lieu public. » À ces mots, il éclata en sanglots.

Soudhamani répondit : « Dans ce cas, donne-moi un autre endroit pour recevoir mes dévots. S'il n'y a rien d'autre, notre étable suffira. » Sougounanandan accepta sur-le-champ et prit bientôt les mesures nécessaires pour faire réparer l'étable. Il la fit recouvrir de ciment et fit construire au milieu un mur à mi-hauteur pour la diviser en deux parties. Une partie servait d'étable et il fit aménager l'autre pour y abriter les *bhavas darshan*s. Les quatre côtés furent recouverts de panneaux en palmes tressées.

Bientôt le *bhava darshan* déménagea du sanctuaire du banian, près du bord de mer, pour venir s'installer à Idamannel, où il se déroule encore aujourd'hui. Pendant le Krishna *bhava*, Soudhamani donnait son *darshan* debout dans le temple nouvellement construit. De temps à autre, elle se penchait en prenant appui sur le mur à mi-hauteur et posait sa main sur l'une des vaches qui se tenaient de l'autre côté.

Une nuit, au cours d'un *bhava darshan*, Soudhamani appela son père : « Mes dévots vont venir de tous les coins de la terre, lui dit-elle, et nombre d'entre eux s'installeront ici pour y vivre en permanence. Tu auras à affronter bien des obstacles, mais n'aie pas peur. Endure tout. Ne cherche jamais à te venger. Ne sois pas envieux. Ne sollicite rien de personne. Tout ce dont tu auras besoin viendra à toi sans que tu le demandes. Donne toujours en charité une partie de ce que tu reçois. En temps voulu, cet endroit deviendra un grand centre spirituel. Kounjou voyagera maintes fois autour du monde. Bien que tu aies peut-être à souffrir dans un avenir proche, Dieu t'accordera toujours sa bénédiction et pourvoira à tes besoins. Ta propre famille et même les villageois te haïront et te dénigreront mais, avec le temps, ils redeviendront tes amis. Des milliers de mes dévots seront comme tes propres enfants. À partir d'aujourd'hui, Kounjou est pure pour toujours. »

Une fois de plus, Sougounanandan fut abasourdi ! Sa fille au teint bleu sombre, qui avait reçu d'innombrables raclées de sa propre main, allait faire le tour du monde ? Elle n'était même jamais allée jusqu'au Cap Comorin*! Des milliers de dévots viendraient à Idamannel ? Mais où diable allaient-ils tous loger ? Il n'y avait qu'une maison minuscule. Et que signifiait : « Kounjou est pure pour toujours** » ? Malgré l'impression profonde que firent sur lui ces paroles, Sougounanandan les considéra sur le moment comme les affabulations d'une fille un peu dérangée. C'est seulement des années plus tard qu'il réalisa le bien-fondé absolu de ce qui lui avait été révélé cette nuit-là.

Parmi les villageois, certains réalisèrent que leurs intérêts avaient souffert depuis que le Krishna *bhava* avait déménagé à Idamannel et ils protestèrent avec vigueur : « Nous ne voulons pas d'un dieu qui se plie aux caprices de son père ! » Les dévots qui se réunissaient habituellement autour du banian sacré se scindèrent alors en deux camps. L'un manifesta son opposition en refusant de coopérer et l'autre vint à Idamannel pour chanter les *bhajans* pendant le *bhava darshan*, comme à l'accoutumée. Irrités par l'attitude des dévots restés fidèles, quelques villageois se rendirent à Idamannel dans le seul but de provoquer des querelles et de se battre. Ils commencèrent par insulter ouvertement les chanteurs de *bhajans* tandis que se déroulait le *bhava darshan*. Ce groupe hostile, constitué à la fois d'hommes et de femmes, persista jusqu'au jour où Sougounanandan en eut vraiment assez. Aidé de quelques dévots, il les chassa de chez lui, mais ce n'était là que le début des troubles.

* Extrême pointe sud de l'Inde, à 200 kilomètres de Parayakadavou.

** Avec l'avènement du Krishna *bhava*, le cycle menstruel de Soudhamani prit fin.

Le mouvement des rationalistes

Parmi le groupe de provocateurs se trouvaient des fils de propriétaires terriens. Ils s'unirent et formèrent une association qu'ils appelèrent le « Comité de Lutte contre les Superstitions », connu également sous le nom de « Mouvement des Rationalistes ». Ratissant treize villages de la côte, ils réussirent à regrouper un millier de jeunes gens qui entreprirent une campagne en vue de mettre fin aux manifestations divines de Soudhamani.

Les villageois aimaient la petite au caractère noble et vertueux depuis sa plus tendre enfance, quand elle accueillait chaque jour nouveau par ses chants captivants dédiés à Krishna, et ils avaient également foi en ses manifestations divines et en sa dévotion inaltérable ; la nature rigide de Sougounanandan contribuait cependant à amplifier les sentiments d'envie ou d'inimitié qu'ils pouvaient éventuellement ressentir. Au début du Krishna *bhava*, pendant un *darshan*, Soudhamani avait prévenu son père de ne pas se quereller ni chercher à se venger de quiconque s'opposait à elle. Mais il passa outre ce conseil divin et prit certaines mesures à l'encontre du comité qui ne firent que redoubler l'animosité des soi-disant rationalistes.

Ils commencèrent par inventer des slogans contre Soudhamani. Puis ils publièrent des tracts truffés de critiques absurdes et sans fondement à son propos. Cette campagne vindicative ne s'arrêta pas là ; en effet, leurs efforts pour diffamer Soudhamani et mettre fin au Krishna *bhava* ne faisaient que commencer. Leur démarche suivante fut de déposer une plainte à la police, déclarant qu'elle trompait les gens sous couvert de dévotion ! À la suite de cette pétition, quelques inspecteurs de police vinrent à Idamannel pour interroger Soudhamani. Courageuse en toutes circonstances, elle leur dit : « Je vous en prie, arrêtez-moi si cela vous fait plaisir et mettez-moi en prison. Ici, les membres de ma famille et les villageois ne me permettent pas de méditer. En prison, au moins, je serai seule et pourrai me concentrer sur Dieu sans être interrompue. Si telle est Sa volonté, qu'il en soit ainsi. » Sur ces mots, elle tendit les mains. Les inspecteurs furent très impressionnés par la façon à la fois courageuse et innocente dont elle affrontait la situation et s'adressait à eux. Certains pensèrent qu'elle était folle mais les autres furent conquis par sa personnalité et désolés qu'une grande âme soit si méchamment exposée au scandale et persécutée sans raison. Ils lui présentèrent leurs hommages et quittèrent Idamannel.

C'est au moment de ces fausses accusations et de l'enquête de police qui suivit qu'elle composa le chant suivant :

Bhagavane Bhagavane

Tu es plein de compassion envers Tes dévots...
Ô Conscience pure !
Toi qui annihiles toutes les fautes !
N'y a-t-il que des pécheurs en ce monde ?

Ô Bhagavan ! Ô Bhagavan ** *!*
Qui peut nous montrer la voie ?
Les principes essentiels *** * *ne se trouvent plus*
qu'imprimés dans les pages des livres.

Ô Bhagavan ! Ô Bhagavan !
Ce que nous voyons n'est que
costume mensonger et duperie.
Ô Kanna !
Je T'en prie, protège et restaure le dharma !

Un soir au crépuscule, tandis que se déroulaient les *bhajans*, un autre officier de police, insatisfait des résultats de la première

* Ô Seigneur ! Ô Seigneur !

** Se réfère aux vérités spirituelles éternelles contenues dans les Écritures védiques.

enquête, arriva à Idamannel sous prétexte d'une nouvelle plainte. À sa grande surprise, l'atmosphère eut sur lui un effet apaisant et, incapable de rien trouver de choquant ou d'illégal, il quitta lui aussi les lieux sans un mot.

Les incroyants poursuivirent cependant leurs efforts pour mettre un terme aux manifestations divines de Soudhamani. Ils avaient maintenant recours à des tactiques beaucoup plus directes et agressives pour parvenir à leurs fins. Leur plan était d'aller à Idamannel en petits groupes pendant le *bhava darshan* et de s'emparer d'elle tandis qu'elle incarnait Krishna. Ils espéraient ainsi la déshonorer et révéler du même coup l'imposture du *darshan*. Ils prévoyaient s'emparer d'elle et de la malmener. Ces voyous, fiers de leur courage et de leur force, étaient sûrs de leur succès. Ils quittèrent cependant Idamannel avant la fin de la nuit, honteux, car pour quelque raison inexpli-cable, aucun d'eux n'avait osé s'approcher de Soudhamani durant sa manifestation divine.

Sans se laisser ébranler, ils enrôlèrent un adepte de la magie noire, réputé pour sa sorcellerie mortelle. Il vint lui-même à Idamannel et offrit à Soudhamani de la prétendue « cendre sacrée » sur laquelle il avait préalablement attiré des forces maléfiques. Cette cendre, préparée à partir du corps calciné d'un cobra, était connue pour avoir des effets néfastes si puissants qu'ils pouvaient provoquer la mort de la personne à laquelle elle était destinée. Le simple fait de recevoir cette cendre en mains propres était considéré comme un mauvais présage qui pouvait entraîner un grand désastre. Pleinement consciente de ces conséquences probables, Soudhamani prit la cendre et s'en frotta le corps devant cet homme ignorant. Elle pensait : « Si le corps doit périr à cause de cette cendre, qu'il en soit ainsi. Si telle est la volonté de Dieu, est-il possible d'y échapper ? » L'homme sans scrupules attendit longtemps pour assister aux effets atroces de sa sorcellerie, qui avait déjà fait de nombreuses victimes. Finalement, il dut quitter les lieux en admettant sa défaite totale car, au bout de plusieurs heures, rien de fâcheux ne s'était produit. Désespérant de pouvoir en finir avec Soudhamani et ses états divins, les mécréants lancèrent alors leur plan d'action le plus perfide. Durant le Krishna *bhava*, ils pénétrèrent dans le temple et lui offrirent un verre de lait empoisonné. Elle joua son rôle à la perfection et, souriant avec grâce, but le verre entier sans hésiter. Les meurtriers attendirent avec impatience de voir Soudhamani, prise de convulsions, s'effondrer à l'intérieur du temple et rendre son dernier souffle. Mais ils furent amèrement déçus lorsque, quelques instants plus tard, elle se tourna vers eux, vomit le lait empoisonné juste sous leur nez et continua à recevoir les dévots comme si de rien n'était. Les rationalistes déguerpirent et mirent temporairement fin à leur campagne contre la jeune fille.

L'autre obstacle auquel Soudhamani se heurtait toujours était l'attitude de sa propre famille. Mais malgré les harcèlements continuels de ses proches, son esprit ne perdit jamais son équanimité, sa tolérance, et ne dévia pas de la résolution qu'elle avait prise d'aider les êtres humains dans leurs souffrances, qu'ils soient amis, ennemis, parents, ou étrangers.

La création de cette organisation ennemie et ses intentions malfaisantes envers sa fille était une source de grande angoisse pour Sougounanandan. Au cours de cette période, Soudhamani passait souvent ses nuits dehors à méditer sous le firmament étoilé. Depuis son enfance, elle avait toujours tenu pour sacrés la solitude et le silence de la nuit où elle pouvait communier avec le Divin et danser en extase dans un état d'ivresse divine, sans être dérangée.

La peur de Sougounanandan redoublait quand il imaginait que les ennemis de la petite allaient s'introduire subrepticement et l'attaquer quand elle était seule. Il lui demanda un jour : « Ma fille, viens dormir à la maison. » Mais Soudhamani le rassura avec fermeté : « Vois-tu, je n'ai pas de maison qui m'appartienne. Je préfère dormir dehors. Dieu est omniprésent. Il est partout, dehors comme dedans. Alors pourquoi s'inquiéter ? Si quelqu'un vient pour me faire du mal, Dieu me protègera. »

Quant à Damayanthi, elle avait foi en Krishna pendant le Krishna *bhava*, mais ses violences envers Kounjou reprenaient dès que le *bhava* était terminé. Dans son esprit, Soudhamani était possédée par Krishna pendant le *bhava* mais demeurait le reste du temps son humble servante et sa petite fille excentrique. Après l'avènement du Krishna *bhava*, Damayanthi n'eut pourtant d'autre choix que de l'exempter de ses responsabilités domestiques car, à tout moment, son esprit pouvait s'envoler en *samadhi* quels que soient l'heure et le lieu. Ces états d'absorption totale risquaient de la mettre en danger s'ils survenaient tandis qu'elle cuisinait ou marchait le long de la lagune.

Nous avons déjà dit combien Damayanthi était orthodoxe en ce qui concernait la conduite de sa fille. Elle lui interdisait de parler aux dévots après la fin du *darshan*, en particulier aux hommes jeunes. Si elle le faisait, elle la réprimandait sévèrement et n'hésitait pas à la battre. Elle craignait toujours que la conduite inhabituelle de Soudhamani n'attirât le déshonneur et une mauvaise réputation à sa famille ! Soudhamani était au-delà de toute attraction et de toute répulsion, mais ses parents la considéraient comme une jeune fille ordinaire, éprouvant les sentiments, les préférences et les faiblesses d'un être humain, sauf durant le *bhava darshan*. Comment se peut-il que les êtres les plus proches d'elle aient été les moins aptes à reconnaître sa constante absorption dans le Suprême ?

Le membre le plus intraitable de la famille était Soubhagan, son frère aîné. Il ne pouvait supporter la façon dont elle recevait les dévots, ni ses extases, pendant lesquelles elle chantait et dansait avec dévotion. Soudhamani, établie au-delà de toute dualité, recevait d'égale manière hommes, femmes, enfants et personnes âgées. Cela rendait son frère furieux car non seulement il était athée, mais il était convaincu que les femmes étaient inférieures aux hommes et devaient se taire et se cacher. Il considérait sa sœur comme une schizophrène et s'efforçait sans cesse de lui mettre des bâtons dans les roues.

Un jour, il cassa volontairement la lampe à huile que les dévots gardaient allumée dans le temple pendant le Krishna *bhava.* Ceux qui arrivèrent cette nuit-là pour le *darshan* furent désolés de voir la lampe cassée car il n'y en avait pas d'autre pour la remplacer. Voyant leurs visages tristes, Soudhamani demanda à quelques-uns d'aller ramasser des coquillages et lorsqu'ils les eurent apportés, elle leur dit d'y placer des mèches et de les allumer — sans huile, puisqu'il n'y en avait pas. Et l'impossible arriva ! Non seulement les mèches s'allumèrent, mais elles brûlèrent toute la nuit jusqu'à la fin du Krishna *bhava*, sans la moindre goutte d'huile. Quand on lui demanda comment cela s'était produit, Soudhamani répondit simplement : « Les lampes ont brûlé grâce au *sankalpa** des dévots. » Au cours du *bhava darshan* suivant, un autre dévot, qui n'était pas au courant de cette histoire, offrit des lampes à huile pour le temple. Interrogé sur la raison de son geste, il expliqua qu'il avait eu un rêve dans lequel on lui demandait de les apporter.

Parmi les villageois qui tournaient Soudhamani en dérision avec tant d'arrogance, certains eurent à faire face à d'importants déboires. L'incident suivant en est un exemple.

Un jour, rentrant chez elle après avoir rendu visite à une maison des environs, elle passa le long du chemin près d'un groupe de villageois. Arrivée à leur hauteur, elle entendit l'un d'eux se moquer d'elle. C'était un villageois aisé et il lançait à un autre d'une voix sonore : « Regarde cette fille, elle est folle. Elle est toujours en train de chanter et de danser et elle prétend être Krishna. Quelle blague ! C'est un cas d'hystérie émotionnelle. Si seulement son père la mariait, cela la guérirait ! » En entendant ses remarques caustiques, ses amis éclatèrent de rire. Il poursuivit avec vanité : « Si son père a besoin d'une dot, je suis prêt à lui faire crédit de deux mille roupies pour marier sa fille. Il faut que je lui en parle aujourd'hui même ! »

---

* Une résolution pure.

Soudhamani ne souffla mot. Arrivée chez elle, elle courut s'enfermer dans le petit oratoire familial et ouvrit son cœur à Krishna : « Ô Krishna ! N'entends-Tu pas ce qu'ils racontent ? Ils me traitent de folle ! Ils ne savent rien de Ta beauté et voudraient me garder prisonnière de leur mode de vie égoïste. Ô Krishna ! Protecteur de ceux qui cherchent refuge en Toi, m'as-Tu abandonnée, Toi aussi ? S'il en est ainsi, qui va T'adorer en voyant mon sort misérable ? Est-ce là la récompense des larmes que j'ai versées en ne pensant qu'à Toi ? L'amour et la dévotion que j'éprouve ne sont-ils que les égarements d'une jeune folle ? Tu es maintenant mon seul réconfort. Dans le bleu du ciel, je vois Ton visage souriant, dans les vagues, Ton corps qui danse. Le ramage matinal des colombes n'est autre que le chant divin de Ta flûte ! Ô Krishna, Krishna... » Priant ainsi, elle se mit à sangloter et s'effondra sur le sol.

Au même moment, le riche villageois qui s'était moqué de Soudhamani s'affairait à préparer pour la pêche du jour les bateaux et filets dont il était l'orgueilleux propriétaire. Il rassembla ses hommes et ils poussèrent au large. Ils eurent ce jour-là une prise exceptionnelle et tous s'en réjouissaient tandis qu'ils ramaient pour rejoindre la côte.

Pendant le trajet du retour certains employés qui aimaient et révéraient Soudhamani, firent remarquer à leur patron : « En tous cas, ce n'était pas correct de vous moquer de la petite innocente comme vous l'avez fait aujourd'hui. » « Et alors ? Regardez le résultat de mes plaisanteries : on a attrapé plus de poissons que les autres jours ! » rétorqua le propriétaire en ricanant.

Les dévots eurent le bec cloué et baissèrent la tête. Le bateau approchait de la côte quand soudain le patron s'exclama : « Et pourquoi ne pas aller à Nindakara* ? Là-bas, nous tirerons un meilleur prix de nos poissons. À Parayakadavou, les prix sont très bas. » Décidés, ils virèrent sur Nindakara. Ils avaient presque

* Une ville du Kérala, célèbre pour ses marchés aux poissons.

atteint leur destination quand soudain, la mer se fit grosse. En un clin d'oeil, d'énormes vagues s'élevèrent et cinglèrent la barque de tous côtés. Le bateau rempli de poissons, de filets et de pêcheurs fut secoué par une houle violente et tous les efforts que firent les marins pour le maîtriser restèrent vains. Les vagues submergeaient l'embarcation qui sombrait et, peu après, comme saisie par une énorme lame de fond, fut projetée sur des écueils et se fracassa. Le poisson fut perdu, le riche armateur perdit l'un de ses meilleurs bateaux et les filets de pêche vinrent s'étaler, déchirés, sur les rochers. Seule leur vie fut épargnée. Avec beaucoup de difficulté, le patron et ses employés réussirent à nager jusqu'au rivage.

Un désastre des plus inattendus était donc arrivé à l'orgueilleux armateur. C'était lui qui marchait maintenant tête baissée le long du littoral. Le cœur brisé, il s'effondra sur le sable : il ne pouvait supporter cette énorme perte. Les employés qui admiraient Soudhamani chuchotaient entre eux : « Regardez le résultat de la colère divine. Il se targuait justement de sa bonne fortune après s'être moqué de Kounjou. Maintenant, voyez ce qui est arrivé ! » Un autre pêcheur dévot remarqua : « Il a quitté la côte de Parayakadavou après avoir dit que Kounjou souffrait d'hystérie et il s'est même vanté qu'il donnerait deux mille roupies pour la marier. Voyons maintenant où il va emprunter cet argent ! » En comptant le bateau, les filets et le poisson, il venait de perdre soixante-quinze mille roupies. Les employés s'en retournèrent chez eux en bus et la nouvelle se répandit comme une traînée de poudre.

En ce temps-là, Soudhamani se mettait parfois à jouer comme une enfant de trois ans et taquinait les fidèles venus pour le Krishna *bhava*. Quand le *darshan* était terminé, elle se faufilait à pas de loup parmi les dévots endormis. Elle attachait alors le bout du *sari** de l'une aux cheveux d'une autre ou versait une poignée de sable sur ceux qui dormaient la bouche grande ouverte.

* Vêtement traditionnel des femmes indiennes.

Harshan, l'aîné de ses cousins, était boiteux. Il avait pour elle un très grand respect et l'aimait beaucoup. S'il lui arrivait de dormir quelque part après la fin du *darshan*, elle le cherchait et quand elle l'avait trouvé, elle l'attrapait par les deux jambes et le traînait sur le sol. C'était pour lui aussi une bonne plaisanterie, et tous les dévots riaient aux éclats en voyant ces jeux d'enfant. Soubhagan n'appréciait jamais les espiègleries de sa sœur et la réprimandait pour son attitude étrange. Lui qui n'avait jamais étudié les premiers rudiments de la spiritualité, comment aurait-il pu comprendre l'état exalté de Soudhamani ? A propos de son comportement insolite, elle disait : « Mon esprit se précipite sans cesse pour s'élever et se fondre dans l'Absolu. Je dois toujours essayer de le faire redescendre pour pouvoir servir l'humanité souffrante et me mêler aux dévots. Voilà pourquoi je joue ainsi... pour maintenir mon esprit dans le monde des dévots, sans pour autant ressentir un quelconque attachement. »

CHAPITRE VI

L'enfant de la Mère divine

« Tandis que de nobles aspirations se manifestaient clairement dans mon esprit, la Mère divine, de sa main douce et bienveillante, me caressa la tête. M'inclinant devant elle, je dis à Mère que ma vie lui était dédiée... »

— Mata Amritanandamayi

Sivastvam gurustvanca saktistvamēva
tvamēvasi māta pitā ca tvamēva
Tvamēvasi vidyā tvamēvāsi bandhur
gatirmmē matirddēvi sarvam tvamēva

Ô Dévi, en vérité Tu es Shiva,
Toi seule es le Maître,
Toi seule es l'énergie suprême,
Toi seule es la Mère et le Père..
Connaissance, famille, subsistance et intelligence,
Tu es toutes choses pour moi.

— Dévi Bhoujangam

La dévotion

On ne peut décrire le charme unique de Bhakti (la dévotion). Le désir sincère du véritable dévot est de demeurer pour toujours un dévot. Il n'aspire à atteindre ni le paradis, ni la libération. La dévotion est sa vie, et le Seigneur son Tout suprême. Le dévot prend toujours un immense plaisir à chanter la gloire du Seigneur. C'est pourquoi les bhakti shastras déclarent :*

La dévotion seule est le fruit de la dévotion.
Dans sa nature intrinsèque, cet amour divin
est béatitude immortelle...

Même le grand saint Souka, qui était parfaitement établi dans la conscience suprême, prenait un plaisir intense à chanter les louanges du Seigneur. Si grande est la félicité qui jaillit de la pure dévotion!

Bien qu'elle fût à jamais établie dans la conscience de Krishna, Soudhamani avait une soif insatiable de savourer la béatitude de

* Écrits emplis de dévotion, comme les Narada Bhakti Soutras.

la dévotion suprême, *Parabhakti.* Mais du fait de son identification complète avec le Seigneur, il lui était impossible de méditer sur la forme de Krishna ou de s'absorber totalement en pensant à Lui. Petit à petit, ses prières cessèrent de s'envoler vers le Seigneur et sa *sadhana* consacrée à Krishna prit fin.

Un jour, elle eut une vision qui modifia considérablement sa façon de manifester le Divin et de servir le monde. Cette expérience inattendue marqua le début de sa *sadhana* consacrée à Dévi, de sa quête passionnée pour réaliser le Divin en tant que Mère de l'univers. Soudhamani était assise, seule, dans une pièce à l'intérieur de la maison. Elle avait les yeux ouverts mais son esprit était intériorisé et elle était absorbée dans le Soi. Une boule de lumière resplendissante, à la fois rougeoyante comme le soleil couchant et apaisante comme la lune, apparut soudain devant elle. Cette sphère lumineuse n'était ni posée à terre ni suspendue dans le ciel ; elle tournoyait sur elle-même. Sur la toile de fond de ce disque de lumière, rayonnante et rafraîchissante, se dessina la forme merveilleuse de Dévi, la Mère divine, la tête ornée d'une magnifique couronne. Subjuguée par cette vision qui ravissait son cœur, Soudhamani s'écria : « Ô Krishna, Mère est venue ! Emmène-moi vers elle, je T'en prie, je veux La serrer dans mes bras ! » Aussitôt, elle sentit Krishna la soulever et l'emporter au-dessus des nuages où elle découvrit d'étranges paysages, des collines majestueuses, d'immenses forêts très denses, des serpents bleus et des cavernes terrifiantes. Mais nulle part elle ne trouva Dévi et elle se mit à appeler comme une enfant : « Je veux voir ma Mère ! Où est ma Mère ? », puis elle fondit en larmes.

Cette vision exquise de la grande enchanteresse disparut mais elle demeura ancrée à jamais dans le cœur de Soudhamani. La petite resta longtemps absorbée dans cet état d'extase. À partir de ce moment-là, elle chérit le désir de revoir le sourire bienveillant et le visage empli de compassion de la Mère divine. Elle qui avait contemplé tant de fois la forme sublime de Shri Krishna, s'étonnait de l'extraordinaire rayonnement de Dévi. Son cœur s'élançait vers la Déesse et son seul désir, à présent, était d'enlacer la Mère, de s'asseoir sur Ses genoux et de déposer un baiser sur Ses joues.

Ainsi Soudhamani, qui n'avait jamais médité sur une autre forme que celle de Krishna, croyant fermement qu'aucune divinité ne Lui était supérieure, se consacrait maintenant toute entière à la quête du Divin sous la forme de la Mère universelle, *Adi Parashakti**. En dehors du Krishna *bhava*, elle demeurait constamment dans une contemplation profonde de la forme resplendissante de Dévi. Jour et nuit, le désir de La voir brûlait dans son cœur. Alors qu'autrefois les tâches domestiques la contraignaient à poursuivre des activités, elle était maintenant libérée de cette entrave et pouvait s'abstraire totalement du plan physique de l'existence. Il lui fallait lutter pour prendre un soin minimum de son corps. Pendant des mois, elle ne se nourrit que de feuilles de *tulasi* (le basilic indien, plante sacrée en Inde) et d'eau.

Parfois, quand elle émergeait des profondeurs de la méditation, on l'entendait pleurer et supplier :

« Amma ! Amma ! Où es-Tu partie ? Ne m'es-Tu apparue l'autre jour que pour m'abandonner ? Je T'en supplie, aie pitié de Ton enfant et manifeste de nouveau Ta forme dont la grâce est sans égale ! Ô Mère, si j'en suis digne, permets-moi de me fondre en Toi. Je ne peux supporter la douleur d'être séparée de Toi ! Ô Mère de l'univers, pourquoi restes-Tu indifférente à l'appel déchirant de Ton enfant ? Je T'en supplie, serre-moi dans Tes bras, prends-moi sur Tes genoux ! »

Kannunir kondu

Je laverai Tes pieds de mes larmes.
Ô Katyayani, ne m'abandonne pas.

---

* L'énergie suprême primordiale, la Créatrice, la contrepartie féminine de Shiva, principe masculin ou conscience pure.

Combien de jours dois-je attendre, ma Mère,
pour que Tu m'accordes la vision de Ta forme ?

Bien que Tu tardes à m'accorder ce que je désire,
mon esprit est content grâce à Ta maya.
Me permettras-Tu d'offrir à Tes pieds
une fleur écarlate ?

J'erre le long de ce chemin désert,
dans l'espoir de Te trouver.
Y a-t-il la moindre tendresse en Ton cœur endurci,
dis-moi, ô Bien-Aimée de Shiva ?

De même qu'elle percevait la présence du Seigneur en toutes choses à la fin de sa *sadhana* centrée sur Krishna, Soudhamani percevait maintenant partout la divine présence de la Mère ; la brise elle-même était Son souffle. Souvent, la jeune fille innocente errait en parlant aux plantes, aux arbres, aux oiseaux et aux animaux. Elle considérait la Terre comme sa Mère et se roulait dans le sable en appelant : « Amma ! Amma ! Où es-Tu ? Où n'es-Tu pas ? »

Un jour, après avoir médité, Soudhamani sortait du petit oratoire familial quand elle eut soudain le sentiment d'être un tout petit enfant ; elle percevait la Nature comme sa Mère divine. Alors, comme un bébé, elle se traîna à quatre pattes jusqu'à un cocotier sous lequel elle s'assit, pleurant et suppliant : « Mère... Ma Mère... Pourquoi te dérobes-Tu à mon regard ? Je sais que Tu Te caches dans cet arbre. Tu es présente dans ces plantes, Tu vis dans ces animaux, dans ces oiseaux ! La Terre n'est rien d'autre que Toi. Ô Mère, comme Tu Te dissimules dans les vagues de l'océan et dans la fraîcheur de la brise ! Ô Mère, ma Mère insaisissable !... » L'instant d'après elle enlaçait le cocotier, voyant en lui la Mère divine.

Si elle s'allongeait parfois, ce n'était ni pour se reposer ni pour se détendre. Les plaisirs des sens n'avaient aucun attrait pour elle. Allongée, elle contemplait l'infini du ciel, les nuages argentés, le scintillement des étoiles, l'éclat du soleil ou la clarté apaisante de la lune, selon le moment. Quand de sombres nuages d'orage s'amoncelaient dans le ciel, elle n'y voyait plus Shri Krishna mais la cascade des longs cheveux bouclés de la Mère divine. Tout ce que Soudhamani voyait dans l'infini des cieux évoquait pour elle le souvenir de Dévi. Elle ne dormait jamais : allongée, elle implorait la Mère suprême de l'univers, les yeux baignés de larmes. Elle raconta plus tard :

« En marchant, je répétais à chaque pas le Nom divin. Je ne faisais le pas suivant qu'après avoir répété mon *mantra*. S'il m'arrivait d'oublier, je faisais immédiatement un pas en arrière et répétais le Nom. Alors seulement, je me remettais à marcher. Si j'avais une tâche à accomplir, je décidais à l'avance de répéter le *mantra* un certain nombre de fois avant d'avoir terminé le travail. Quand je me baignais dans la rivière, avant de plonger, je prenais la résolution de répéter le *mantra* un nombre de fois déterminé avant de remonter à la surface. Je n'ai jamais eu de gourou et personne ne m'a jamais initiée à un *mantra* particulier. Celui que je répétais sans cesse était « Amma, Amma ».

Les Écritures déclarent : « Dans l'état de dévotion suprême, les actions cessent d'elles-mêmes. » La vie de Soudhamani en est un exemple clair. Le matin, elle se lavait les dents mais, l'instant suivant, elle était perdue dans la pensée de la Mère divine. Cet état de concentration s'approfondissait et durait parfois pendant des heures. Ses tentatives pour prendre une douche avaient en général encore moins de succès. Elle entrait dans la salle de bains et se rendait compte qu'elle avait oublié d'apporter une serviette. Elle allait la chercher mais constatait ensuite qu'elle était venue sans savon. Elle pensait alors : « Mère, que de temps gaspillé à essayer de prendre une douche ! Fais plutôt que mes pensées soient éternellement fixées sur Toi ! Une seule seconde passée sans songer à Toi engendre dans mon cœur une douleur intolérable... » Abandonnant l'idée de se laver, elle s'asseyait dans la salle de bains et s'envolait en *samadhi*. Plusieurs heures s'écoulaient avant que ses proches ne la découvrent là, profondément absorbée en méditation. Il leur arrivait de lui verser un seau d'eau sur la tête pour la faire revenir à elle et c'est ainsi qu'elle finissait par prendre sa douche ! S'ils ne parvenaient pas à lui faire reprendre conscience, ils la secouaient violemment et se trouvaient parfois obligés de la porter jusqu'à la maison.

Dans cette région côtière, les toilettes à proprement parler n'existaient pas. Chaque famille érigeait une petite structure en bois au-dessus de la lagune et l'entourait de palmes tressées. Comme il n'y avait pas de sol, il fallait se jucher sur une planche pour satisfaire aux besoins de la nature. Il arrivait souvent à Soudhamani, enfermée dans ces toilettes de fortune, de tomber dans la lagune quand elle perdait toute conscience du monde extérieur.

Elle restait assise des heures, perdue dans sa contemplation de la Mère divine. Avant de s'absorber en méditation, elle décidait intérieurement : « Je dois rester assise pendant tant de temps. » Puis elle ordonnait à son corps : « Assieds-Toi là, le corps » et disait à Dévi : « Ne me joue pas de tours. Garde-les pour Toi. Si Tu ne me permets pas de m'asseoir et de méditer, je ne Te laisserai pas repartir ! » Si quelque circonstance extérieure venait la déranger, la petite mordait alors Dévi et lui tirait les cheveux, jusqu'à ce qu'elle se rendît compte qu'elle se mordait elle-même et arrachait ses propres cheveux.

Soudhamani sentit un jour quelqu'un la secouer violemment et sa méditation en fut perturbée. Elle ne put rester assise aussi longtemps qu'elle l'avait décidé. « C'est un de ses tours ! Pourquoi ne me permet-elle pas de méditer ? », pensa-t-elle. Elle ouvrit soudain les yeux et se précipita en courant hors de l'oratoire, puis revint un instant plus tard avec un pilon en bois pour menacer Dévi et la frapper. Elle brandit son arme et lui cria : « Aujourd'hui, je vais... », mais elle réalisa aussitôt sa folie. « Quoi ! Battre Dévi ? Est-ce juste ? Est-ce possible ? », pensa-t-elle. Elle abandonna le pilon et reprit sa méditation.

Soudhamani ne laissait pas passer une seconde sans se souvenir de la Mère divine. Si quelqu'un lui parlait, elle imaginait que c'était Dévi : l'interlocuteur continuait de parler jusqu'à ce qu'il réalise que la petite s'était mystérieusement éclipsée vers un autre monde. Si elle oubliait la Mère divine un seul instant, elle en était désespérée et lui confessait : « Ô Mère, j'ai gaspillé tant de temps. » Pour rattraper le temps perdu, elle prolongeait ce jour-là la durée de sa méditation. Et s'il lui arrivait de manquer une méditation, elle marchait toute la nuit en répétant son *mantra* et en priant ardemment : « Ô Mère, à quoi bon vivre si je suis incapable de méditer sur Toi ? Sans Toi, il ne reste que *maya* qui attend pour me dévorer. Ô Mère, donne-moi de la force ! Accorde-moi Ta vision ! Absorbe-moi en Ton être éternellement bienveillant ! »

Soudhamani aimait par-dessus tout méditer au bord de l'océan aux heures silencieuses de la nuit. Les vagues qui venaient battre le rivage résonnaient pour elle de la syllabe sacrée « Aum ». Le vaste firmament bleu sombre, parsemé d'étoiles, reflétait l'incommensurable divinité de la Mère. En quelques secondes, l'esprit de la petite s'intériorisait et s'établissait spontanément dans le Soi.

Lorsque Sougounanandan partait à la recherche de sa fille la nuit, il s'inquiétait fort de ne pas la trouver dans la maison ni dans la cour. Ses recherches le conduisaient en dernier lieu vers la mer, où il découvrait Kounjou absorbée dans une méditation profonde, assise, immobile, telle un roc. Certains villageois, ignorant la raison des visites nocturnes de la jeune fille au bord de l'océan, commencèrent à répandre des rumeurs sur son compte. Celles-ci parvinrent bientôt aux oreilles de son père qui lui interdit strictement de se rendre au bord de la mer la nuit.

Ces incidents, qui caractérisent la phase initiale de sa *sadhana* consacrée à Dévi, ne servirent qu'à convaincre encore davantage sa famille de sa folie. Parfois elle sanglotait comme un petit enfant, suppliant un Être que nul ne pouvait voir ; d'autres fois elle frappait dans ses mains en riant aux éclats puis se roulait par terre, ou tentait d'embrasser les vaguelettes à la surface de l'eau, criant : « Amma, Amma ! » Pas étonnant que cet envol du soi vers le Soi soit passé pour folie. Même les dévots qui venaient la voir lors des Krishna *bhava* ne comprenaient rien à cette quête passionnée de Soudhamani.

Étrangement sa famille, qui considérait qu'elle était atteinte d'une maladie mentale, n'essaya jamais d'en découvrir la cause ni de la guérir. Ils persistaient à la tourmenter et à se moquer d'elle, en particulier son frère aîné Soubhagan. En raison des traitements inhumains qu'ils lui infligeaient, Soudhamani résolut finalement de mettre un terme à sa vie en se jetant dans l'océan. Elle pleurait et suppliait la Mère divine : « Suis-je donc une fille si mauvaise ? Pourquoi les membres de ma famille persistent-ils dans leur cruauté ? Les gens n'aiment que les flatteurs. Je ne vois d'amour pur nulle part en ce monde. Ô ma Mère adorée, tout me semble être une illusion. Ô Mère, n'es-Tu pas la protectrice de Tes dévots ? Ne suis-je pas Ton enfant ? M'as-Tu Toi aussi abandonnée ? Dans ce cas, pourquoi devrais-je continuer à porter ce corps ? C'est un fardeau pour moi comme pour les autres. Accepte Ton enfant, Ô Mère Océan ! » Déterminée, elle courut vers le rivage. Arrivée au bord de l'eau, elle était sur le point de s'y jeter lorsqu'elle vit que la vaste mer était Dévi Elle-même. Incapable de maintenir son esprit sur le plan physique, elle entra en *samadhi* et tomba, inconsciente, sur le sable.

Harshan, son cousin, qui était un allié sincère et un dévot de Soudhamani, avait surpris sa prière d'adieu au moment où elle se précipitait hors d'Idamannel, il la suivit en toute hâte, ayant plus ou moins deviné son intention. Lorsqu'il la trouva, inconsciente, au bord de l'eau, il la prit dans ses bras et la porta respectueusement jusqu'à Idamannel, remerciant Dieu de l'avoir découverte encore en vie.

La situation de Soudhamani éveillait la sympathie des villageois, même si bon nombre d'entre eux pensaient qu'elle était folle. Ils se disaient entre eux : « Regarde dans quelles conditions elle vit. Pauvre fille ! Personne ne s'occupe d'elle. Même ses parents l'ont abandonnée. Quand elle était normale et en bonne santé, elle trimait jour et nuit pour eux mais maintenant ils ne s'occupent absolument pas d'elle. N'est-elle pas leur fille ? »

Quelques femmes du voisinage eurent pitié de Kounjou et la servirent avec beaucoup d'amour. Depuis sa plus tendre enfance, elles avaient une admiration profonde pour cette extraordinaire petite fille de pêcheurs. Elles étaient devenues des fidèles du Krishna *bhava* et adoraient la splendeur spirituelle et l'amour inconditionnel qu'elle y manifestait. À leur façon, elles avaient une vague idée de ses sublimes états spirituels et, chaque fois que l'occasion s'en présentait, elles lui portaient assistance ou la sauvaient d'un danger.

Chellamma et sa fille Valsala habitaient sur le terrain juste en face d'Idamannel. Valsala considérait Kounjou comme une amie proche et lui vouait un amour sans bornes. Elles habitaient tout près d'Idamannel, c'était donc souvent elles qui la voyaient tomber, inconsciente, dans les eaux de la lagune. Elles la repêchaient aussitôt, la séchaient et l'habillaient de vêtements propres. Poushpavathi était l'épouse de Bhaskaran, et tous deux étaient d'ardents dévots. Elle aimait Soudhamani comme sa propre fille et s'attristait de voir sa famille la maltraiter. Deux sœurs, Réma et Rati, vivaient à côté d'Idamannel et elles aussi aimaient beaucoup Kounjou. Aïcha, une cousine du côté de sa tante, gardait de tendres souvenirs de la douce et affectueuse petite fille. Ces femmes eurent la grande chance de servir Soudhamani durant cette période d'intense *tapas**. Comme sa famille la négligeait totalement, ces villageoises s'efforçaient dans la mesure du possible de lui offrir leur aide. Bien souvent, quand la petite perdait toute conscience du monde extérieur, l'une d'entre elles la retrouvait étendue dans la fange ou la poussière. Si elles ne parvenaient pas à la faire revenir à elle, elles la portaient jusque chez elles. Comme si elle était une enfant, elles lui brossaient les

* Discipline spirituelle austère et très intense.

dents, lui donnaient un bain chaud, l'habillaient de vêtements propres et la nourrissaient de leurs mains.

Comme toujours, Soubhagan restait brouillé avec Soudhamani et ses états divins. Il l'avait pressée à plusieurs reprises de mettre fin au Krishna *bhava*, qu'il considérait comme une chose honteuse et propre à ruiner la réputation de la famille. Voyant qu'il ne parvenait pas à imposer ses exigences, il décida de prendre des mesures plus draconiennes.

Soudhamani s'apprêtait un jour à entrer dans la maison après le *bhava darshan,* lorsqu'elle se trouva nez à nez avec son frère, campé devant l'entrée, qui lui barrait le chemin d'un air menaçant. « Ne mets pas les pieds dans cette maison !» cria-t-il « Tu n'auras le droit d'y entrer que quand tu auras cessé cette façon scandaleuse de chanter et de danser ! » Considérant ces paroles comme un commandement de Dieu, elle sortit sans murmurer un mot et s'assit dans la cour devant la maison. Son frère lui ordonna de ne pas rester là non plus, ce à quoi elle répondit en lui tendant une poignée de sable : « Si cela t'appartient, je t'en prie, compte ces grains de sable ! »

Elle vécut dès lors à l'extérieur, ce qui lui convenait parfaitement. Le ciel devint son toit, la terre son lit, la lune sa lampe et la brise marine son éventail. Ces conditions austères n'eurent d'autre effet que d'intensifier son renoncement et sa détermination à réaliser la Mère divine. Les mains levées au-dessus de la tête et les joues baignées de larmes comme une enfant implorant sa mère, Soudhamani implorait : « Amma, Amma... M'as-Tu abandonnée ici pour que je meure du désir de Te voir ? Les jours passent, un à un, mais mon esprit ne connais pas la paix, faute de contempler Ta forme enchanteresse. Tous mes espoirs se tendent vers Toi. Vas-Tu Toi aussi m'abandonner ? Ne vois-Tu pas le sort déplorable qui est le mien ? » C'est à cette époque qu'elle écrivit les chants suivants :

Bhaktavalsale Devi

Ô Dévi ! Ô Ambika ! Incarnation de la beauté,
Toi qui entoures les dévots d'affection,
puisses-Tu demeurer ici-bas
et mettre fin à leurs souffrances...
Tu es tout, Tu es assez puissante pour apaiser
ma douleur, Toi, la Source de tout ce qui existe...

Impératrice qui règne sur tous les êtres
Tu es le monde et c'est Toi aussi qui le protèges...
Forte de cette foi, je chante Ta gloire avec dévotion.
Le désir de Te voir m'habite, Ô Déesse de l'univers...

Il y a si longtemps que je languis de Te voir...
Sans perdre un seul instant, je chante Tes louanges...

Ai-je commis une faute ?
Ne souhaites-Tu pas mettre fin à ma douleur ?

Ou peut-être désires-Tu que mon être intérieur
soit réduit en cendres ?
La confusion m'envahit ; je ne sais rien...

« Tous les enfants sont égaux aux yeux de la Mère,
Cette vérité que je porte en mon cœur
S'avèrera-t-elle fausse ?

Pour mettre fin à ma douleur, je prie pour
Que d'un regard de Tes yeux sacrés,
Tu répandes sur moi un peu du nectar de Ta grâce...

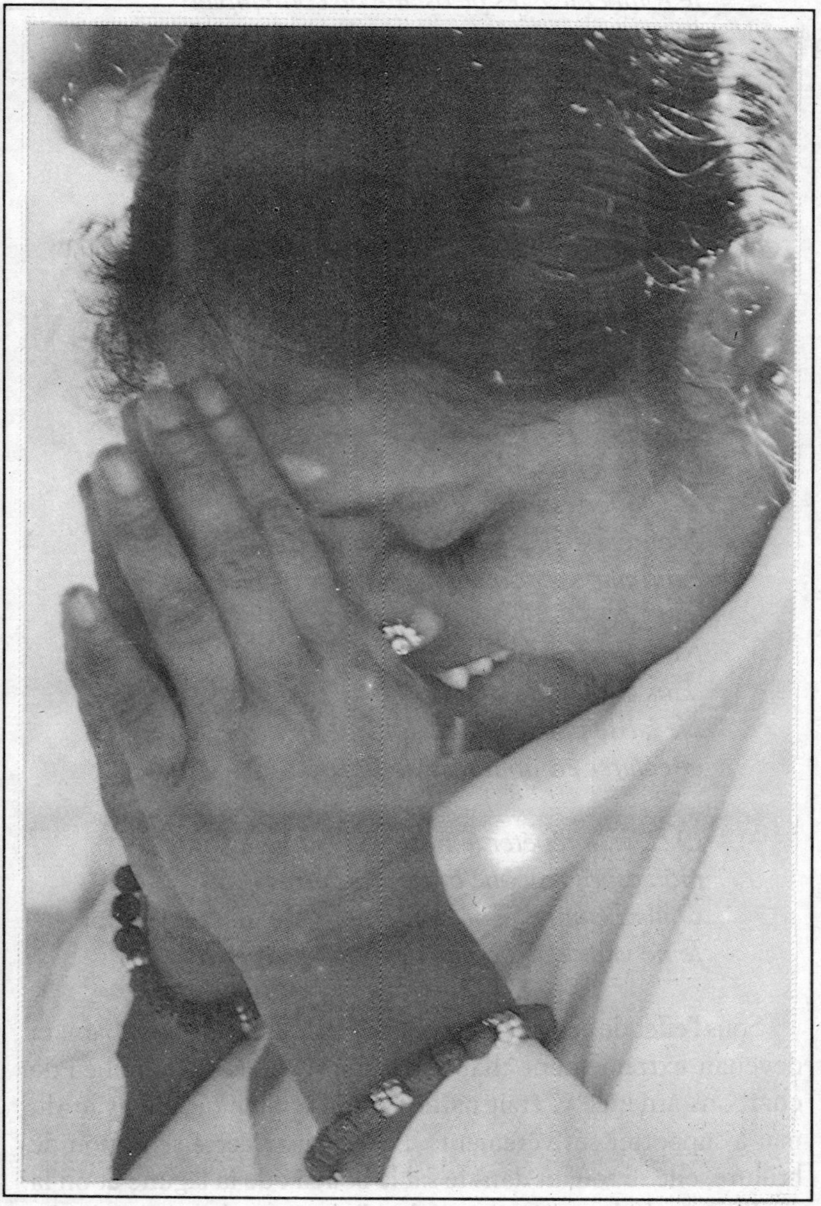

Je tomberai à Tes pieds afin de contempler
Ton visage adorable et j' implorerai Ta faveur
pour réaliser le but de la vie.

Oru tuli sneham

Ô Mère, pour que ma vie soit comblée,
accorde une goutte de Ton amour
à mon cœur brûlant et sec.
Pourquoi, oh ! Pourquoi offres-Tu ce feu torride
en engrais à cette plante calcinée ?

Combien de sanglots, combien de larmes ardentes
ai-je offertes à Tes pieds ?
N'entends-Tu pas mon cœur qui tremble
exprimant sa douleur par d'irrépressibles soupirs ?

Ne laisse pas le feu pénétrer et danser
dans la forêt de santal.
Ne laisse pas ce feu de douleur montrer sa force
et éclater en un fracas de tuiles...

Ô Dévi, à répéter le nom de Dourga, Dourga,
mon esprit a oublié toutes les autres voies.
Ô ma Dourga, je ne désire ni le Ciel ni la libération.
Je ne veux que la pure dévotion envers Toi...

Sous l'effet de ces intenses austérités, le corps de Soudhamani devenait extrêmement chaud, comme si elle était au milieu de charbons ardents. C'était parfois si intolérable qu'elle avait du mal à supporter ses vêtements. Pour apaiser cette sensation de brûlure, elle se roulait dans le sable boueux de la lagune et on la voyait rester des heures immergée dans l'eau, en méditation profonde.

Des dévots sincères et fervents de Soudhamani l'invitaient de temps à autre dans leur maison, au moment de rituels particuliers. Selon leur foi, sa présence conférerait splendeur et puissance spirituelles à la cérémonie. Ces familles venaient la chercher à Idamannel et l'emmenaient chez elles en bus. Il arrivait parfois qu'en attendant à l'arrêt du bus, elle soit prise d'un élan mystique. Oubliant le monde extérieur, elle se roulait par terre et éclatait d'un rire extatique. Bien entendu, les gens ne comprenaient pas le sens de ces états ; ils s'assemblaient autour d'elle et l'observaient, étonnés. Certains se moquaient d'elle et la grondaient, la traitaient de folle. Les enfants l'entouraient et la montraient du doigt, mais tout cela était vain. Quels sarcasmes pouvaient atteindre les sphères vers lesquelles elle s'envolait ? Quels tourments pouvaient altérer l'état de félicité divine dans lequel baignait cette innocente jeune fille ?

Le fait d'être séparée de la Mère divine engendrait en elle une angoisse profonde et elle se mettait parfois à pleurer et à crier très fort. De très jeunes enfants se regroupaient alors autour d'elle et lui demandaient : « Ne pleure pas, grande sœur. As-tu mal à la tête ? » Plus tard, ils comprirent qu'elle pleurait pour voir Dévi. Lors de ces crises incontrôlables, une de ses sœurs cadettes se plaçait devant elle et prenait la pose de la Mère divine, vêtue d'un sari et les cheveux tombant en cascade. Toute heureuse, Soudhamani courait l'embrasser. Et s'il lui arrivait de voir une belle jeune fille quand elle était dans cet état d'esprit, elle se précipitait pour l'étreindre et l'embrasser, voyant en elle Dévi.

Devant l'état totalement négligé dans lequel se trouvait sa fille, Sougounanandan, touché par la pitié, tenta à plusieurs reprises de lui construire une hutte pour la protéger de la pluie et du soleil. Quand la jeune fille était plongée en méditation, ses parents en profitaient pour bâtir un abri autour d'elle. Quand elle reprenait conscience du monde extérieur et réalisait ce qu'ils faisaient, elle s'enfuyait en disant : « Cela aussi sera source d'affliction. Combien de temps allez-vous l'entretenir ? Et si vous partez, qui va s'en occuper ? Plus rien ne m'affecte. Laissez-moi supporter la chaleur, le froid et la pluie, et ainsi les transcender. »

En ces jours où elle languissait tant de voir la Mère divine, Soudhamani se comportait comme une enfant de deux ans, l'enfant de Dévi. Elle s'identifiait totalement à cette relation de l'enfant avec sa mère et bon nombre de ses actes ne peuvent se comprendre qu'ainsi. Un jour, sortant de sa méditation, elle eut faim et très soif. Au même moment elle vit Poushpavathi, la voisine, qui allaitait son bébé. Elle alla droit vers elle, poussa le bébé qui têtait et s'allongea dans le giron de la femme pour se nourrir. Au lieu de se sentir gênée par le comportement inattendu de Soudhamani, Poushpavathi fut envahie par de tendres sentiments maternels envers elle. Cet incident se reproduisit plusieurs fois, jusqu'au jour où Poushpavathi réalisa qu'il était plus sûr de nourrir son bébé hors de la vue de cette enfant innocente.

Un jour que Kounjou était allongée, inconsciente, dans la boue et le sable près de la lagune, elle fut découverte par des fidèles qui eurent le cœur brisé de la voir ainsi, le nez, les yeux, les oreilles et les cheveux pleins de poussière et de sable. Le flot incessant de ses larmes avait strié ses joues au teint bleu sombre. Les dévots allèrent prévenir Sougounanandan de l'état misérable dans lequel se trouvait sa fille mais leur appel tomba dans l'oreille d'un sourd. Profondément peinés par cette situation, ils décidèrent de la transporter jusqu'à chez elle car ils n'arrivaient pas à lui faire reprendre conscience. Ils la lavèrent et la couchèrent par mégarde sur le lit de son frère aîné où ils la laissèrent reposer à son aise.

Lorsqu'en rentrant, Soubhagan trouva sa sœur sur son lit, il entra dans une rage terrible et commença à secouer le lit comme pour le réduire en miettes. Dans un accès de démence, il se mit à hurler : « Qui a mis cette ordure sur mon lit ? Qui a mis cette ordure sur mon lit ? » Le lit se brisa en plusieurs morceaux mais Soudhamani restait allongée au milieu des débris, perdue au monde. Plus tard, quand elle apprit l'incident et le danger qu'elle avait couru, elle remarqua simplement : « Tout ce qui arrive est pour le mieux, selon la volonté de Dieu. » Lors du *darshan* suivant, à l'étonnement général, un dévot menuisier, qui ignorait totalement ce qui s'était passé la veille, offrit lui un lit, une table et des chaises. Lorsqu'on l'interrogea sur la raison de cette offrande, il dit que Krishna lui était apparu en rêve et lui avait demandé d'apporter ces objets.

Chapitre VII

Bien meilleurs que l'homme

« Les êtres humains ne sont pas les seuls à pouvoir parler. Les animaux, les oiseaux, les plantes ont aussi cette faculté, mais nous ne sommes pas capables de les comprendre. Seul celui qui a eu la vision du Soi perçoit cela. »

— *Mata Amritanandamayi*

Ahimsā pratiśtāyām tat
sannidhau vairatyāgaha

Parce qu'il est établi dans la non-violence,
tous ceux qui s'approchent de lui cessent d'être hostiles.

— Yoga soutras de Patanjali
Sadhana padam, verset 35

Quand Soudhamani vivait dehors, les chiens, les chats, les vaches, les chèvres, les serpents, les écureuils, les pigeons, les perroquets et les aigles, tous recherchaient sa compagnie et devinrent ses amis intimes. Cette phase de sa *sadhana* montre combien l'amour, quand il n'est pas entaché par l'attraction et la répulsion, a le pouvoir de créer l'harmonie entre des animaux qui sont par nature ennemis. Au moment où ses proches l'avaient abandonnée et s'étaient résolument opposés à sa vie spirituelle, ces animaux veillèrent sur elle par tous les temps et lui rendirent maints services. Si l'on avait observé de près leur comportement, on se serait aperçu qu'ils comprenaient bien mieux la petite que les êtres soi-disant humains.

Pendant cette période, Soudhamani ne mangeait rien de ce qui avait été cuisiné chez elle car elle était extrêmement sensible à la nourriture préparée par des êtres non spirituels. Elle ne pouvait supporter que les plats cuisinés en répétant un *mantra*. Un jour, alors qu'elle sortait du temple après sa méditation, elle eut soudain très faim et très soif. Juste devant le temple, une vache appartenant à ses parents était couchée, tenant ses pattes arrière dans une position idéale pour qui voulait boire le lait au pis. Voyant là une circonstance créée par Dieu, c'est exactement ce que fit Kounjou ! Elle joua le rôle du veau tétant à la mamelle et put ainsi étancher sa soif et se nourrir à satiété.

On ne peut pas appeler cela une pure coïncidence car, à partir de ce jour, cette vache prit l'habitude de se coucher chaque jour devant le temple jusqu'à ce que Soudhamani en sortît. Tant qu'elle ne l'avait pas nourrie, la vache refusait d'aller brouter ou de donner à boire à son veau ! Contrariés, Sougounanandan et d'autres membres de la famille essayèrent à plusieurs reprises de la forcer à quitter l'endroit où elle attendait Soudhamani. Ils lui tiraient la queue et lui jetaient des seaux d'eau, mais en vain : malgré tous leurs efforts, elle ne bougeait pas d'un centimètre de sa place devant le temple.

On apportait parfois à Soudhamani du lait du voisinage, mais ce n'était pas du lait pur ; il avait été mélangé à de l'eau. Si elle en buvait, elle vomissait et les gens qui lui avaient envoyé le lait coupé d'eau subissaient eux aussi quelque souffrance. Elle décida donc de ne boire et de ne manger que ce que Dieu lui donnerait.

Dès le jour suivant, un incident extraordinaire se produisit qui montre bien à quel point les voies de Dieu sont mystérieuses. Le lecteur doit se souvenir du village de Bhandaratourouttou où vivait la grand-mère de Kounjou, à six kilomètres au sud de Parayakadavou. Comme à l'accoutumée, Ratnadasan, l'oncle de Soudhamani, détachait ses vaches de l'étable pour les conduire dans la cour où il les nourrissait et les lavait chaque jour. Tout d'un coup, l'une d'elles se libéra et s'enfuit en direction de l'océan, puis elle obliqua à angle droit vers le nord. Elle galopait à une telle allure que Ratnadasan eut du mal à la suivre. Finalement, la vache tourna pour entrer dans le village de Soudhamani, où elle n'était jamais allée, et se dirigea directement vers Idamannel.

La stupéfaction de Ratnadasan ne connut plus de bornes lorsqu'il vit ce qui se déroula ensuite. La vache s'avança sans hésiter vers l'endroit où Kounjou était assise en méditation et se mit à la cajoler de son museau et à la lécher, comme pour exprimer son amour à sa vieille amie. Mais comme Soudhamani restait absorbée en méditation profonde, la vache alla se coucher à proximité pour l'observer attentivement, paraissant attendre la fin de la méditation. Au bout d'un moment Soudhamani ouvrit les yeux et, remarquant la présence vaguement familière de la vache, s'approcha d'elle. La vache leva alors une patte arrière pour l'inviter à prendre son lait et Kounjou but au pis à satiété. Caché non loin de là, son oncle hochait la tête, ahuri.

Quelle puissance mystérieuse avait poussé la vache à se rendre en ce lieu inconnu où demeurait Soudhamani ? Il est clair que sa course effrénée le long de la mer avait un but bien déterminé. La petite s'était occupée de cette vache lors du bref séjour qu'elle avait fait chez sa grand-mère, il y a bien des années. Etait-ce là l'explication de son comportement sans précédent ? Ici notre intellect doit s'incliner devant la sagesse du cœur.

Plusieurs fois, pendant que Soudhamani méditait dehors, des serpents étaient venus s'enrouler autour de son corps, comme pour lui faire reprendre conscience du monde extérieur. Le lecteur pensera peut-être qu'il s'agit là de pures coïncidences mais l'incident suivant est plus difficile à qualifier de fortuit.

A cause des mauvais traitements infligés par sa famille, elle quitta un jour la propriété d'Idamannel et rencontra sur son chemin une femme du voisinage qui la consola et l'emmena chez elle, dans la paix de son foyer. Elle se rendit aussitôt dans le sanctuaire familial pour épancher son cœur en l'ouvrant à la Mère divine. Elle composa ce jour-là le chant suivant :

Manasa vacha

En pensées, en paroles, et en actes,
sans cesse je me souviens de Toi.
Pourquoi donc tardes-Tu à m'accorder
Ta miséricorde, ô Mère bien-aimée ?
Les années ont passé et mon esprit
ne connaît toujours pas la paix.
Ô ma Mère adorée, accorde-moi, je T'en prie,
quelque répit...

Mon esprit tangue
comme un bateau pris dans la tempête.
Ô Mère, donne-moi un peu de paix,
de peur que la folie ne m'emporte...

Je suis épuisée, Mère, c'est insupportable,
je ne veux pas de cette vie
je ne puis affronter Tes épreuves.
Ô Mère, je suis incapable de les supporter !

Je suis une pauvre misérable,
je n'ai personne d'autre que Toi, Mère.
Je T'en supplie, mets fin à ces épreuves,
tends-moi la main et élève-moi...

Tout à coup, son humeur changea et elle fut prise d'un accès de folie divine. Pleurant et se roulant par terre, elle se mit à arracher ses vêtements puis, la minute suivante, elle éclata de rire tout en continuant à se rouler par terre. Les membres de la famille qui l'avaient accueillie la regardaient, déroutés et inquiets, ne sachant comment la calmer. À ce moment-là, un gros serpent apparut dans l'encadrement de la porte et rampa tout droit vers le corps de Kounjou. La famille resta pétrifiée d'horreur en voyant l'animal lécher de sa langue fourchue le visage de la petite, toujours inconsciente. Cela dura quelques minutes et parut apaiser immédiatement Soudhamani, qui retrouva bientôt son état de conscience habituel. Le reptile s'éloigna alors du corps de la jeune fille, puis disparut. Il sembla à ceux qui avaient observé la scène que le serpent connaissait le remède pour ramener Soudhamani à la conscience du monde extérieur et qu'il s'était habilement porté à son secours.

Quand on se rend à Idamannel, on remarque très vite que de nombreuses espèces d'oiseaux y nichent. Kounjou aimait particulièrement les perroquets, chers à Dévi. Parfois lorsqu'elle priait :

« Ô Mère, ne viendras-tu pas vers moi ? », un vol de perroquets s'approchait et venait se poser sur le sol autour d'elle. Un dévot lui en offrit un et on le voyait toujours voleter près d'elle car elle ne l'enfermait jamais dans sa cage. Un jour, elle songeait : « Oh, quel monde terrible et cruel ! On n'y trouve nulle part la moindre droiture, la moindre vérité. Tous sont des menteurs et le monde est peuplé de pécheurs. Il semble qu'il n'y ait personne pour montrer à l'humanité la voie à suivre ». À cette pensée, des larmes se mirent à couler le long de ses joues et elle resta ainsi longtemps, intériorisée. Au bout d'un moment, elle s'aperçut que le perroquet se tenait juste devant elle et que lui aussi versait des larmes, comme s'il était en proie à la même souffrance. Sa douleur avait ému l'oiseau.

En plus du perroquet, deux pigeons passaient souvent leur temps auprès de la petite. Chaque fois qu'elle chantait les louanges de la Mère divine, les trois oiseaux étaient là, près d'elle, et dansaient joyeusement sur la mélodie, déployant leurs ailes et sautillant ici et là.

Dans un grand arbre qui poussait sur la propriété d'Idamannel, il y avait un nid de milans*. Un jour, le nid déstabilisé tomba par terre. Il fut complètement détruit et les deux oisillons qui y vivaient se retrouvèrent alors sur le sol, étourdis et vulnérables. Quelques garnements ne tardèrent pas à leur lancer des pierres pour essayer de les tuer mais très vite, Soudhamani arriva sur les lieux et les recueillit. Elle leur fit un abri et prit soin d'eux. En quelques semaines, ils devinrent assez forts pour pouvoir voler et elle les remit en liberté. Par la suite, ces deux Garoudas venaient toujours assister au début des Krishna *bhava* et restaient longtemps perchés sur le toit du petit temple. C'était une grande attraction pour les dévots car l'oiseau Garouda est le véhicule du Seigneur Vishnou. Le lien mystérieux que ces deux aigles de mer entretenaient avec elle ajoutait à la splendeur visuelle du *darshan* et accroissait la foi des dévots en la nature divine de Soudhamani.

Pendant la période de sa *sadhana* consacrée à Dévi, chaque fois que Soudhamani perdait conscience, versant d'intarissables larmes pour obtenir la vision de la Mère divine, les deux oiseaux descendaient se poser près d'elle, comme pour la protéger. Quelques femmes du voisinage observaient alors, bouche bée, les deux milans qui, le regard fixé sur son visage, se mettaient eux aussi à pleurer en voyant sa douleur intense.

Un jour, après sa méditation, elle eut soudain très faim. L'un des deux Garoudas s'envola immédiatement vers l'océan et revint quelques minutes plus tard avec un poisson dans le bec. Il le lâcha sur les genoux de Soudhamani qui le prit tranquillement

* Le milan, comme l'aigle, est appelé Garouda en Inde. Garouda est le véhicule du Seigneur Vishnou, dont Shri Krishna est une incarnation.

et le mangea tout cru. Quand Damayanthi l'apprit, elle prit l'habitude de guetter l'arrivée de l'oiseau et de son offrande quotidienne. Dès que l'aigle lâchait le poisson, elle se précipitait pour l'attraper et allait le faire cuire pour sa fille. Durant la période de sa *sadhana* pour réaliser Krishna, Kounjou avait cessé de manger du poisson dont la simple odeur la faisait vomir, mais maintenant elle considérait la nourriture apportée par l'oiseau comme envoyée par Dieu et elle l'acceptait comme telle. Le Garouda continua cette pratique quotidienne assez longtemps.

Un autre animal était toujours auprès de Soudhamani : c'était un chat qui pénétrait dans le temple pendant chaque *bhava darshan* et tournait autour d'elle comme s'il faisait son *pradakshina**. Il s'asseyait ensuite près d'elle pendant un long moment, les yeux fermés, et paraissait méditer. Quelqu'un essaya un jour de se débarrasser de lui en l'emportant de l'autre côté de la lagune, mais il revint dès le lendemain prendre sa place aux côtés de Soudhamani.

La fidélité est une caractéristique commune à tous les chiens mais le comportement d'un petit chien noir et blanc alla bien au-delà de la loyauté canine habituelle, comme le montrent les événements suivants. Lorsque Soudhamani pleurait tant pour Dévi qu'elle perdait connaissance au beau milieu de ses prières, l'animal venait se frotter contre elle et lui léchait le visage et les membres pour la ranimer. Si Kounjou était sur le point de quitter Idamannel, le chien tirait sur sa jupe et aboyait pour protester et l'empêcher de partir. Il apportait parfois un paquet de nourriture dans sa gueule et le posait devant elle pour qu'elle le prenne. Le chien ne mangeait jamais un seul grain de riz de cette offrande. La nuit, il dormait près d'elle et lui servait d'oreiller chaque fois qu'elle s'allongeait pour contempler le ciel.

Un soir, Kounjou méditait, assise sur la rive de la lagune. Elle

---

* Culte consistant à tourner avec respect autour de l'objet de son adoration tout en le gardant toujours à sa droite.

était plongée dans un profond *samadhi* et son corps était recouvert d'une épaisse nuée de moustiques. Sougounanandan vint à passer par là et il l'appela. Pas de réponse. Il se mit alors à la secouer violemment, selon la méthode traditionnelle de la famille, et s'aperçut qu'elle était légère comme une brindille. « Son corps ressemblait à un cadavre mais ce n'était pas la première fois que je la retrouvais dans cet état, alors je ne me suis pas inquiété », expliqua-t-il plus tard en racontant l'incident. Il s'assit près de sa fille et, aussitôt, le chien noir et blanc apparut et aboya furieusement. En quelques minutes, Soudhamani ouvrit les yeux et retrouva son état de conscience habituel. Les animaux semblaient bien davantage capables d'attirer son attention et de la faire revenir au monde.

Ce chien avait pour elle un amour si intense que Kounjou le voyait parfois comme la Mère divine elle-même. Dans ces moments-là, oubliant tout, elle le serrait sur son cœur et l'embrassait en appelant tout haut : « Ma Mère, ma Mère !... »

Un jour, tandis qu'elle méditait, Soudhamani se sentit soudain extrêmement agitée et, se levant aussitôt, elle se dirigea en hâte vers le village. Le chien noir et blanc était tombé entre les mains d'un préposé chargé de ramasser les chiens errants. L'animal hurlait et pleurait à fendre l'âme, sans pourtant manifester la moindre agressivité. Impuissant à se libérer de la courroie qui l'emprisonnait, il se laissait traîner tandis que le préposé s'acharnait à le tirer. Quelques filles du villages, amies et dévotes de Soudhamani, avaient reconnu son fidèle compagnon et demandèrent à l'agent de le relâcher, disant qu'il appartenait à Soudhamani. Comme l'homme paraissait hésiter, elles lui promirent même un pourboire s'il acceptait de le libérer. C'est alors que Kounjou arriva sur les lieux. Le chien la regarda d'un air implorant et se mit à pleurer ! C'en était trop pour le préposé. Voyant la jeune fille et l'amour inconditionnel que lui portait l'animal, il n'eut d'autre choix que de le relâcher. C'est ainsi que ce chien fut relâché plusieurs fois par les agents du ramassage.

Une chienne du voisinage éprouvait elle aussi un grand amour pour Soudhamani. Un jour, au cours d'une grossesse, elle vint se poster près du temple et attendit, pleine d'espoir. Quand Soudhamani sortit après sa méditation, elle trouva l'animal sous l'auvent. La chienne ne pénétra pas dans le temple mais posant les pattes antérieures juste sur le seuil du temple, elle se mit à hurler d'une façon particulière, comme si elle pleurait. La petite l'enlaça en l'embrassant et demanda : « Que s'est-il passé, ma fille, que t'arrive-t-il ? » Alors la chienne quitta l'auvent et alla se coucher sur le sable, non loin de l'endroit où se tenait Soudhamani. Quelques secondes plus tard, elle rendit son dernier soupir.

Chaque fois que quelqu'un se prosternait devant Soudhamani, le chien noir et blanc étirait ses pattes avant et inclinait la tête devant elle. Quand elle dansait dans l'extase de la dévotion, le chien sautait autour d'elle comme pour prendre part à la béatitude de sa danse. Quand la conque sacrée sonnait à la fin du culte, au crépuscule, le chien se mettait à hurler d'une manière spéciale, imitant à s'y méprendre le son de la conque.

Soudhamani eut un jour le pressentiment que son ami le chien noir et blanc allait mourir de la rage. Il mourut en effet deux jours plus tard, en ayant très peu souffert. Quand on demanda à la petite si elle était peinée d'avoir perdu son fidèle compagnon, elle répondit : « Sa mort ne m'afflige pas car il viendra à moi. Pourquoi serais-je triste ? » Elle dit plus tard que l'âme du chien s'était réincarnée près d'Idamannel, sans rien révéler de plus à ce sujet.

Au sujet d'une chèvre qui lui vouait une grande affection, Soudhamani raconta : « Ses mamelles s'étaient infectées et elle luttait contre la mort. Rentrant un jour d'une course, je vis qu'elle était sur le point de mourir et qu'elle souffrait beaucoup ; je m'assis auprès d'elle et me perdis en prières et en méditation. Quand j'ouvris les yeux, je vis le pauvre animal venir vers moi en se traînant sur ses pattes repliées. Arrivée près de moi, la chèvre posa la tête sur mes genoux et expira paisiblement, le regard fixé sur mon visage. Tel est l'amour pur ! »

Quelques années plus tard, se remémorant ces incidents, elle remarquait :

« Quelle époque heureuse ! Curieusement, ces animaux pouvaient comprendre ce que je ressentais et agissaient en conséquence. Si je pleurais, ils pleuraient avec moi. Si je chantais, ils dansaient devant moi. Quand je perdais conscience du monde extérieur, ils venaient ramper sur mon corps. Les traits de caractère des différents animaux se retrouvent chez les êtres humains. En présence d'un être libre de tout attachement et de toute répulsion, établi dans l'équanimité, même les animaux hostiles se montrent amicaux. »

Chapitre VIII

Éblouissante comme un million de soleils

« Souriante, elle se mua en une lumière divine resplendissante et vint se fondre en moi. Mon mental s'épanouit, baigné dans l'éclat multicolore de la Divinité, et la mémoire de millions d'années passées surgit en moi. Dès lors, ne voyant plus rien comme séparé de mon Soi, unité absolue, et me fondant dans la Mère divine, je renonçai à toute forme de plaisir. »

— Mata Amritanandamayi
« La Voie de la Béatitude »

Driśā drāghīyasā dara dalita nīlotpala rucā
davīyamsam dīnam snapaya kripayā mām api
shive

Anenāyam dhanyo bhavati na ca te hānir
iyatāvane vā harmlye vā sama kara nipāto
himakaraha

Ô parèdre de Shiva ! Puisses-Tu baigner de Ton regard pénétrant, dont la beauté est pareille à celle du lys bleu à peine éclos, l'être impuissant et éloigné de Toi que je suis. Ce simple mortel obtiendra de Ton acte le bien suprême de l'existence. Une telle action ne T'infligera après tout aucune perte. La lune aux rayons couleur de neige répand la même clarté sur la forêt et sur le château.

— Saundarya Lahari
Verset 57

Habitée par une foi absolue en la Mère divine, Soudhamani, simple fille de pêcheurs, baignait dans l'océan de l'amour immortel. Pour elle, l'atmosphère entière était imprégnée de Sa présence divine. La brise était la caresse aimante de la Mère. Les arbres, les buissons et les fleurs étaient tous Dévi et donc dignes de son adoration inconditionnelle. Fixant le ciel du regard et voyant nous ne savons quoi, elle était soudain submergée par des accès incontrôlables de rires ou de larmes qui ne s'achevaient que lorsqu'elle s'effondrait, inconsciente, sur le sable. Jour et nuit, l'air d'Idamannel retentissait de l'écho des prières déchirantes de cette enfant orpheline à sa Mère disparue. C'est à ce stade de réalisation, où elle ne voyait plus que la Mère divine dans la Nature entière, qu'elle écrivit le chant suivant :

Shrishtiyum niye

Tu es la création et le créateur,
Tu es l'énergie et la vérité,
Ô Déesse, Ô Déesse, Ô Déesse !

Tu es la créatrice du cosmos,
Tu es l'origine et la fin...

Tu es l'essence de l'âme individuelle,
et Tu es les cinq éléments...

C'étaient maintenant les animaux familiers qui s'occupaient de Soudhamani et on ne la voyait plus ni manger ni dormir. Jamais elle n'entrait en contact avec d'autres personnes, sauf si celles-ci s'approchaient d'elle, et le seul fait de se laver les dents dépassait les capacités de son esprit, qui planait à des hauteurs inconcevables. Si elle mangeait, c'était parfois des feuilles de thé usagées, de la bouse de vache, des morceaux de verre ou des excréments. Elle ne faisait aucune différence entre une nourriture savoureuse et ces déchets.

La jeune fille était incapable de contenir son intolérable souffrance et ses prières montaient sans cesse vers la Mère divine :

« Ô Mère, je suis déchirée de douleur d'être séparée de Toi ! Pourquoi Ton cœur ne fond-il pas devant cet incessant torrent de larmes ? Ô Mère, nombreuses sont les grandes âmes qui T'ont adorée et sont ainsi parvenues à Te voir, à s'unir à Toi pour l'éternité. Ô ma Mère bien-aimée ! Je T'en prie, ouvre les portes de Ton cœur aimant à cette humble servante ! Je suffoque comme quelqu'un qui se noie. Si Tu refuses de venir à moi alors, je T'en supplie, mets fin à cette vie. Que l'épée qui tranche la tête des méchants et des malfaiteurs s'abatte également sur la mienne. Que je sois au moins bénie par la caresse de Ton sabre ! Ce corps inutile me pèse tant, pourquoi le garder ? »

Et sa souffrance atteignit son apogée. Ses prières expirèrent.

Citons ses propres termes :

« Chacun des pores de ma peau était béant d'un intense désir, chaque atome de mon corps vibrait du *mantra* sacré, mon être entier se précipitait vers la Mère divine en un flot torrentiel... »

Dans sa douleur indicible, elle s'écria :

« Ô Mère... Vois Ton enfant sur le point de se noyer dans une détresse insondable... Mon cœur se brise... Ses membres vacillent... Je me tords comme un poisson jeté sur le rivage... Ô Mère... Tu n'as envers moi aucune tendresse... Il ne me reste plus rien à T'offrir que ce dernier souffle de vie... »

Sa voix s'étrangla. Sa respiration cessa totalement et elle s'effondra, inconsciente. C'est la volonté toute-puissante de la Mère qui décrète le moment. La divine Enchanteresse de l'univers, omnisciente, omniprésente, omnipotente, l'Ancienne, la Créatrice primordiale, la Mère divine, apparut devant Soudhamani sous une forme vivante, éblouissante comme un million de soleils. Le cœur de Kounjou fut submergé par le raz de marée d'un amour et d'une félicité inexprimables. La Mère divine lui sourit avec bienveillance et, se transformant en pure lumière, vint se fondre en elle.

Le chant « Ananda vithi » ou « La voie de la béatitude », composé par Soudhamani, rapporte ce qui suivit. Elle a tenté d'y rendre intelligible cette union mystique qui transcende les mots.

Ananda vithi (La voie de la béatitude)

Un jour, mon âme dansait avec délice
sur la voie de la béatitude.

Alors, tous les ennemis intérieurs tels que
l'attraction et la répulsion s'enfuirent pour se cacher
dans les replis les plus secrets de mon mental.
M'oubliant, je me fondis dans un rêve doré
qui jaillit de l'intérieur de mon être.

Tandis que de nobles aspirations
se manifestaient avec clarté dans mon esprit,
la Mère divine, de Ses belles mains douces,
me caressa le front. Inclinant la tête,
je dis à Mère que ma vie Lui était dédiée.

Souriante, Elle se mua en une lumière divine
resplendissante et vint se fondre en moi.
Mon mental s'épanouit,
baigné dans l'éclat multicolore de la Divinité,
et la mémoire de millions d'années passées
surgit en moi. Dès lors,
ne voyant plus rien comme séparé de mon Soi,
unité absolue, et me fondant dans la Mère divine,
je renonçai à toutes formes de plaisir.

Mère me dit de demander aux être humains
d'accomplir le but de leur naissance.
C'est pourquoi je proclame au monde entier
la vérité sublime révélée par Dévi :
« Ô Homme, réalise le Soi ! »

Des milliers et des milliers de yogis
ont pris naissance en Inde
et vécu les principes visualisés
par les grands sages inconnus des temps anciens.
Pour éliminer la souffrance des hommes,
combien de pures vérités nous ont-ils révélées !
Aujourd'hui je tremble de béatitude
en me remémorant les paroles de Mère :
« Ô ma bien-aimée, viens à moi
abandonnant toute autre tâche.
Tu es mienne pour toujours. »

Ô pure Conscience,
Ô Incarnation de la Vérité,
je me conformerai à Tes paroles.
Ô Mère, pourquoi tardes-Tu à venir ?
Pourquoi m'avoir donné cette naissance ?
Je ne sais rien, Ô Mère,
je T'en prie, pardonne mes erreurs.

Soudhamani développa alors une forte aversion envers le monde visible. Elle creusait des trous profonds où elle se terrait pour échapper au monde de la diversité et aux hommes prisonniers de leurs sens. Elle passait ses jours et ses nuits à jouir de la béatitude éternelle de la réalisation du Soi et évitait toute compagnie humaine. Si certains l'avaient auparavant considérée comme folle, ils étaient maintenant tout à fait convaincus de sa démence. Bien que Soudhamani eût intérieurement franchi le seuil de l'absolu, extérieurement, pour sa famille et les gens de son village, elle restait la jeune fille insensée possédée par Krishna trois soirs par semaine. Le seul changement récent, si toutefois ils l'avaient remarqué, était qu'au lieu de se rouler dans le sable, elle y creusait à présent de grands trous.

L'avènement du Dévi *bhava*

Soudhamani entendit un jour une voie intérieure lui dire :

« Mon enfant, je réside dans le cœur de tous les êtres
et n'ai aucune demeure particulière.
Le but de ta naissance n'est pas simplement
de savourer la pure béatitude du Soi,
mais de réconforter l'humanité souffrante.
Adore-moi désormais dans le cœur de tous les êtres
et délivre-les des souffrances
de l'existence matérielle... »

C'est après cet appel intérieur, qu'en plus du Krishna *bhava*, Soudhamani commença à manifester le Dévi *bhava*, l'état d'identification avec la Mère divine. Elle y révélait son unité avec la Mère ; pour les dévots, elle était maintenant possédée non seulement par Krishna mais aussi par Dévi. L'avènement du Dévi *bhava* fut marqué par les incidents suivants.

Six mois seulement s'étaient écoulés depuis le premier *darshan* de Krishna *bhava*. C'était vers la fin de l'année 1975. Une nuit, tandis que se déroulait le *darshan* et que les dévots entraient un à un dans le temple, un événement inattendu modifia totalement l'atmosphère.

Comme d'habitude, un groupe de dévots chantait des *bhajans* à l'extérieur de la petite salle du temple, sous l'auvent. Soudhamani manifestait son identité avec l'aspect du Divin représenté par Shri Krishna et accueillait avec joie les dévots. Un sourire aimable et enchanteur illuminait son beau visage et les fidèles, au comble du bonheur, se délectaient de sa présence divine. Tout à coup un dévot pénétra dans le petit temple, affolé. Apparemment, il venait d'être sérieusement harcelé par l'un des villageois hostiles*. Incapable de supporter leurs remarques acerbes, le dévot éclata en sanglots et implora l'aide de Krishna pour remédier à cette situation.

Sans avertissement préalable, le gracieux sourire disparut des lèvres de Krishna. L'expression de son visage se transforma entièrement et devint féroce, comme si l'heure de la dissolution finale avait sonné. Ses yeux ressemblaient à deux billes de métal sur le point d'exploser et, brillants de colère, ils paraissaient darder des éclairs brûlants dans toutes les directions. Ses mains formèrent

---

* Les incroyants étaient toujours actifs et se postaient le long de la route où passaient les dévots pour leur lancer des remarques blessantes. Les villageois n'étaient pas seuls à se conduire ainsi lâchement : le propre père et le frère aîné de Soudhamani s'adonnaient eux aussi à ce genre de passe-temps et essayaient même de décourager les fidèles de rester jusqu'à la fin du *darshan*.

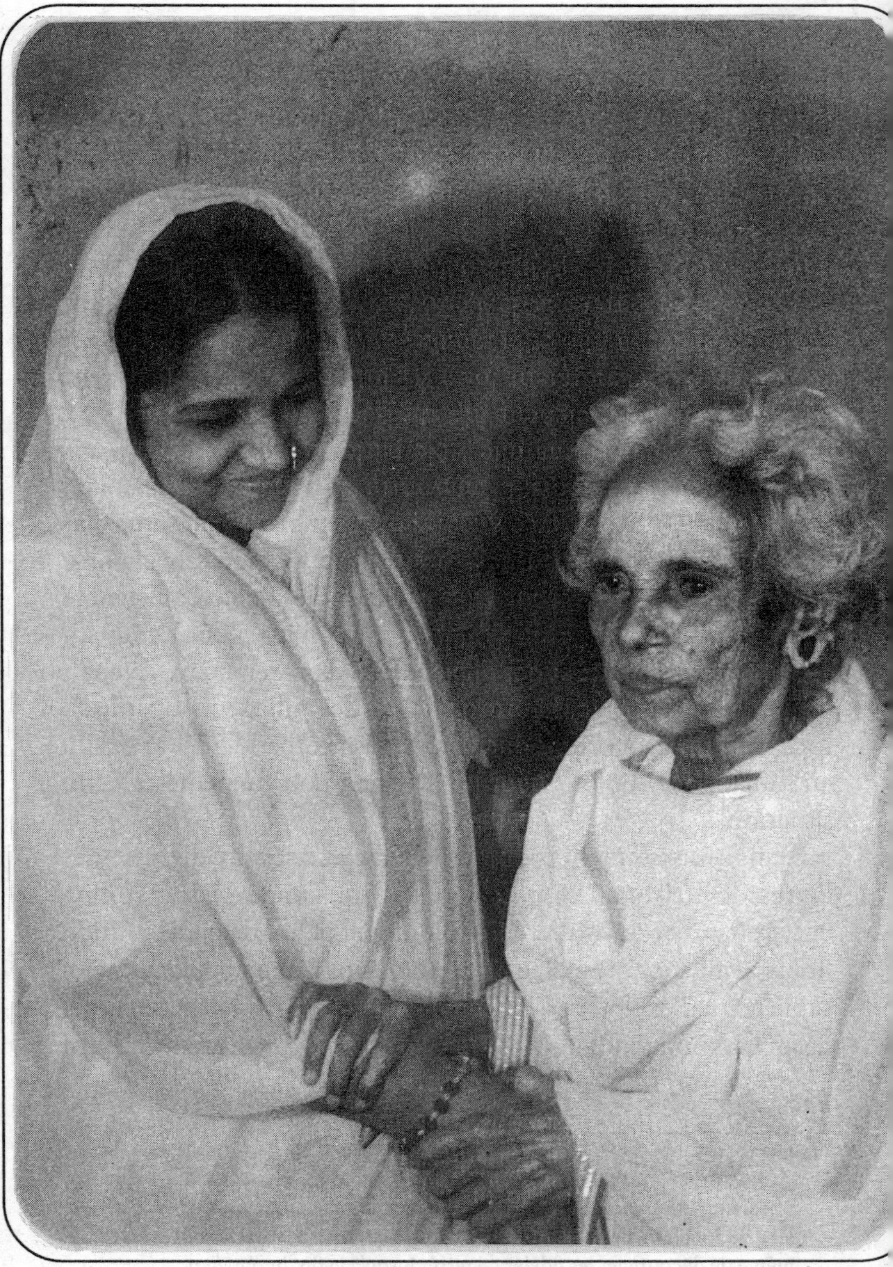

le *mudra* de Dévi*. Tous ceux qui étaient présents, à l'intérieur comme à l'extérieur du temple, furent choqués d'entendre un rire tonitruant jaillir de tout son être, un rire tel qu'ils n'en avaient jamais entendu de leur vie. Témoins du brusque changement survenu dans l'attitude de Soudhamani, ceux qui se trouvaient dans la salle tremblèrent de peur, ne sachant que faire. Quelques érudits entonnèrent d'une voix forte des *mantras* de paix et des *bhajans* louant la Mère divine, tandis que d'autres faisaient l'*arati***. Après bien des prières et répétitions de différents *mantras*, elle se calma et retrouva la paix mais le *bhava* de Krishna s'était transformé en celui de Dévi.

Elle raconta plus tard : « Voyant la détresse de ce dévot, j'eus envie de détruire tous ces gens iniques qui persistent à ridiculiser les fidèles. Sans prévenir, la Déesse à la nature féroce *(Kali)* se manifesta pour offrir un refuge aux persécutés. » Dès lors, en plus du Krishna *bhava*, Amma, comme nous l'appellerons dorénavant, donna régulièrement le *darshan* de Dévi à ses dévots.

Amma était l'incarnation de l'amour universel. Les qualités qui prévalaient en elle depuis sa plus tendre enfance et la poussaient à aimer, à aider et à servir tous les êtres, s'épanouirent pleinement. Avec une tendresse et une compassion égales, elle accueillait les êtres les plus matérialistes comme les plus spirituels, illettrés et érudits, riches et indigents, malades et bien portants. Écoutant patiemment tous les problèmes qu'ils venaient lui confier, elle s'adaptait à la nature et à la maturité de chacun et, selon leurs besoins, les guidait et les réconfortait dans leurs difficultés.

Peu de temps après l'avènement du *darshan* de Dévi *bhava*, l'attitude d'Amma changea. Durant sa *sadhana* consacrée à Dévi, elle était en général distante et peu communicative. Son temps était entièrement consacré à la prière et à la méditation sur la forme de la Mère divine. Si ses parents ou son frère la maltraitaient

* Geste symbolique sacré associé à la Mère divine.

** Présentation de camphre enflammé devant la Divinité.

physiquement ou verbalement, elle gardait le silence. À présent, elle se faisait plus téméraire et l'expression même de son visage changeait. Sa nature devenait intrépide et inflexible, en particulier quand il s'agissait de négocier avec ses parents et son frère sur la question du *bhava darshan* et de ses rapports avec les dévots. Elle commença à se mêler davantage à ces derniers et à leur donner des instructions concernant la spiritualité. Cette période marqua le début de sa mission spirituelle.

Mon Soi sans forme

« À partir de ce jour*, plus rien ne me sembla différent de mon Soi sans forme, dans lequel l'univers entier existe telle une bulle minuscule... » Dans ces quelques mots très concis, Amma communique un trésor d'informations. Bien qu'elle fût établie dans l'état ultime de réalisation divine, elle continua sa *sadhana* pour montrer que les différentes formes des dieux et déesses sont les facettes d'une même réalité non-duelle. Ayant atteint une parfaite maîtrise de la pensée, elle découvrit qu'elle pouvait s'identifier à l'aspect du Divin de son choix, par un simple acte de volonté. Amma a raconté quelques-unes des expériences qui lui arrivèrent au cours de ces *sadhanas* :

« À l'issue de l'une de mes pratiques, j'eus un jour le sentiment qu'une longue canine sortait de ma bouche et simultanément, j'entendis un bourdonnement terrifiant. Je perçus la forme de Dévi tirant la langue, les dents longues, l'épaisse chevelure noire et bouclée, les yeux rouges, globuleux, et le teint bleu sombre**. Je pensai : « Vite ! Sauve-toi ! Dévi est venue pour te tuer ! » J'étais sur le point de m'enfuir quand soudain, je réalisai que j'étais moi-même Dévi. C'était moi qui produisais ce bourdonnement.

---

* Le jour où Dévi se fondit en elle.

** Une description de Mère Kali

L'instant d'après, je me retrouvai tenant la *vina* de Dévi.* J'avais sa couronne sur la tête et portais son anneau à la narine. Quelques minutes plus tard, je songeai : « Que se passe-t-il ? Comment ai-je pu devenir Dévi ? C'est peut-être un tour que me joue la Mère divine pour interrompre ma *sadhana.* » Alors je décidai : « Je vais méditer sur Shiva et voir ce qui arrive », mais dès que je commençai à méditer sur la forme de Shiva, je devins Shiva, les cheveux emmêlés, des serpents enroulés autour du cou et des bras. Je pensai : « Shiva est peut-être lui aussi en train de me mettre à l'épreuve », et je cessai de méditer sur sa forme.

« Je fixai alors mon cœur et mon âme sur le Seigneur Ganesh qui détruit tous les obstacles. Tout de suite, mon être se transforma en Ganesh, avec sa tête d'éléphant, sa longue trompe, une paire de défenses dont l'une est cassée à la moitié, et ainsi de suite. Quelle que fût la forme divine que je contemplais, je devenais cette forme. J'entendis alors une voix intérieure dire : « Tu n'es pas différente d'eux. Ils se sont tous fondus en toi il y a longtemps. Pourquoi appelles-tu donc ces dieux et déesses ? » La méditation d'Amma sur Dieu avec forme s'acheva ainsi naturellement. La syllabe sacrée « Aum », omniprésente, jaillit de l'intérieur d'elle-même et son être se fondit pour toujours en Cela. Même alors, pour montrer l'exemple, elle méditait encore. Lorsqu'on lui demandait pourquoi, Amma répondait : « Durant la méditation, Amma se rend auprès de tous ses enfants, en particulier auprès de ceux qui pensent intensément à elle et de ceux qui souffrent. »

La grande épopée du Srimad Bhagavatam raconte une histoire similaire. Le célèbre sage Narada se rendit un jour à Dwaraka, où demeurait Sri Krishna, pour Lui rendre visite. Il trouva le Seigneur en profonde méditation. Narada s'inclina avec respect devant Lui et demanda : « Seigneur, sur qui médites-Tu ? » « Je médite sur mes dévots », répondit en souriant Krishna.

---

* Un instrument à cordes que Saraswati, la déesse de la connaissance, tient sur les genoux.

Il faut se souvenir que, même si Kounjou était devenue « Amma », ou « la Mère », aux yeux de beaucoup et en particulier pour sa famille, elle restait la petite Soudhamani. Bien qu'elle fût naturellement établie dans le Soi suprême, ce fait était beaucoup trop subtil pour que ses parents et son frère aîné eussent pu le comprendre, même s'ils s'y étaient efforcé. Ils continuaient à douter, à prendre son comportement pour de la schizophrénie. Et si son contact avec les dévots allait l'entraîner sur une voie immorale ? La réputation de la famille en serait ternie ! Son frère Soubhagan, en particulier, lui était fanatiquement hostile et comme en témoigne l'incident suivant, son agressivité envers elle ne faisait qu'empirer.

Soubhagan et quelques-uns de ses cousins prirent un jour un faux prétexte pour l'inviter à les accompagner chez un parent. Dès qu'ils arrivèrent, ils l'enfermèrent dans une des pièces de la maison et l'un des cousins la menaça, en sortant soudain un long couteau qu'il cachait sous ses vêtements. Soubhagan prit la parole : « Tu es allée trop loin, maintenant. Tu vas fatalement salir le nom de notre famille. Puisque tu ne peux pas t'abstenir de te mêler sans vergogne à toutes sortes de gens et que tu persistes à danser et à chanter, il vaut mieux que tu meures. » Il devint fou de rage quand il entendit sa sœur se mettre à rire et rétorquer : « Je n'ai pas peur de la mort. Le corps doit périr tôt ou tard, mais tu ne peux pas tuer le Soi. Maintenant que tu es déterminé à mettre fin à mon existence physique, je vais exprimer mon dernier vœu, que tu es dans l'obligation d'exaucer. Laisse-moi méditer un moment et, ensuite, libre à toi de me tuer pendant que je serai en méditation. »

Cette réponse audacieuse ne fit que les rendre encore plus furieux. L'un d'eux s'exclama : « Qui es-tu donc pour nous donner des ordres ? Est-ce que nous sommes venus ici pour te tuer ou non, selon ton bon plaisir ? » Amma sourit et répliqua bravement : « Il semble que personne d'autre que Dieu ne puisse mettre fin à ma vie ! » Un autre cousin s'écria : « Dieu ! Qui est ton Dieu ? »

Malgré leurs menaces verbales, aucun d'eux n'avait le courage de faire quoi que ce soit contre elle après avoir entendu sa réponse intrépide et avoir été témoin de sa nature impassible.

Tout à coup, le cousin qui avait brandi le couteau fit un bond en avant et appuya la lame contre la poitrine de la jeune fille comme pour la poignarder. Mais il ne put faire un geste de plus car il ressentit aussitôt une douleur atroce, exactement à l'endroit où il avait essayé d'enfoncer le couteau dans le corps de Soudhamani. Et ce fut lui qui s'écroula sur le sol, en proie à une terrible souffrance. Les autres furent terrifiés en voyant ce qui lui arrivait. Au même moment, Damayanthi arriva sur les lieux, alarmée d'avoir vu Soudhamani partir seule avec Soubhagan et ses cousins. En entrant dans la maison, elle entendit le tumulte et devina qu'il se passait quelque chose d'horrible. Elle cogna à coups de poing contre la porte de la pièce où ils s'étaient enfermés, les suppliant d'ouvrir et dès qu'ils eurent ôté le cadenas, elle prit sa fille par la main et quitta rapidement les lieux.

Sur le chemin du retour, elles longèrent l'océan. Amma dit à Damayanthi : « Je déshonore les tiens. Cet océan est lui aussi ma mère. Il m'accueillera avec joie, les bras tendus. Je vais me jeter en son sein. » À ces mots, Damayanthi s'affola et se mit à crier : « Ne parle pas ainsi, ma fille ! Ne parle pas ainsi ! Pendant le Krishna *bhava*, le Seigneur m'a dit que si tu te suicidais, tous mes enfants deviendraient fous... » Elle parvint tant bien que mal à dissuader sa fille et la ramena à Idamannel.

L'épisode ne s'arrête pas là. Le cousin qui avait levé son couteau contre Amma pour la poignarder fut plus tard admis à l'hôpital. En dépit des meilleurs traitements médicaux, il vomissait continuellement du sang et il finit par en mourir. Lorsque son état devint alarmant, Amma lui rendit visite. Elle le consola avec amour et le nourrit de ses propres mains. Il se repentit sincèrement de sa grave erreur et éclata en sanglots devant la compassion et la mansuétude d'Amma à son égard. Le lecteur peut observer qu'elle ne ressentait aucune aversion envers son cousin qui avait

pourtant tenté de l'assassiner et qu'elle n'avait pas non plus souhaité qu'il subisse ce sort funeste. Il dut recueillir le fruit de son acte. Amma explique :

« De même que les êtres humains éprouvent un amour intense pour Amma, il existe de nombreux êtres subtils qui l'aiment profondément, eux aussi. Si quelqu'un tente de lui faire du mal, Amma ne réagira pas. Elle affrontera la situation calmement et ne pensera rien de particulier de son agresseur, qui agit par ignorance. Mais ces êtres subtils se mettront en colère et la vengeront. Comprenez-vous pourquoi ? Supposez qu'un homme attaque une mère. Est-ce que ses enfants resteront tranquillement assis sans y prêter attention ? Même si leur mère tente de les en dissuader, ils iront trouver cet homme et la vengeront. »

Transcendant les règles sociales, Amma recevait tous les dévots sans distinction de caste, de croyance, de classe ou de sexe. Aux yeux des ignorants et des incroyants, l'équanimité de sa vision et sa largeur d'esprit n'étaient que les symptômes évidents d'un déséquilibre mental. Pendant le *bhava darshan*, les mécréants entraient dans le temple et questionnaient Amma sans raison. Cela ne la gênait pas et elle gardait toujours son calme mais Sougounanandan était très peiné de leurs remarques insolentes.

Par ailleurs, bien que toutes les tentatives de marier sa fille eussent échoué, il ne parvenait pas à abandonner complètement cette idée et il lui arrivait de penser que le *bhava darshan* était un grand obstacle à la réalisation de son souhait. Comme Soubhagan, il se mit à considérer que le *darshan* était une honte pour la famille. Un autre facteur le préoccupait : après le *bhava*, le corps de sa fille était dur comme de la pierre et il fallait plusieurs heures de massage énergique pour qu'il redevienne normal.

Telles étaient les préoccupations de Sougounanandan lorsqu'il prit la ferme résolution, avec Soubhagan, de mettre fin d'une manière ou d'une autre au *bhava darshan*. C'est dans cette intention qu'il entra dans le temple lors du Dévi *bhava* suivant et dit à Amma : « Dévi, il faut que tu quittes le corps de Kounjou. Nous n'avons plus besoin de ce *bhava darshan*. Nous voulons marier notre enfant. Je veux qu'on me rende ma fille ! »*

S'adressant à lui en tant que beau-père**, Amma lui demanda : « Est-ce là ta fille ? » Déjà très agité, le père devint encore plus furieux de s'entendre appeler ainsi et il répliqua, en colère : « Oui, c'est ma fille ! Est-ce que les dieux et les déesses ont des beaux-pères ? Je veux qu'on me rende ma fille ! »

Amma répondit calmement : « Si je te rends ta fille, elle ne sera qu'un cadavre qui se décomposera bientôt. Il te faudra l'enterrer et non la marier. », Sougounanandan n'était pas d'humeur à écouter et il exigea : « Que Dévi retourne d'où elle vient ! Je veux retrouver mon enfant ! »

Amma répondit : « S'il en est ainsi, voici ta fille. Prends-la ! » Et instantanément, elle s'effondra sur place. En quelques minutes,

---

* Il faut se souvenir qu'aux yeux de sa famille, Amma était possédée trois nuits par semaine par Krishna et par Dévi et que, le reste du temps, elle n'était qu'une fille un peu dérangée.

** Depuis son plus jeune âge, elle n'acceptait que Dieu pour père et mère véritables ; toute autre personne n'était pour elle que son père ou sa mère d'adoption.

son corps se raidit et son cœur s'arrêta. Les yeux grand ouverts, elle ne montrait aucun signe de vie. Elle était morte.

Des lamentations s'élevèrent alors. Tous ceux qui étaient venus pour le *darshan* étaient frappés de douleur. Damayanthi et ses filles s'évanouirent. La nouvelle fusa que Dévi avait emporté la vie de Soudhamani à la suite d'une erreur commise par son père, que tout le monde accusa d'être responsable de sa mort prématurée.

On alluma des lampes à huile autour du corps. Même la Nature était devenue silencieuse. Certains dévots pleuraient, d'autres jacassaient comme des idiots, ayant perdu le contrôle d'eux-mêmes sous l'effet de ce choc émotionnel brutal. Quelques personnes prirent solennellement place près du corps pour essayer de voir, en mettant leur main sous les narines, si leur Mère bien-aimée respirait encore. Rien. Un médecin venu pour le *darshan* vérifia son pouls. Rien non plus. Ce fut un moment tragique.

Comprenant peu à peu l'horreur de la situation causée par son manque de discernement, incapable de supporter cette douleur abominable, Sougounanandan perdit lui aussi connaissance. Un silence funèbre régnait. Pensant que l'impossible s'était réellement produit, on abandonna l'espoir de la voir reprendre vie. Huit longues heures s'écoulèrent, sinistres. Sougounanandan reprit conscience et, confronté à cette horrible scène, implora la Mère divine en criant : « Ô Dévi ! Je T'en supplie, pardonne-moi ! C'est par pure ignorance que j'ai parlé ainsi ! Je T'en supplie, ramène ma fille à la vie ! Pardonne-moi cette faute ! Jamais plus, jamais plus je ne répéterai un acte aussi infâme ! » Implorant ainsi Dévi, il s'affaissa sur le sol et pleura sans retenue, allongé de tout son long devant le temple.

Les minutes duraient des heures. Tout à coup, un des dévots remarqua que le corps de Kounjou bougeait imperceptiblement. Débordant d'espoir, tous s'attroupèrent autour d'elle et leurs larmes de tristesse se muèrent en larmes de joie. Amma revint à la vie, mais en Krishna *bhava* ! S'adressant à Sougounanandan, qui était un ardent dévot de Krishna, elle lui dit : « Sans Shakti*, Krishna ne peut pas exister ! »

Cet incident modifia considérablement l'attitude de Sougounanandan à l'égard de Dieu et de sa fille. Désormais, il la laissa faire à peu près ce qu'elle voulait et n'essaya plus jamais de lui trouver un mari. Amma fit ultérieurement la remarque suivante à propos de cet incident :

« Il voulait à tout prix que Dévi lui rende sa fille. Mais si ceci était réellement sa fille, il aurait dû pouvoir la ramener à la vie. Il n'en était pas capable. C'est donc tout au plus le corps qui lui appartient. Quand il a exigé qu'on lui rende son enfant, on lui a rendu ce corps ! »

* L'aspect féminin de l'énergie cosmique, personnifiée sous la forme de Dévi.

Chapitre IX

L'épée de la vérité

« Mes enfants, même quand un homme abat un arbre et le sépare de ses racines, l'arbre lui donne encore de l'ombre. Un aspirant spirituel devrait être ainsi. Seul un être qui prie pour le bonheur de ceux qui le tourmentent peut devenir spirituel. L'arme la plus puissante de celui qui aspire à la vie spirituelle est l'épée de la vérité. »

— Mata Amritanandamayi

Durvrtta vrtta samanam tava dēvi sīlam
rūpam tadhaitadavi cintyamatulya manyaih

Vīryam ca hantr hrtadēvaparākramānām
vairisvapi prākatitaiva dayā tvayēdham

Ta nature, Ô Dévi, est de calmer l'ardeur des méchants ; cette forme incompréhensible (qui est la tienne) est sans égale ; ta puissance détruit ceux qui ont dérobé la force des dévas et ainsi, tu as manifesté ta compassion même envers les ennemis.*

— Dévi Mahatmya
Chapitre 4, verset 20

Le destin funeste de Soubhagan

Toutes les grandes âmes semblent devoir subir les persécutions des médiocres, ce qui a pour effet de les faire grandir encore, puisque tout obstacle jeté sur leur chemin ne fait qu'ajouter à l'éclat de leur gloire. Il suffit d'étudier la vie de Shri Krishna, de Shri Rama, de Jésus-Christ ou du Bouddha pour s'en rendre compte. Amma en est un exemple magnifique. Trois ans avaient passé, on était au milieu de l'année 1978. Le nombre de dévots ne cessait d'augmenter, les visiteurs affluant maintenant de toutes les régions de l'Inde pour recevoir le *darshan* bienfaisant d'Amma. Comme les admirateurs et les fidèles se faisaient plus nombreux,

* Cette idée (de « tuer par compassion ») s'éclaire à la lumière des versets qui précèdent *(IV.17)* : le dévot, sachant que la déesse a le pouvoir de détruire immédiatement tous les démons par un seul de ses regards, lui demande pourquoi elle ne le fait pas. « Même les ennemis, *purifiés par mes armes,* atteignent les mondes célestes », répond Dévi. « Tel est ton merveilleux dessein, même à leur égard », dit le dévot.

de leur côté, les incroyants intensifiaient leur campagne maléfique. Mais aucune puissance humaine ne pouvait faire obstacle à la mission spirituelle d'Amma.

C'est alors qu'on observa certains mauvais présages indiquant l'imminence d'une catastrophe à Idamannel. Les conséquences désastreuses de sa tentative d'assassinat contre sa sœur n'avaient pas découragé Soubhagan. Son arrogance et son hostilité envers elle étaient maintenant plus ouvertes encore. Il essayait d'imposer ses idées égocentriques à toute la famille qui, redoutant ses humeurs belliqueuses et imprévisibles, n'osait s'opposer à lui. Le nombre croissant des dévots et les calomnies continuelles des rationalistes le mettaient sur des charbons ardents et il était très agité. Il accostait les visiteurs venus pour le *bhava darshan* et les insultait en espérant les dissuader d'y aller.

C'est alors que Soubhagan contracta cette maladie terrible qu'est la filariose. Etait-ce le destin, était-ce le fruit de ses mauvaises actions ? Les symptômes apparurent à la fois sur les mains et sur les jambes, et aucun des nombreux traitements médicaux qu'il suivit ne parvint à le guérir. La pensée d'avoir contracté une maladie mortelle le hantait. Il devint très dépressif et développa des tendances suicidaires. À plusieurs reprises, il confia son angoisse à des amis proches. Devenu insomniaque, il dut se résoudre à prendre des somnifères et, sous l'effet cumulé de toutes ces souffrances physiques et émotionnelles, il perdit peu à peu son équilibre mental.

Amma appela un jour Damayanthi et lui dit : « Il semble que Soubhagan arrive au terme de cette existence. Tu peux l'aider en faisant vœu de silence, mais certains obstacles te pousseront peut-être à le rompre. Sois donc très vigilante lorsque tu accomplis ce vœu. » Se conformant aux instructions d'Amma, Damayanthi commença un vœu de silence d'une journée mais en fin de matinée une vache rompit la corde et s'enfuit de l'étable. Oubliant aussitôt son vœu, Damayanthi s'écria : « La vache s'enfuit ! Attrapez-la ! » La famille y vit un présage funeste, d'autant qu'Amma avait prévenu Damayanthi d'observer son vœu avec soin. Cet incident de mauvais augure suscita la peur et l'angoisse dans toute la maison.

Un jour que, dans un accès de rage, Soubhagan avait insulté durement une femme musulmane venue à Idamannel pour le *bhava darshan*, celle-ci ne put supporter ses remarques cruelles. Elle se précipita dans le temple et éclata en sanglots en se frappant la tête contre le seuil du sanctuaire. Elle criait : « Ô Mère... Ô Mère... Est-ce là le sort de ceux qui viennent te voir ? »

Quand Amma entendit les cris désespérés de cette femme, son visage radieux et souriant se transforma sur-le-champ. L'air terrifiant, elle se leva de son siège, brandissant d'une main un trident et de l'autre une épée. D'un ton grave et solennel, elle déclara : « Quiconque a causé à la jeune femme cette douleur injustifiée mourra dans sept jours. »

Quand la prédiction d'Amma parvint aux oreilles de Sougounanandan, il se précipita au temple implorer son pardon pour l'iniquité de son fils. Il la supplia d'épargner la vie de Soubhagan et de prendre la sienne à la place. Amma répondit calmement : « Je ne punis jamais personne. Si on m'injurie, si on me harcèle, cela m'est indifférent. Dieu Lui-même ne pardonne pas à celui qui insulte ainsi un dévot. Chacun doit récolter le fruit de ses actes. Il ne peut en être autrement. »

Les sept jours s'écoulèrent. On approchait de minuit le 2 juin 1978 quand Soubhagan, qui avait été informé de la prédiction d'Amma, se pendit. Dans une lettre qui expliquait son suicide, il invoquait la tension intolérable que provoquait en lui sa maladie mortelle. Ce décès amena la détresse et le chaos à Idamannel. Les mécréants en profitèrent pour intensifier leur campagne de diffamation contre Amma. Ils se mirent à répandre de fausses rumeurs sur la mort de Soubhagan, accusant Sougounanandan, qui aimait son fils aîné comme sa propre vie, de l'avoir assassiné.

Malgré tous leurs efforts, ils ne réussirent pas à faire valoir leur accusation, car il était clair que cette mort était un suicide. En plus de la note écrite de sa main, Soubhagan avait envoyé des lettres à certains de ses amis et de ses proches pour les informer de son intention. Le rapport d'autopsie confirma également la thèse du suicide et la question d'un procès ne se posa donc même pas.

La mort de Soubhagan causa de grands remous parmi les proches, qui exprimèrent ouvertement leur haine et leur opposition en ignorant la famille entière, comme si elle n'avait jamais existé. Aucun de ses membres n'était plus invité à assister à participer aux cérémonies publiques, aux fêtes, aux mariages ou aux rituels religieux. Tous leurs proches les abandonnèrent, ne jetant même pas un regard vers Idamannel quand ils rendaient visite à une maison du voisinage. S'ils venaient accomplir les rites pour les ancêtres en bordure de mer, juste à côté d'Idamannel, ils repartaient immédiatement après avoir fait leur offrande. La famille d'Amma souffrait beaucoup de cette attitude qui ne faisait qu'ajouter à sa douleur.

Seize jours après la mort de Soubhagan, quand le *bhava darshan* reprit, Sougounanandan approcha Amma, le cœur serré. Il se plaignit en disant qu'elle n'avait pas sauvé son cher fils de cette mort horrible et éclata en sanglots. Pour le consoler, Amma lui dit : « Ne te lamente pas. Dans trois ans, ton fils renaîtra ici-même, en tant que dévot. » Quelques années plus tard, Kastouri, la fille aînée, se maria. Quand elle conçut son premier enfant, Amma le nomma Shivan alors qu'il n'était pas encore né. Comme le prénom donné par Amma était masculin, tout le monde était convaincu que l'enfant serait un garçon et il en fut bien ainsi. Amma dit ensuite : « Après la mort de Soubhagan il y a trois ans, son âme est restée dans l'atmosphère de l'ashram. Il a entendu les chants de dévotion et les *mantras* védiques, puis il est né dans cette même maison sous la forme de Shivan. » Shivan est un jeune garçon intelligent qui, tout jeune, répétait déjà sans cesse la syllabe sacrée « Aum » et s'asseyait en méditation sans qu'on le lui demande.

Le retour des rationalistes

Après l'avènement du Dévi *bhava*, les rationalistes se firent plus arrogants et plus hostiles. Ils commencèrent à se servir des médias pour tenter de convaincre les gens qu'Amma était folle et que le *bhava darshan* était une fraude. Cependant, plus ils s'efforçaient de la discréditer, plus ils échouaient lamentablement. Leur persévérance était vraiment extraordinaire !

Ils décidèrent un soir d'essayer à nouveau de réaliser leur ancien plan, c'est-à-dire de capturer Amma pendant le *darshan* pour l'humilier et tourner en ridicule la puissance divine. Deux des membres du groupe, parmi les plus rustres, arrivèrent à Idamanel complètement ivres, impatients de provoquer le désordre dans la petite salle du temple. Ils se joignirent à la queue des dévots.

Au même moment, Amma, déjà assise pour le Dévi *bhava*, dit à certains fidèles qui se tenaient près d'elle dans le sanctuaire : « Regardez bien, Amma va faire une bonne plaisanterie. » À ces mots, elle regarda droit dans la direction des ivrognes et leur adressa un sourire enchanteur. Ils venaient juste d'atteindre l'encadrement de la porte pour pénétrer dans la salle mais le premier, incapable de bouger, était comme paralysé. Il ne pouvait plus faire un pas et resta planté là, figé, pendant quelques minutes. Son acolyte, qui se trouvait juste derrière lui, commença à s'énerver et lui demanda d'un ton rude pourquoi il n'entrait pas. « Ne vois-tu pas le nombre incroyable de gens déjà entassés devant moi ? », rétorqua le premier. Mais l'autre s'écria : « Tu es là, immobile comme une souche ! Est-ce que tu as été hypnotisé par cette fille, toi aussi ? » Cet échange de paroles acerbes dégénéra bientôt en bagarre violente entre les deux voyous qui finirent par quitter Idamannel, comme Amma l'avait prévu.

À cette époque, comme nous l'avons dit, certains dévots chefs de famille invitaient Amma chez eux pour accomplir des rituels et chanter des *bhajans*. Quand ils apprenaient qu'elle allait se rendre chez quelqu'un, les incroyants s'y rassemblaient eux aussi.

Amma rendit visite un soir à des dévots qui habitaient le village de Panmana, à environ vingt kilomètres de Parayakadavou. Les membres de cette famille souffraient depuis longtemps de divers maux physiques et mentaux auxquels ils n'avaient trouvé aucun remède. Ils avaient accompli bon nombre de *pujas** pour invoquer différents dieux et déesses, mais sans résultat. Apprenant l'existence d'Amma, ils avaient assisté au *bhava darshan* et lui avaient demandé de les aider. Dans sa compassion, elle avait accepté de venir chez eux et d'accomplir une *puja* particulière pour mettre fin à leurs souffrances.

Certains membres de cette famille, opposés à ce rituel, se joignirent aux rationalistes qui se préparaient à perturber la cérémonie. Pendant la visite d'Amma, l'un des membres de la famille lui dit, plein d'arrogance : « Laisse-moi observer la cérémonie. Je vais tout regarder très attentivement. Puis j'aurai quelques questions à te poser. » Amma lui demanda alors : « Ce « je » est-il uniquement limité à ton corps ? En es-tu le maître ? »

Il était deux heures du matin et Amma préparait tous les ingrédients pour la cérémonie. Au grand soulagement des fidèles de la famille, le jeune homme qui voulait tout observer tomba dans un état inconscient, comme en sommeil profond. Au moment où s'achevait la dernière partie du culte, l'arrogant plaisantin se réveilla en sursaut et bondit en s'exclamant : « Oh ! La *puja* est-elle finie ? Oh ! Est-ce fini...? »

Amma répondit : « Oui, c'est terminé. Tu as dit que tu observerais tout avec attention. Est-ce que tu l'as fait ? Maintenant comprends-tu que ce que nous appelons « je » n'est pas sous notre contrôle ? Pendant que tu dormais, où est allé ton « je » ? » L'homme pâlit et baissa la tête sans mot dire.

Les mécréants rassemblés là n'allaient pas s'avouer vaincus si facilement. Ils se mirent à questionner Amma de la façon la plus

---

* Adoration, culte rendu au gourou ou à la divinité en offrant de la nourriture et des fleurs.

grossière et irrationnelle qui soit. Comme toujours, elle demeurait joyeuse et paisible, mais le *brahmachari** qui était venu pour l'aider à accomplir la *puja* commençait à en avoir assez. Il lui demanda : « Je t'en prie, montre-leur quelque chose qui les fasse taire. Autrement, ils ne cesseront pas de nous importuner. »

Quelques minutes plus tard, une boule de feu extraordinairement flamboyante s'éleva soudain du cimetière voisin. Il en jaillissait des rayons de feu qui semblaient danser autour du globe embrasé. C'était maintenant à Amma d'interroger les importuns, muets de stupeur : « Si vous en avez le courage, pourquoi ne faites-vous pas une promenade jusqu'au cimetière ? » Pas un seul d'entre eux ne s'avança pour relever le défi et les jeunes poltrons prirent rapidement la fuite.

Un incident analogue se produisit en 1980 chez Srimati Indira, à Karounagappally, une ville située à dix kilomètres de Vallickavou**. Indira, une ardente dévote, avait invité Amma à venir sanctifier son foyer de sa présence. Comme d'habitude, le soir convenu, les rationalistes s'imposèrent. En les voyant, la famille prit peur, car leurs méfaits étaient bien connus, et elle pria Amma de disperser cette bande de sceptiques.

Amma s'absorba en méditation. A la surprise générale, une sphère étincelante apparut en quelques secondes, entourée de nombreuses lumières brillantes qui ressemblaient à de petites lampes. Ce globe prit forme du côté nord de la maison et se déplaça vers le sud en passant par la porte d'entrée. Remplis de terreur et de respect, les dévots répétaient le nom de la Mère divine. Lentement, la boule de feu s'éleva pour disparaître au loin après avoir tourné autour du *bilva* sacré *(aegle marmelos)* qui poussait dans la cour, au sud. À la fois ébahis et effrayés, les incrédules quittèrent les lieux. Ils ne revinrent jamais déranger les chants

* Aspirant spirituel ayant fait vœu de célibat.

** Vallickavou est un village situé à l'intérieur du pays, juste en face d'Idamannel. Amma est parfois surnommée « Vallickavou Amma ».

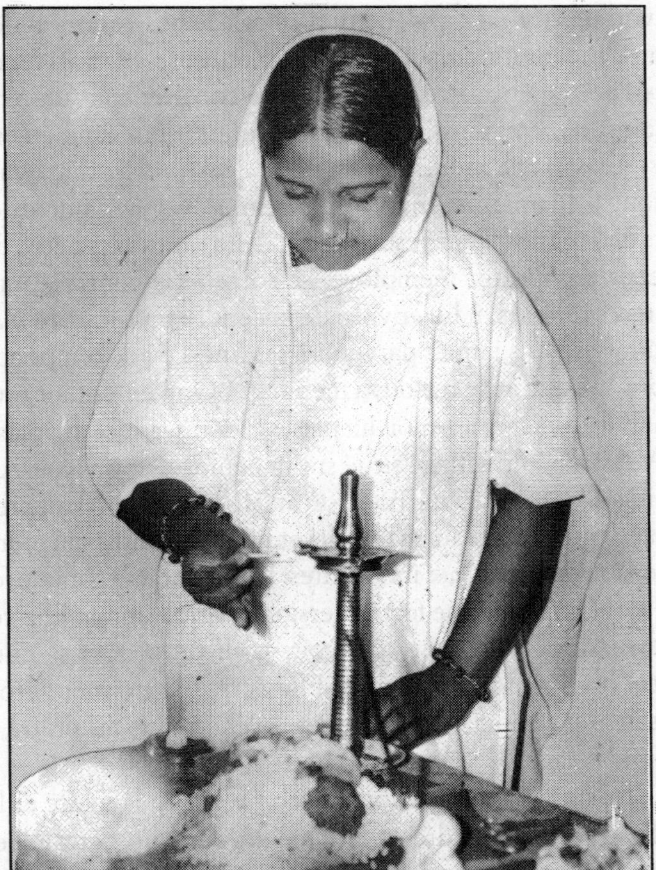

sacrés d'Amma et, en fait, après cet incident, nombre d'entre eux furent convertis.

Échec de la magie noire

Un sorcier très imbu de lui-même vivait non loin de chez Indira, à Karounagappally. Quelqu'un lui avait parlé d'une jeune fille de Parayakadavou qui se trouvait possédée par Krishna et Dévi trois nuits par semaine. Cet adepte de la magie noire se vanta de pouvoir mettre fin rapidement à ce cas de possession. Il décrivit même l'incantation qu'il prévoyait d'utiliser : « Je vais fendre en deux l'arête centrale d'une palme de cocotier tout en répétant certains *mantras* puissants et les manifestations du dieu et de la déesse cesseront immédiatement », déclara-t-il. Il arriva donc un jour à Idamannel mais il eut beau s'évertuer, aucun de ses tours ne produisit l'effet escompté et il dut quitter les lieux, dépité. Il persista pourtant à employer sa sorcellerie contre Amma. À plusieurs reprises, il lui envoya de la cendre porteuse de *mantras* maléfiques, sans jamais parvenir à ses fins. Peu de temps après, il fut pris de folie et se retrouva mendiant. On l'entendait toujours demander : « Donnez-moi dix paises*, donnez-moi dix paises... »

A Arickal, un village situé sur la péninsule où vivait Amma, vivait un prêtre réputé pour sa magie noire, particulièrement efficace contre les mauvais esprits et les êtres subtils qui prenaient possession de personnes innocentes. Il fut contacté par une femme âgée qui éprouvait une forte aversion contre Amma. Elle voulait le persuader d'utiliser ses pouvoirs pour provoquer sa chute et mettre fin à ses *bhava*s divins. Elle écrivit le nom et l'étoile de naissance d'Amma sur un papier qu'elle remit au prêtre, pour qu'il puisse agir.

Cette nuit-là, Amma apparut en rêve à une dévote et lui dit qu'elle devait se rendre le lendemain dans un certain temple pour y offrir ses prières. Dès le jour suivant, elle vint raconter son rêve à Amma, qui lui dit : « Va au temple. Tu comprendras alors le sens de ce rêve. »

Ayant obtenu sa permission, la femme se rendit donc au lieu indiqué par le rêve. C'était le temple même, inconnu de la dévote, où le prêtre-sorcier conduisait le culte quotidien. Après ses prières, la femme vint trouver le prêtre pour s'entretenir un moment avec lui. Il l'accueillit en se levant de la banquette où il était assis. Il se mit à rouler le matelas qui la recouvrait en disant :

* L'équivalent de dix centimes.

« Venez, je vous en prie, asseyez-vous... S'il vous plaît, prenez place. » Comme il pliait le matelas, un morceau de papier tomba par terre juste aux pieds de la dévote. Elle le ramassa, et y lut le nom d'Amma et son étoile de naissance. Comprenant immédiatement le lien entre le bout de papier, le prêtre-sorcier et le rêve, elle se frappa la poitrine en criant : « Mais qu'avez-vous fait ? Avez-vous intenté quelque chose contre notre Mère ? Ô il nous sera impossible de vivre ! » Sur ces mots, elle éclata en sanglots. « Non, non, je n'ai rien fait, expliqua le prêtre. Une vieille dame est venue hier et n'a cessé de me répéter que je devais détruire cet endroit. Pour qu'elle cesse de me harceler, j'ai pris son papier et je l'ai posé là. »

Voyant qu'il était sincère, la femme se calma et lui dit : « Je vous en prie, venez voir par vous-même ce qui se passe là-bas. Vous comprendrez alors où est la vérité dans tout cela. » Le prêtre acquiesça et dit qu'il irait bientôt pour se rendre compte par lui-même de la situation.

Comme promis, il arriva à Idamannel au cours d'un *bhava darshan.* Apprenant la présence de ce prêtre abominable, une grande foule de croyants et d'incroyants se réunit et attendit avec impatience d'assister à sa rencontre avec Amma. Certains disaient : « Cet homme est un grand magicien. Il va mettre fin à tout ce qui se passe ici. » « Il ne fera rien du tout », répondaient les dévots, fermement convaincus.

Le sorcier était venu accompagné d'une femme âgée, à qui il donna un paquet de flocons de riz* à garder pendant qu'il entrait dans le temple. Il avait déjà décidé de se convertir si Amma parvenait à lui prouver qu'elle était réellement un être divin. Amma était en Krishna *bhava.* Elle lui donna une poignée de cendres sacrées et demanda : « N'es-tu pas venu ici pour répéter ce *mantra* ? », et elle murmura une formule obscure connue de lui seul. Il fut interloqué. « N'es-tu pas un adorateur d'Hanou-

* Grains de riz battus en flocons ressemblant aux flocons d'avoine.

man ? » poursuivit Amma. « Ne répète pas de formules maléfiques avec la langue qui chante son nom ! » Le prêtre était muet de stupeur. Personne au monde ne savait que son *upasana murthi** était Hanouman. Amma venait de révéler son plus grand secret. Mais elle ne s'en tint pas là : « N'as-tu pas demandé à une dame de t'attendre dehors avec des flocons de riz ? Koutchéla ** alla voir Krishna avec la même offrande. Mais note bien que Koutchéla offrit à Krishna les flocons de riz du renoncement et de la vérité. Ils étaient pleins de cailloux et de sable, mais le Seigneur ne pouvait pas s'en apercevoir car Il ne voyait que la dévotion pure et le cœur ouvert de Koutchéla. Il n'y avait ni pierre ni sable dans son offrande. Tout n'était qu'ambroisie. C'est pourquoi le Seigneur put en manger. Pourquoi as-tu emprunté du riz cru à ton voisin ? Après l'avoir vanné, pourquoi l'as-tu mélangé à des cailloux et à du sable avant de l'apporter ici ? »

Le prêtre était abasourdi. Entendant Amma énoncer ce qu'il avait fait dans les moindres détails, il éclata en sanglots. Saisi d'un profond remords, il demanda pardon pour toutes ses mauvaises actions et fut dès lors un dévot sincère d'Amma.

Nouveaux exploits du « Comité de Lutte contre les Superstitions »

Le comité se lança alors dans des actions encore plus infâmes contre Amma. Ses membres tentèrent d'influencer des hauts fonctionnaires de la police et des autorités gouvernementales afin qu'ils prennent des mesures contre le *bhava darshan.* Ces manœuvres donnèrent lieu à plusieurs enquêtes, officielles ou non, dont le seul résultat visible fut la conversion de nombreux enquêteurs !

Un soir, pendant le Dévi *bhava*, les trouble-fête exigèrent de

* Divinité d'élection.

** Un ardent dévot de Shri Krishna dont l'histoire figure dans le Srimad Bhagavatam.

la jeune femme en train de chanter les *bhajans* qu'elle s'arrêtât. « Je continuerai, rétorqua-t-elle. J'ai foi en Amma. » L'incident donna lieu à une querelle verbale qui se termina en bagarre entre les dévots et les voyous. Finalement, Sougounanandan arriva sur scène et les chassa.

Peu après leur départ, Amma appela son père pour le prévenir : « Ils sont partis déposer une plainte contre nous. Ils vont m'accuser d'abord et toi ensuite. Il faut que tu ailles voir les autorités avant eux pour les informer de ce qui s'est vraiment passé. » Sans prendre garde à ces paroles, le père répondit : « Ils ne vont pas porter plainte contre nous. La police ne viendra pas ici. » Amma insista à plusieurs reprises et Sougounanandan finit par se rendre à la gendarmerie. Il découvrit alors que la prédiction de sa fille était parfaitement exacte et exposa les faits clairement et sincèrement aux agents de police.

« Nous ne trompons personne. Il est vrai que ma fille manifeste des états divins et ce n'est qu'en venant voir par vous-mêmes que vous pourrez comprendre ce qu'il en est. Les dévots viennent chanter des chants sacrés. Il n'y a là rien de frauduleux. Le *prasadam** est constitué d'eau provenant de la fontaine publique et de cendre achetée à Oachira. Nous ne matérialisons pas des fleurs tombées du ciel. Celles que nous offrons ont été cueillies sur les arbres et les buissons. Nous ne faisons ni réclame ni propagande au sujet de ces états divins. Les gens viennent après avoir entendu parler des expériences de ceux qui ont assisté aux *bhava darshan*. Et en plus, tout cela se passe chez moi. Cela n'appartient à personne d'autre. Les mécréants viennent chez moi pour se battre et se quereller avec moi. Est-ce juste ? Je vous demande de nous protéger d'eux ! »

Les officiers ne purent rien répliquer aux propos de Sougounanandan et à sa sincérité pleine d'emphase. La plainte mensongère fut annulée. Furieux, les mécréants lançèrent en représailles un

* Offrande consacrée bénie par Dieu.

nouveau complot contre Amma. En ces années-là, elle sortait du temple et dansait en extase après avoir révélé son unité avec Dévi pendant le *bhava darshan*. Un soir, les voyous vinrent à Idamannel avec un panier plein d'épines acérées et empoisonnées. Une seule de ces épines suffirait à faire tomber inconscient toute personne dont elle percerait le pied.

Elles furent confiées à un groupe d'enfants du village à qui l'on avait demandé de les éparpiller par terre, là où Amma dansait. Ils devaient profiter du *diparadhana**, l'attention générale étant alors tournée vers la cérémonie et non vers eux. C'est exactement ce qu'ils firent. Quand Amma sortit du temple, elle annonça aux dévots ce qui s'était passé et leur ordonna de ne pas bouger. Puis elle commença à danser, en extase, tenant le trident et l'épée dans ses mains levées. Sa danse inspirait aux fidèles une terreur sacrée et ils avaient le sentiment que Kali elle-même, la destructrice du mal, dansait devant eux. Elle se déplaçait le long de la terrasse devant le temple quand, soudain, son épée trancha les cordes qui maintenaient les images au mur. Elles se fracassèrent sur le sol, éparpillant du verre brisé dans toute la pièce. Sans se préoccuper du danger, Amma continua sa danse, piétinant les morceaux de verre cassé comme s'ils étaient de simples pétales de fleur. Stupéfaits de ce spectacle, ceux qui étaient venus pour lui nuire attendaient encore, espérant voir ses pieds couverts d'épines se mettre à saigner et assister au moment où elle s'effondrerait par terre, incapable de supporter l'atroce douleur.

Amma descendit alors de la terrasse et s'avança tout droit vers l'endroit parsemé d'épines. Du bout de son épée, elle traça une ligne sur le sol et interdit à tous de la franchir. Puis elle franchit elle-même la ligne et dansa longtemps, piétinant les épines vénéneuses. Les malfaiteurs n'en croyaient pas leurs yeux. Ce spectacle qui glaçait le sang les rendit si nerveux qu'ils quittèrent précipitamment les lieux.

---

* Présentation de camphre enflammé devant Amma au début du Dévi *bhava*.

Quand Sougounanandan comprit ce qui se passait, il se mit à courir en tous sens, terrorisé à la pensée des pieds blessés de sa fille. Il arriva avec un baume pour traiter les plaies mais à son grand étonnement, il ne trouva pas la moindre trace d'égratignure.

Bien qu'ils eussent été maintes fois témoins de semblables miracles, les soi-disant rationalistes n'étaient toujours pas prêts à renoncer à leur jalousie et à leur inimitié envers Amma. Pour les villageois et les dévots, les événements extraordinaires qui se produisaient autour d'elle étaient une source d'émerveillement. Mais pour elle, éternellement établie dans la réalité suprême, ces incidents n'étaient que jeux d'enfants. Quand quelques dévots, profondément peinés par le harcèlement incessant que les malfaiteurs imposaient à leur Mère bien-aimée, lui en parlèrent, elle répondit : « Mes enfants, il n'y a pas de monde sans dualité. Tout cela ne devrait pas nous préoccuper. Les enfants d'Amma sont sur la terre entière. Ils ne se laisseront pas duper par ces actions. » Elle

conseilla aux dévots et aux membres de sa famille de rester calmes et patients. Ils suivirent implicitement ses conseils et endurèrent en silence la conduite abjecte des rationalistes.

Une autre fois, certains des plus jeunes membres du comité vinrent à Idamannel avec une intention malfaisante. Ils avaient décidé d'imiter la danse d'Amma pendant le *bhava*, pensant ainsi pouvoir tromper les dévots et la ridiculiser.

Quand ils arrivèrent, le *darshan* avait déjà commencé et Amma recevait ses enfants, un par un, avec amour. En même temps, elle appela quelques fidèles et leur exposa l'intention des jeunes de l'imiter en dansant. Elle interdit aux dévots de leur faire du mal et les envoya à l'extérieur après leur avoir donné les instructions nécessaires. Ils attendirent, vigilants. Peu après, un des jeunes commença à se donner en spectacle. Il tentait d'imiter certains des gestes d'Amma pendant ses états divins. Les dévots qui montaient la garde entourèrent le mystificateur et se mirent à le questionner. Incapable de leur répondre, il prit peur, comprenant la gravité de ce qu'il avait fait. Tous ses amis s'enfuirent aussitôt, le laissant seul. Dans sa confusion, il se mit à courir et finit par sauter dans la lagune ! Les dévots le tirèrent hors de l'eau. Ils lui donnèrent un avertissement sérieux, lui enjoignirent de ne jamais répéter un acte aussi impertinent, puis le renvoyèrent chez lui.

Les incroyants lancèrent alors le plan le plus audacieux et le plus macabre de tous. Ils embauchèrent un tueur pour qu'il pénètre dans le temple et poignarde Amma à mort pendant le *bhava darshan*. Un couteau dissimulé sous les vêtements, il entra dans le temple. Dès qu'elle le vit, Amma lui adressa un sourire bienveillant et continua à recevoir les dévots. Ce sourire eut sur lui un effet étrangement apaisant. Retrouvant la raison et comprenant la gravité de son erreur, il tomba aux pieds d'Amma et implora son pardon. Lorsqu'il sortit du temple, il était un autre homme. Remarquant l'étonnante métamorphose qui s'était opérée en lui, ses acolytes lui demandèrent s'il avait été lui aussi envoûté par Amma. Il leur sourit simplement et devint un de ses fervents dévots.

Au cours de cette période, il était impossible à Amma de marcher le long des routes et des chemins du village sans se faire insulter par ces frustes fauteurs de troubles. Ils se tenaient de chaque côté de son passage et se moquaient d'elle avec grossièreté. Ils encourageaient même les jeunes enfants du village à les imiter. Si c'était tôt le matin, ils se cachaient derrière les arbres ou les buissons et lui jetaient des pierres. Cette bande d'incultes ne limitait pas ses mauvais traitements à Amma ; toute la famille était devenue la proie de ce déplorable passe-temps. Dès qu'ils apercevaient l'un de ses membres, les voyous s'écriaient : « Tiens, voilà Krishna ! Tiens, voilà Krishna ! »

Quand ils n'avaient rien à faire de leur soirée, les rationalistes venaient au temple et contaient à Amma des histoires inventées de toutes pièces, dans l'espoir de révéler sa fraude aux yeux de tous. C'est ainsi qu'un homme vint vers elle en disant qu'il était aveugle. Amma pointa aussitôt l'index en direction de son œil comme si elle voulait le crever. L'homme fit un bond en arrière en criant : « Oh ! » et Amma déjoua ainsi la supercherie de celui qui pensait la prendre en faute.

Une autre fois, un jeune homme vint à elle et lui dit qu'il avait très mal au bras. Il pensait qu'elle allait le croire et se mettre à le masser. En fait, elle demanda à un *brahmachari* qui se tenait à proximité de lui frictionner le bras. Immédiatement, il éprouva une douleur atroce, exactement à l'endroit qu'il avait montré à Amma et, ne pouvant supporter l'intensité de la souffrance, il lui demanda pardon pour ses frasques d'enfant. Infailliblement, ceux qui venaient dans l'intention de démasquer Amma étaient eux-mêmes confondus.

« L'ennemi d'aujourd'hui est l'ami de demain »

Sougounanandan en avait assez d'entendre et de voir les absurdités incessantes et les actions malfaisantes des rationalistes. Une nuit, profondément contrarié, il vint trouver Amma au cours du Dévi *bhava* et lui dit : « Est-ce là la récompense que Dieu me donne ? Les gens me considèrent comme l'assassin de mon propre fils ! Je ne peux pas traverser le village sans recevoir des reproches. C'est une situation déplorable. Dévi devrait punir les malfaiteurs ! »

Amma répondit : « Attends. L'ennemi d'aujourd'hui est l'ami de demain. Qui devrais-je donc punir ? Ceux qui s'opposent à toi aujourd'hui épouseront demain tes filles. Console-toi en pensant que tout arrive selon la volonté de Dieu. Ton fils est parti mais des milliers de fils viendront bientôt. » Damayanthi était profondément affligée par la mort de son aîné. Amma lui dit : « Ne sois pas triste. À l'avenir, de nombreux enfants du monde entier viendront ici. Aime-les comme tes propres enfants. »

Tout en consacrant ses jours et ses nuits à consoler et à secourir les dévots, Amma trouvait toujours le temps de servir et d'aider les membres de sa famille durant les moments critiques de leur vie. Extérieurement, elle n'était qu'une jeune fille ordinaire ; elle faisait cependant parfaitement honneur à des milliers de dévots aussi bien qu'à ses propres parents, sans jamais dévier du sentier de la vérité et de la droiture. Son attitude à l'égard des membres de sa famille et la façon dont elle s'occupait d'eux était une source d'inspiration pour les dévots chefs de famille. Amma était un exemple parfait : elle montrait comment suivre un chemin spirituel tout en étant dévoué à son devoir familial, en demeurant pur et détaché.

Sougounanandan possédait bien un commerce de poissons, mais il n'était pas très rentable. Quand le *bhava darshan* commença à attirer chez lui un nombre considérable de gens venant de tout le pays, il finit par le fermer. Il ne pouvait d'ailleurs plus se concentrer sur ses affaires à cause de l'animosité des villageois et d'autres problèmes liés au *bhava darshan*. Il se vit dès lors contraint de passer tout son temps à Idamannel. Bien que cela ne semblât guère le préoccuper, il avait en outre trois filles à marier. Tous ses fils étaient à l'école. De temps à autre, un des membres de la famille tombait malade, ce qui nécessitait des soins médicaux.

Au début de l'année 1979, Sougounanandan dut être lui-même hospitalisé et il fallut l'opérer. Peut-être sa maladie était-elle due à ses tensions et à ses soucis. L'hôpital se trouvait à Kollam, à trente-cinq kilomètres au sud de Vallickavou. Il n'y avait personne pour assumer les corvées du ménage ni pour s'occuper de Sougounanandan à l'hôpital. Tous les proches étaient brouillés avec la famille, Kastouri travaillait loin, Damayanthi était clouée au lit par les rhumatismes et les garçons étaient soit trop jeunes, soit à l'école. Toute la charge retomba donc sur les épaules d'Amma.

Les jours de *darshan*, les dévots commençaient à arriver dès treize heures. Vers seize heures, Amma prenait place pour les *bhajans*, suivis du *bhava darshan* qui se poursuivait parfois jusqu'à huit ou neuf heures le lendemain matin. Amma ne quittait pas son siège dans le temple avant que tout le monde ait été reçu. Au milieu de tout cela, elle donnait des instructions aux chercheurs spirituels qui venaient solliciter ses conseils. Après le *darshan*, elle s'occupait de toutes les tâches ménagères comme elle l'avait fait pendant tant d'années. Elle préparait les plus jeunes et les envoyait à l'école. Une fois le travail accompli, elle partait pour Kollam apporter à Sougounanandan sa nourriture et tout ce dont il avait besoin. Tout au long de sa maladie, elle s'occupa de lui avec beaucoup d'attention et le servit avec un profond dévouement.

Les incroyants, qui ne laissaient jamais passer une chance d'importuner Amma, se moquaient d'elle et lui jetaient des pierres quand elle traversait le village pour aller à Kollam. Ils appelaient : « Krishna !... Krishna !... » Elle endurait en silence leur comportement ignorant et songeait : « Au moins comme cela, ils répètent le nom du Seigneur. » Un jour, l'un des voyous tenta même de l'attraper mais quand il s'élança vers elle, il glissa et tomba dans le fossé sur le bord de la route.

Sougounanandan se rétablit peu à peu mais Damayanthi dut

bientôt à son tour être hospitalisée, suivie de Souresh. Pendant toute cette période, ce fut Amma qui accomplit les tâches ménagères et s'occupa des membres de la famille hospitalisés.

Le chaos et la confusion régnaient alors au sein de la famille. Mais quelle que fût la situation, Amma, toujours calme et pleine de compassion, demeura un pilier solide, le soutien et le réconfort de la maisonnée. Imaginez la situation : le scandale provoqué par le suicide de Soubhagan, le refus de coopérer des proches, l'opposition des rationalistes, l'affluence de milliers de dévots pour le *bhava darshan* et trois filles à marier dans la maison. Il n'est pas surprenant que personne n'ait été enclin à conclure une alliance avec cette famille ! Quelqu'un venait-il d'un village lointain avec une proposition de mariage ? Certains habitants du village se chargeaient de le dissuader d'un tel projet avant même qu'il n'arrive à Idamannel ! Plusieurs fiancés potentiels avaient ainsi rapidement battu en retraite.

Et une fois de plus, Sougounanandan vint trouver Amma et lui dit : « À cause du *bhava darshan*, j'ai perdu mon honneur. Je ne peux même pas montrer mon visage au-delà des limites d'Idamannel. Les villageois et tous mes proches me haïssent et mes filles ne sont toujours pas mariées. Que puis-je donc faire ? »

Amma lui répondit : « Ce n'est pas le *bhava darshan* qui est la cause de tes peines. Tout arrive selon la volonté divine et tout adviendra au moment propice. Tu n'as pas besoin de t'inquiéter. » Mais cette fois-ci, Sougounanandan n'était pas d'humeur à se laisser consoler. Il se mit en colère : « Je vais avaler du poison pour me tuer ! » s'écria-t-il. À ces mots, Amma se tourna vers un portrait de Dévi et lui demanda, les larmes aux yeux : « Ô Mère pleine de compassion, ne puis-je apporter à ces gens que du chagrin ? »

Il n'était pas rare qu'en raison de la pression exercée sur elle par son père, Amma prît la décision de quitter Idamannel, allant même jusqu'à organiser les préparatifs de son départ. Mais chaque fois, son projet se heurtait à quelque mystérieuse obstruction.

Une fois de plus, Sougounanandan vint lui confier ses angoisses. Elle lui répéta : « Ne t'inquiète pas. Tes filles seront mariées d'ici peu. »

Un mois plus tard, sa prédiction se réalisa. Une offre de mariage arriva pour Sougounamma, venant d'une famille on ne peut plus inattendue puisqu'elle était radicalement opposée à Amma, et que le prétendant était l'un des meneurs du mouvement rationaliste. Ironie de l'histoire, maintenant que le mariage était arrangé, Sougounanandan disparut de la scène et toute la responsabilité des préparatifs de la noce retomba sur Amma ! Établie comme elle l'était dans un état de parfaite équanimité, rien ne semblait pouvoir ébranler son esprit d'initiative et son efficacité. La cérémonie fut un grand succès, malgré l'effacement du père de la mariée qui observait l'événement d'un œil distrait.

La prédiction d'Amma : « L'ennemi d'aujourd'hui est l'ami de demain » s'avéra vraie, et la même chose se produisit pour le mariage des autres filles.

Un proverbe malayali dit : « Le jasmin qui pousse devant la maison ne dégage aucun parfum. » Cela signifie que si quelqu'un devient célèbre, il ne sera jamais reconnu par sa propre communauté. Nombreuses sont les âmes droites qui ont expérimenté la vérité de cet adage et en ont souffert. Amma dit à ce sujet : « Imaginez que quelqu'un écoute une belle chanson à la radio. Il savoure avec plaisir la douceur de la mélodie, lorsqu'un ami proche vient lui dire : « Sais-tu qui chante cette chanson ? C'est Shankar, notre voisin. » Immédiatement, celui qui appréciait la chanson éteint la radio en disant : « Oh ! Quel mauvais chanteur ! C'est vraiment affreux ! » Mes enfants, telle est l'attitude des gens. Il leur est difficile d'accepter une personne qu'ils ont connue et fréquentée de près. » C'est ce qui se produisit dans le cas d'Amma.

Les circonstances qui l'entouraient étaient loin d'être plaisantes. Cette jeune fille de pêcheurs ne trouvait de soutien chez personne. Venus de différentes régions du pays, les dévots ne pouvaient rien contre l'ignorance et l'inculture des villageois qui tourmentaient Amma et, d'ailleurs, la plupart d'entre eux croyaient eux-aussi qu'elle était possédée par Krishna et Dévi pendant le *bhava darshan.* La profondeur et la plénitude de sa réalisation de Dieu leur échappaient totalement. De plus, durant ces premières années, la plupart des dévots venaient surtout pour des motifs matériels et non pas pour progresser spirituellement. Si leur désir était exaucé, ils ne revenaient que lorsqu'un autre se manifestait ; s'il ne l'était pas, on ne les revoyait plus et là s'arrêtait leur dévotion pour Amma. Amma ne possédait pas le moindre centimètre carré de terrain ni le moindre sou. Ses proches refusaient de l'aider et s'opposaient farouchement à elle. Les membres de sa propre famille se dressaient contre sa volonté et son désir ; ils ne l'aidaient ni ne l'encourageaient en aucune façon.

Un jour, des dévots interrogèrent Amma sur la somme extraordinaire de problèmes et de difficultés qu'elle avait affrontés pendant et après sa *sadhana.* Ils se demandaient tous comment ils pourraient jamais parvenir à la Réalisation s'il leur fallait endurer tant de souffrance car ils ne pensaient pas être capables de la supporter. Amma leur expliqua que sa vie prouvait simplement qu'il était possible de réaliser Dieu même dans les pires circonstances.

Le lecteur sera certainement très intéressé de savoir comment, au beau milieu de cette tourmente, Amma parvint cependant à fonder un ashram. C'est ce que raconte le chapitre suivant.

Chapitre X

La Mère de la béatitude immortelle

« Soyez toujours conscients qu'Amma est omniprésente. Ayez foi que son Soi et le vôtre sont un. Mes enfants, la mère qui vous a mis au monde s'occupe sans doute de ce qui relève de cette vie ; de nos jours, même cela est devenu très rare. Mais le but d'Amma est de vous guider de telle manière que vous connaissiez la béatitude dans toutes vos vies futures. »

— *Mata Amritanandamayi*

Trailōkya sphuta vaktāro
devādyasura pannagāha
guruvaktra sthitā vidyā
gurubhaktyā tu labhyatye

La sagesse du gourou, même les dieux des mondes
supérieurs ne peuvent nous l'enseigner ;
la connaissance du gourou s'éveille en celui
qui sert son gourou avec l'amour le plus pur.

— Gourou Gita
Verset 22

« Mes enfants, la fraîcheur de la brise, les rayons de la lune, l'immensité de l'espace et tout ce qui existe au monde, tout est imprégné de conscience divine. Connaître cette vérité et en faire l'expérience est le but de la vie humaine. En cet âge sombre, un groupe de jeunes, renonçant à tout, se mettra en route pour répandre la lumière spirituelle dans le monde. »

— Mata Amritanandamayi

C'est en 1976 qu'Ounnikrishnan, un jeune homme de vingt ans originaire de la ville d'Alappad, rencontra Amma. Il avait l'apparence d'un mendiant et bien qu'il eût une famille et un foyer, il ne leur rendait que rarement visite. Après avoir rencontré Amma, il éprouva le désir intense de mener une vie spirituelle. Comprenant son aspiration, elle lui confia un an plus tard le service du culte quotidien dans le temple et lui permit de vivre en sa présence. Il passait ses journées dans le petit temple, accomplissant la *puja* tous les matins et récitant le *Shri Lalita Sahasranama**, auquel Amma l'avait initié. Ensuite, il se consacrait à diverses pratiques spirituelles et passait le reste du temps à lire les Écritures et à composer des poèmes exprimant sa dévotion. Il dormait la nuit sur la terrasse devant le temple, avec pour tout matelas une mince serviette étendue sur le sol. Il était si calme et effacé qu'aucun des visiteurs n'aurait pu deviner qu'il habitait là. C'est ainsi qu'il devint le premier résident du futur ashram.

Le noyau de l'ashram fut formé vers la fin de l'année 1978 quand un groupe de jeunes gens de bonnes familles, renonçant à leur foyer, vinrent prendre refuge aux pieds d'Amma. Leur seul but était de réaliser Dieu et de servir l'humanité. Attirés par son charisme et son amour inconditionnel, ils aspiraient à mener, contre vents et marées, une vie divine. La plupart d'entre eux étaient originaires de la ville d'Haripad** et issus de familles très aisées. Après avoir rencontré Amma, ils furent profondément convaincus que le chemin qu'elle leur montrait était celui auquel ils désiraient consacrer leur vie.

En un mois, Balagopal (Balou, aujourd'hui Swami Amritaswaroupananda), Shrikoumar (Swami Pournamritananda), Ramesh Rao (Swami Amritatmananda), Venougopal (Swami Pranavamritananda) et Ramakrishnan (Swami Ramakrishnananda) vinrent demander humblement à Amma de les guider vers leur but. Sougounanandan les décourageait toutefois de demeurer en permanence auprès d'elle, essentiellement à cause de la présence de ses autres filles qui n'étaient pas encore mariées. Ces jeunes chercheurs spirituels étaient étudiants ou employés, sauf Balou qui venait de terminer ses études. Ils venaient voir Amma presque chaque jour, tout en continuant à assumer leurs responsabilités à l'extérieur de l'ashram.

* Mantra sacré composé des mille noms de la Mère divine.

** Une ville côtière à 65 kilomètres au nord de Vallickavou.

La conversion soudaine en chercheurs spirituels de ces jeunes gens tournés vers le monde leur créa de sérieux problèmes, tant au sein de leur famille qu'avec leurs amis. Leurs proches considéraient Amma comme une sorcière qui avait hypnotisé leur fils en usant de magie. Toujours prêts à se porter en accusateurs, les rationalistes prirent l'affaire en main et commencèrent à alimenter les médias d'histoires sensationnelles, en espérant provoquer une réaction publique contre Amma.

Les jeunes chercheurs et les dévots s'inquiétaient des calomnies parues dans les journaux. Quand Amma eut vent de leurs soucis, elle éclata de rire et dit : « Nous ne sommes pas ces lettres et ces mots imprimés sur un bout de papier. Continuez vos pratiques spirituelles sans perdre de temps à vous inquiéter de cela. Ceux qui s'opposent à nous aujourd'hui se convertiront demain. » Cette déclaration s'avéra parfaitement vraie.

En novembre de cette année-là, un jeune étudiant vint à Idamannel pour rencontrer Amma et dès cette première visite, un grand changement s'opéra en lui. Il revint la voir de temps en temps, aussi souvent qu'il le pouvait. Il éprouvait le désir intense de renoncer au monde et demanda à Amma où s'installer pour poursuivre ses pratiques spirituelles. En ce temps-là, Sougounanandan chassait en effet tous les jeunes chercheurs spirituels désireux de vivre auprès de sa fille. Un soir, le jeune homme se trouva lui aussi confronté à Sougounanandan qui lui ordonna de quitter Idamannel. Blessé, il demanda à Amma de lui indiquer un endroit où continuer ses pratiques. Elle lui suggéra d'aller à Tirouvannamalaï* et lui enjoignit d'observer un vœu de silence pendant quarante et un jours.

Avant de partir, il demanda : « Ammachi**, si Sougounanandan continue de se comporter ainsi envers les dévots, comment

---

* Un lieu saint situé à cinq heures de Madras, dans le Tamil Nadou, où vécut le grand sage Ramana Maharshi.

** « Mère vénérable » ; marque de respect.

ce lieu pourra-t-il jamais devenir un ashram ? Il te maltraite, ainsi que tous ceux qui veulent rester auprès de toi. Amma, tu rencontres en ce moment tant de difficultés. Je ne supporte pas de te voir souffrir ainsi. N'y a-t-il personne pour prendre soin de toi ? » Elle le consola en disant : « Ne t'inquiète pas. Tout s'arrangera quand tu reviendras d'Arounachala*. Il y là-bas des gens qui prendront soin d'Amma et du futur ashram. Ce sont mes enfants, originaires de pays étrangers, et ils attendent avec impatience de me rencontrer. Le jour viendra où Sougounanandan t'accueillera avec amour et affection. »

Le jeune homme demanda alors à Amma une montre pour observer fidèlement son emploi du temps quotidien et un rosaire en graines de *rudraksha*** pour répéter son *mantra*. « Tu ne devrais pas demander ce genre de choses à Amma, lui répondit-elle, ni même t'en préoccuper. Un chercheur véritable n'a pas besoin de se déplacer ; tout ce dont il a besoin vient naturellement à lui. Regarde l'araignée et le python. Ils ne chassent pas. L'araignée est tranquillement installée dans sa toile et les petits insectes viennent d'eux-mêmes s'y faire piéger. C'est le devoir de Dieu de prendre soin de Ses dévots. Abandonne tout à Ses pieds, va à Arounachala, et ce dont tu as besoin te sera donné. »

Chérissant Amma dans son cœur et gardant son amour infini présent à l'esprit, le jeune homme partit pour Tirouvannamalaï avec l'argent donné par un ami. Arrivé dans la demeure sacrée du Seigneur Shiva, il passa quelques jours dans une grotte sur la montagne sainte d'Arounachala. Les deux premiers jours, il se nourrit de feuilles et d'eau. Au soir du troisième jour, il tomba d'inanition, appelant tout haut : « Amma ! » Dans une lettre qu'il lui adressa, il écrivit : « Il était à peu près dix-sept heures

* La montagne sacrée de Tirouvannamalaï, révérée comme étant la première incarnation du Seigneur Shiva sur terre.

** Une graine de couleur brune, connue pour ses bienfaits tant sur le plan physique que spirituel.

quand je me suis évanoui de faim. J'étais étendu par terre, sur la montagne, dans un état à demi conscient. C'est alors que j'ai entendu clairement la voix d'Amma appelant : « Mon fils ! » J'ai senti que quelqu'un me frottait doucement le front. Quand j'ai ouvert les yeux, j'ai vu Amma debout devant moi, dans ses vêtements blancs. Cette vision m'a profondément ému ! »

Quand Amma reçut cette lettre, les dévots se rappelèrent qu'au même moment, à Vallickavou, elle avait soudain crié : « Oh ! Mon fils ! » et s'était tournée vers un dévot assis près d'elle, disant : « Mon fils est à Tirouvannamalaï, il est affamé depuis trois jours et pleure maintenant pour me voir ! » Après cet incident, le garçon n'eut plus la moindre difficulté pour trouver régulièrement de quoi se nourrir.

En l'absence d'un lieu convenant à ses pratiques spirituelles, le jeune homme passait ses journées sur la montagne et dormait la nuit au pied de la colline. Il rencontra un jour en descendant de la montagne une jeune femme australienne nommée Gayatri. Quelques jours plus tard, il rencontra Madhousoudhan (aujourd'hui Swami Premananda), un natif de l'Île de La Réunion dont les ancêtres avaient émigré d'Inde. Tous trois se sentirent liés par un courant d'amour. Se souvenant alors des paroles d'Amma, le jeune homme eut la conviction qu'il étaient tous deux ses enfants. Il leur parla d'elle et leur montra une petite photo. Gayatri fut subjuguée par la béatitude qui émanait d'elle et par ses yeux rayonnants.

Gayatri essayait régulièrement de méditer, mais elle n'était pas satisfaite de ses progrès spirituels. C'est après après avoir vu la photo d'Amma et entendu parler de son amour désintéressé et de sa compassion, qu'elle eut sa première expérience spirituelle. Selon ses propres paroles : « Je vis un faisceau de lumière à l'intérieur de moi-même et discernai dans cette lumière la forme vivante de la Mère. Soudain jaillit en moi ce cri : « Amma ! Amma ! Amma ! » Puis toutes les pensées s'évanouirent et le silence envahit mon esprit. Lorsque je rouvris les yeux et regardai l'heure, je vis que vingt minutes s'étaient écoulées. Je n'avais eu conscience de rien. »

Madhou, désireux de partager la joie qu'il avait éprouvée à entendre parler d'Amma, présenta le garçon à un dévot américain nommé Nealou*. De nature contemplative, Nealou avait passé les onze dernières années à Tirouvannamalaï, au service de son maître spirituel, un disciple direct de Shri Ramana Maharshi. Ce maître était décédé quatre ans auparavant. A cette époque, il passait le plus clair de son temps au lit, souffrant de douleurs aiguës à l'estomac et dans la colonne vertébrale dont les médecins désespéraient de trouver la cause ou le remède.

Lorsqu'il apprit les difficultés du jeune homme, toujours à la recherche d'un endroit où méditer, Nealou l'invita à emménager dans la petite maison qui avait servi à son maître. Au début, il ne montra guère d'intérêt quand le jeune homme lui parla d'Amma. Il avait déjà rencontré de nombreux saints et n'avait qu'un désir : guérir de sa maladie pour pouvoir continuer sa *sadhana*. C'est pour ce motif qu'il exprima le désir de rencontrer Amma lorsque le jeune chercheur spirituel, une fois son vœu de silence achevé, rentrerait au Kérala. Puis il donna au jeune *sadhak*** une montre et un rosaire de *rudraksha*, pensant que ces objets lui seraient utiles dans sa pratique spirituelle. Se souvenant des paroles d'Amma selon lesquelles tout viendrait à lui sans qu'il le demande, le jeune homme fut profondément ému et commença son vœu de silence avec enthousiasme.

Un jour, tandis qu'il marchait autour d'Arounachala, il remarqua un Occidental qui psalmodiait des versets en tamoul tout en faisant le tour de la colline avec un groupe. C'était le jour de l'anniversaire de Shri Ramana Maharshi. Lorsqu'il regarda l'homme, celui-ci le regarda également, mais d'un air un peu hautain. « Malgré sa fierté, il semble lui aussi être un enfant

---

* Prononcer *Nilou.*

** Aspirant spirituel.

d'Amma » songea le jeune homme. Cet homme était un Français appelé Ganga qui vint effectivement vivre auprès d'Amma.

Après quarante et un jours de silence, le jeune homme retourna à Vallickavou en compagnie de Nealou. La première rencontre de Nealou avec Amma fut extrêmement marquante.* Voici son récit : « Durant les quatre premiers jours passés à Vallickavou, je ressentais une telle béatitude en présence d'Amma que j'avais vraiment l'impression d'être au paradis. Un soir, alors que s'achevait le Dévi *bhava*, Amma se tenait près de la porte du temple et j'étais debout à l'extérieur, les yeux rivés sur elle et les mains jointes. Je débordais de joie. C'est alors que je vis sa forme physique disparaître et se transformer en un rayonnement qui allait croissant et se répandait alentour, englobant tout ce qui était visible. Cette lumière en expansion se contracta soudain en un point fulgurant d'une brillance insupportablement éclatante, et j'eus alors l'impression que cela pénétrait en moi. Pendant trois jours, l'ivresse spirituelle causée par cette expérience m'empêcha de dormir. Je ne pensais qu'à Amma, jour et nuit. Je pris la décision de rester auprès d'elle jusqu'au terme de ma vie pour qu'elle me guide et pour la servir. »

Nealou retourna avec le jeune homme à Tirouvannamalaï régler ses affaires, et revint à Vallickavou accompagné de Gayatri, qui désirait ardemment servir Amma. Curieusement, Sougounanandan les accueillit comme s'ils étaient ses propres enfants. Et pour la première fois en trois ans, Nealou se sentit un peu soulagé de sa maladie et put se déplacer pour effectuer de menus travaux.

À son retour de Tirouvannamalaï, il exprima son souhait à Amma : « Je ne veux plus partir d'ici. Je désire rester avec toi

* Cette première rencontre est décrite en détail dans le livre de Nealou, *Sur le Chemin de la Liberté — Un Pèlerinage en Inde*, de Swami Paramatmananda, publié par M.A.Math, Amritapouri, traduction française de l'original anglais *On the Road to Freedom — A Pilgrimage to India*, by Neal Rosner, M. A. Center, USA.

pour toujours et être ton humble serviteur. » « Mon fils, lui répondit-elle, pas un seul centimètre carré de terre ne m'appartient. Demande au père. En tous cas, nous avons besoin d'un endroit pour vivre. »

La surprise fut générale lorsque Sougounanandan accepta de donner une petite parcelle de terrain sur laquelle Nealou fit construire une modeste hutte en palmes tressées. Elle mesurait en tout et pour tout trois mètres sur cinq. Un coin fut aménagé en cuisine pour confectionner des boissons pour Amma mais les repas quotidiens étaient toujours préparés dans la maison principale. Cette hutte abritait Amma, Nealou, Balou et Gayatri. C'est ainsi que, de façon non officielle, commença l'ashram.

Après sa première rencontre avec Amma, Balou quitta son foyer et passa le plus clair de son temps en sa présence. Il eut la chance d'obtenir de Sougounanandan la permission de vivre à Idamannel et lorsque Nealou revint de Tirouvannamalaï pour s'installer auprès d'Amma, Balou en fit autant.

Après Nealou et Gayatri, Ganga et Madhou vinrent eux aussi s'établir aux pieds d'Amma. Mûs par une profonde dévotion, ils lui offrirent tout ce qu'ils possédaient mais elle refusa en disant : « Si vous purifiez votre caractère et atteignez la perfection spirituelle, ce sera là ma richesse. Celui qui réalise l'Essence en lui-même la perçoit en tous et le monde entier lui appartient. »

Une nuit, un voisin réveilla Ganga pour lui emprunter sa lampe de poche. Sa fille souffrait d'une grave crise d'asthme et devait être transportée d'urgence à l'hôpital, en pleine nuit. Quelques heures plus tard, l'homme revint et lui rendit sa lampe de poche. Le lendemain matin, Ganga raconta l'incident de la nuit à Amma et ajouta qu'il avait eu envie de tordre le cou à cet homme qui l'avait dérangé dans son sommeil. Amma le réprimanda :

« Quel genre de chercheur spirituel es-tu ? Qu'as-tu gagné à mener une vie spirituelle pendant toutes ces années avant de venir ici ? Cette attitude en est-elle le fruit ? Tu sembles croire que tu es un adepte de la voie de la connaissance mais en tant que tel, tu devrais voir en tous ton propre Soi. Comment as-tu pu alors te mettre en colère contre cet homme ? Si tu t'étais planté une épine acérée dans le pied, tu souffrirais et tu n'aurais pas de repos avant de l'avoir extirpée ? Imagine combien cet homme désirait soulager sa fille de ses souffrances. Tu devrais ressentir la peine et la douleur de tous les êtres vivants comme si elles étaient tiennes. Alors seulement, ton esprit s'élargira et deviendra vaste comme le ciel, qui pourvoit de façon égale aux besoins de tous. Pour cela, ton esprit doit devenir innocent comme celui d'un enfant et cela n'est possible qu'en cultivant une pure dévotion envers Dieu. »

Ganga répliqua d'un ton moqueur : « Intellectuellement, la dévotion n'est pas satisfaisante. Suivre la voie de la dévotion dénote une certaine faiblesse. À quoi servent cet étalage d'émotion, ces larmes et ces chants ? Je n'en suis pas capable. Shri Ramana Maharshi n'a jamais prescrit la voie de la dévotion. Il ne conseillait à ses disciples que celle de la connaissance et c'est aussi celle que je préfère, car elle satisfait l'intellect. Elle est plus convaincante. » Voilà ce que Ganga pensait de la dévotion quand il rencontra Amma. Elle répliqua en souriant :

« Je viens juste de constater le fruit de tes pratiques à suivre la voie de la connaissance. Si c'est là le résultat, alors tu n'as pas besoin de te fatiguer à vivre une vie de sacrifice et de renoncement. Tu peux aussi bien savourer les plaisirs des sens ! As-tu lu tous les textes écrits par Shri Ramana et sur lui ? Fais-le, si tu ne l'as pas déjà fait, car de nombre de ses œuvres traitent de la dévotion. Il était lui-même une incarnation de la dévotion au Seigneur Arounachala. S'il entendait prononcer ce nom, des larmes d'amour divin lui montaient aux yeux. La dévotion n'est pas un signe de faiblesse mentale, comme tu le penses. C'est ce qu'un être humain peut atteindre de plus élevé. C'est percevoir Dieu de façon égale en chaque être ; c'est l'amour pur d'une existence sans égoïsme. Mon fils, tu devrais cultiver en toi l'amour. »

Peu convaincu de ce qu'il venait d'entendre, Ganga partit

pour Tirouvannamalaï. À sa grande surprise, il tomba par hasard sur une œuvre de Shri Ramana traitant de la dévotion et, se souvenant des paroles d'Amma, il fut envahi par un sentiment d'amour irrésistible et se mit à pleurer. Il pria Amma de le rappeler à elle, en sa divine présence. C'est à ce moment-là qu'Amma, connaissant son état intérieur, écrivit une lettre et lui demanda de revenir. Il réalisa alors clairement sa grandeur et s'abandonna à ses pieds en toute humilité.

Avant de venir vivre auprès d'Amma, Madhou avait rencontré un grand nombre de saints, mais lorsqu'il la vit pour la première fois, il eut le sentiment d'être parvenu au terme de son voyage. Se dévouant à elle corps et âme, il entreprit de réunir tous les commentaires sur la Shrimad Bhagavad Gita et de les traduire en français pour le bénéfice spirituel des dévots francophones. Sous l'inspiration d'Amma, il fit connaître sa mission spirituelle dans son île natale de La Réunion et y construisit un bel ashram dédié à Amma.

En ce temps-là, Amma passait la plupart de ses nuits dehors et tout le monde préférait donc dormir sur le sable au pied d'un cocotier. Même lorsqu'elle se reposait dans la hutte, elle se relevait au milieu de la nuit et sortait pour aller s'étendre à la belle étoile. Le fait est qu'elle dormait peu, mangeait peu et se donnait sans compter. Même après être restée assise une nuit entière dans le temple pour donner son *darshan*, trois fois par semaine, elle trouvait toujours du temps dans la journée pour rencontrer les dévots et guider les chercheurs spirituels qui lui demandaient conseil.

Nealou et Gayatri éprouvèrent au début de grandes difficultés pour s'entretenir avec Amma et ils sollicitaient sans cesse l'aide de Balou. Mais ils apprirent peu à peu le malayalam. Au cours de cette période, Balou eut la grande chance de servir Amma car il n'y avait personne d'autre pour s'occuper d'elle.

Un jour, Sougounanandan déclara avec grossièreté qu'il n'était pas disposé à nourrir les *saippus* (étrangers). Dès lors, Gayatri cuisina dans la hutte pour Amma, Nealou, Balou et elle-même. Amma ne mangeait presque rien. Quelquefois sur l'insistance de Nealou ou de Balou, elle mangeait un peu, pour la forme.

Un jour, Nealou insista à plusieurs reprises pour qu'elle prenne un peu de nourriture. Elle déclara finalement : « D'accord, je vais manger. Donne-moi quelque chose. » Sans attendre, Nealou lui apporta une assiette pleine de nourriture, qu'elle avala en un clin d'œil. Il lui apporta une autre assiette de nourriture, qu'elle ingurgita en un rien de temps ; elle le regarda ensuite, paraissant attendre la suite, sans bouger. Il la servit encore une fois, et tout fut englouti. Amma mangeait, mangeait, et quelle que fût la quantité servie, elle n'était jamais rassasiée ! Tous se regardaient, étonnés. Quelqu'un apporta encore de la nourriture du stand de thé voisin, qu'elle consomma sans délai. Nealou était pâle et exténué ! Il n'insista jamais plus pour qu'Amma mange.

D'autres conflits familiaux surgirent au cours de cette période. Deux mois seulement s'étaient écoulés depuis le mariage de Sougounamma que déjà, Sougounanandan arrangeait à la hâte les mariages de ses deux autres filles. Sans demander le consentement de personne, il fixa le jour du mariage de sa fille aînée Kastouri après avoir transmis son accord à la famille du prétendant. Amma elle-même n'en fut informée que plus tard.

Comment célébrer la noce sans argent ? Tel était le problème. Sougounanandan n'avait aucun revenu et les caisses du temple étaient vides. Selon son habitude, le père en profita pour s'éclipser. Amma demeurait calme mais Balou était triste : « Amma, que va-t-il se passer ? Comment célébrer le mariage ? » « Amma, je vais donner tout ce que j'ai », dit à son tour Nealou. « Le devoir du disciple est de prendre en charge les responsabilités de son gourou. Rien ne m'appartient : tout ce que j'ai est à Amma. Par conséquent, organise le mariage de Kastouri avec l'argent dont je dispose. »

Amma répondit : « Après leur mariage, les filles mèneront une vie ordinaire, orientée vers le monde. La richesse que tu possèdes est destinée à la spiritualité et ne doit être dépensée que dans ce but. Si nous la donnons à des gens ordinaires, cela leur fera du tort. Et nous en serons également affectés, ainsi que notre cheminement. Si c'est Dieu qui a conduit Sougounanandan à arranger le mariage, que Dieu le célèbre également. Nous n'avons pas à nous en préoccuper. Si le père ne se fait pas de souci, pourquoi devrions-nous nous en faire ? Mes enfants, ne nous tracassons pas à ce sujet. »

Elle commença à organiser les préparatifs sans dire un mot, tandis que Sougounanandan restait à l'écart. Balou en était très peiné et il annonça à Amma : « Je vais aller chez moi chercher ma part d'héritage. » Mais elle s'y opposa catégoriquement. Balou écrivit alors à des dévots pour solliciter leur aide financière mais quand Amma vint à l'apprendre, elle le réprimanda sévèrement : « Mon fils, essayons d'affronter cette situation dans le calme. Il n'y a aucune raison de s'énerver. »

Enfin tout fut prêt, à l'exception d'un détail : cinq milles roupies. Cette somme était absolument nécessaire pour faire face aux dépenses du mariage. Au bout de quelques jours, un chèque de cinq mille roupies arriva, envoyé par un donateur anonyme de Chennai* qui avait récemment entendu parler d'Amma. C'est ainsi qu'à la mi-septembre 1980, on célébra les noces de Kastouri.

Trois mois plus tard, Sougounanandan fixa le jour du mariage de Sajani, après quoi il disparut de nouveau, abandonnant la partie difficile à Amma. La responsabilité de trouver l'argent nécessaire pour couvrir les frais de la dot, de la cérémonie du mariage et de la confection des bijoux en or de la mariée, retomba entièrement sur les épaules d'Amma.

Cette fois Balou n'était plus triste, il était en colère ! Amma était elle aussi mécontente du manque de discernement de son père. Pourtant, malgré son déplaisir, elle resta calme et accomplit efficacement sa tâche. La famille du marié demanda davantage d'or et comme d'habitude, les finances restaient un grand point

* Nouveau nom de Madras.

d'interrogation. Amma tenait absolument à ce que pas un centime de l'argent réservé à la vie spirituelle ne soit dépensé pour le mariage, et elle ne permettait pas non plus d'en emprunter. Alors, que faire ?

C'est à ce moment-là que Kastouri quitta la maison de son mari à la suite d'un différend et revint à Idamannel. Apprenant qu'ils avaient besoin d'or, elle proposa : « Écoutez, pour le moment, vous pouvez prendre mes bijoux pour marier Sajani. Vous me les rendrez plus tard. » Tout était donc prêt, hormis un collier et une bague qui manquaient encore, deux jours avant la cérémonie. Mais Amma demeurait toujours aussi sereine et détachée. Le matin suivant, après le *bhava darshan*, Gayatri nettoyait le temple lorsqu'elle remarqua un petit paquet parmi les offrandes. Quelle ne fut pas sa surprise quand, en l'ouvrant, elle découvrit à l'intérieur un collier et une bague correspondant exactement à la description des bijoux nécessaires pour le mariage ! Le style même des ornements était identique à celui choisi un mois plus tôt ! Quelle autre preuve était nécessaire pour démontrer que la volonté divine prend soin de tout ?

Pourtant, les difficultés ne s'arrêtèrent pas là. Quelques dévots locaux firent part de leurs objections à Sougounanandan. Pourquoi avait-il conclu une alliance avec ses ennemis d'hier ? Les fils des dévots ou de ceux qui lui étaient favorables n'étaient-ils pas assez bien pour lui ? Quelques jeunes hommes, amis proches de Soubhagan avaient éprouvé le désir d'épouser ses sœurs mais à présent, ils se retournaient contre lui. Ainsi, lorsque les ennemis deviennent des parents, les alliés du passé se transforment en ennemis. Ils vinrent chercher querelle à Sougounanandan et fomentèrent une conspiration pour empêcher le mariage de Sajani. Dans l'espoir de l'annuler, ils répandirent des histoires scandaleuses qu'ils allèrent raconter au futur époux. Et jusqu'à la veille de la cérémonie, tout le monde se demandait s'il serait possible de célébrer le mariage.

Le jour des noces, Amma envoya les *brahmacharis* chez un voisin, comme elle l'avait déjà fait lors des deux mariages précédents. Elle agissait ainsi dans leur intérêt car il valait mieux qu'ils ne participent pas à ce genre de cérémonie. Amma explique : « Un chercheur spirituel ne devrait pas prendre part à des noces ni à des funérailles. Lors des noces, chacun pense au mariage, qui est une servitude, et lors des funérailles, c'est la perte d'un être mortel que l'on déplore. Dans les deux cas, les participants se concentrent sur des sujets éphémères et ces ondes de pensées sont nuisibles à un chercheur. Les vibrations profanes pénètrent la partie subconsciente de son mental et le chercheur devient alors avide de choses dépourvues de réalité. »

Le principal obstacle à l'installation des *brahmacharis* à Idamannel avait donc disparu : les trois sœurs étaient à présent mariées. De plus, les incroyants et les rationalistes, reconnaissant leur défaite totale, se retirèrent les uns après les autres. Certains comprirent que leurs actes irrationnels n'avaient aucun sens et quittèrent définitivement le mouvement. Ceux qui restaient se disputèrent et le « Comité de Lutte contre les Superstitions » fut dissout. Venus pour s'opposer à la vérité et à la droiture, ses membres devinrent les instruments de leur propre destruction. Ces événements marquèrent le début d'une nouvelle phase dans le service spirituel d'Amma en vue de soulager l'humanité souffrante et de lui transmettre son message.

Face aux épreuves et tribulations que lui firent subir aussi bien ses proches que les incroyants, l'attitude d'Amma est exceptionnelle. Elle déclara un jour :

« C'est par ignorance qu'ils parlaient et agissaient ainsi, c'est parce qu'ils n'étaient pas capables de comprendre l'importance et le but de la vie spirituelle. Alors pourquoi éprouver de la colère envers eux ou cesser de les aimer ? C'est nous qui ferions alors preuve d'ignorance et cela ne servirait qu'à polluer notre esprit. Regardez ces roses fraîches, comme elles sont belles ! Quel parfum délicieux ! Mais que leur donnons-nous pour qu'elles s'épanouissent ? Des feuilles de thé et un peu de bouse de vache. Quelle différence entre ces fleurs magnifiques et le fumier dans lequel elles poussent ! En comparaison de leur beauté et de leur parfum, ce fumier est-il digne d'elles ? De même, les obstacles sont les engrais qui nous rendent plus forts spirituellement. Ils contribuent au plein épanouissement de notre cœur. La nature des cigales est de chanter la nuit mais leur chant n'a jamais empêché personne de dormir. Ainsi, la nature des ignorants est de créer des troubles. Nous devons donc prier Dieu qu'Il leur pardonne et les conduise sur la voie juste. Remettez tout entre les mains de Dieu et il prendra soin de vous. »

La Mère de la béatitude immortelle

Le premier groupe de *brahmacharis* put alors venir vivre aux pieds d'Amma, grâce à la tranquillité dont jouissait Sougounanandan après le mariage de ses filles. En dépit du manque de confort, si grand était leur désir de vivre en présence d'Amma qu'ils se souciaient peu des conditions primitives en matière de nourriture, de vêtements et de logement. Ils vivaient dehors la plupart du temps et dormaient à même le sol, sans natte. Tout ce qu'ils recevaient leur venait sans qu'ils le demandent et ils le partageaient. N'ayant pas d'argent, lorsqu'ils devaient aller quelque part ils s'y rendaient à pied. Et bien qu'aucun d'eux n'eût de vêtements de rechange, ils se débrouillaient d'une façon ou d'une autre. L'un d'eux se plaignit un jour à Amma que sa seule tenue était sale et usée. « Mon enfant, ne demande pas à Dieu des choses aussi insignifiantes, répondit Amma. Abandonne-toi à Ses pieds et il Te donnera tout ce dont tu as besoin. » Amma avait elle-même vécu ainsi et parlait donc à partir de sa propre expérience. Le jour suivant un dévot, qui ignorait leur situation, leur apporta à chacun une tenue de rechange.

L'austérité des conditions de vie dans les premiers temps de l'ashram constitua pour ces jeunes gens une initiation parfaite en matière de renoncement. Pour leur donner du courage, Amma disait : « Si vous pouvez endurer les conditions dans lesquelles nous vivons ici, vous serez à l'aise partout. Si vous vous montrez aujourd'hui plus forts que l'adversité, vous pourrez ensuite affronter facilement toutes les crises et tous les défis de l'existence. »

Comme le nombre de dévots et de *brahmacharis* résidents ne cessait de croître et que le confort ne s'améliorait pas, l'idée naquit de fonder officiellement un ashram. La situation ne semblait toutefois guère prometteuse, Amma n'ayant ni terrain ni argent. La parcelle de terre sur laquelle Nealou avait construit la hutte appartenait au père d'Amma et bien qu'il eût donné son autorisation à Nealou, Balou et Gayatri de vivre à Idamannel, Sougounanandan n'avait jamais envisagé l'idée que son foyer puisse devenir un jour un ashram. L'idée de devoir loger un nombre croissant de personnes ne lui souriait guère. Un jour qu'Amma évoquait la possibilité de créer un ashram, il avait très clairement exprimé son point de vue : « Qu'est-ce que c'est que ça ? Est-ce que nous avons de la fortune et des biens, ici ? Comment gérer un ashram ? Où irons-nous vivre, si la maison devient un ashram ? Non ! Je n'autoriserai pas la fondation d'un ashram en ce lieu ! »

Amma non plus n'était pas très favorable à la création officielle d'un ashram au départ. Lorsque des dévots lui avaient soumis cette proposition, elle avait répondu : « Amma a entendu beaucoup de choses à propos des ashrams. Elle n'en a pas besoin. N'est-ce pas un esclavage ? Avez-vous déjà vu le diseur de bonne aventure marcher dans la rue avec son perroquet en cage, enchaîné au service de quelqu'un d'autre ? Amma finira par se retrouver dans une situation similaire. Je ne peux pas agir ainsi. Amma a sa liberté, il ne faut pas l'entraver. »

Toutefois, comme le nombre des dévots et des disciples augmentait, il devint très vite indispensable de fonder un ashram. La loi indienne interdisait en outre aux étrangers de demeurer pour une longue période chez un particulier. Amma fut donc bientôt convaincue qu'il était nécessaire de former un centre spirituel approuvé par le gouvernement. Et, lorsqu'on sollicita l'opinion d'Amma quant à la marche à suivre, elle répondit malicieusement : « Les membres de la famille n'établiront jamais d'ashram. Ils ont un autre *samskara**. N'attendons pas leur permission ; ils ne coopéreront jamais. Mais nous pouvons nous attendre à quelques remontrances de leur part ! »

C'est ainsi que le 6 mai 1981, en vue de préserver et de propager les idéaux et les enseignements d'Amma, le Mata Amritanandamayi Math et le Mata Amritanandamayi Mission Trust furent fondés et enregistrés sous le « Literary and Charitable Act » de l'État de Travancore-Kochi de 1955, à Kollam, dans le Kérala, en Inde du Sud. À compter de ce jour, Amma adopta officiellement le nom de « Mata Amritanandamayi » qui lui fut donné par l'un de ses enfants *brahmacharis.* « Mère de la béatitude immortelle » : ce nom lui convenait parfaitement.

Vers cette époque, un des *brahmacharis* avait besoin de livres spirituels et il demanda à Amma de choisir pour lui un numéro de loterie. Le premier prix devait recevoir quelques ouvrages spirituels. Elle lui dit : « Pourquoi nourrir de tels désirs ? Tu disposeras bientôt d'un grand nombre de livres ! » Quelque temps plus tard, Nealou décida de transférer à l'ashram de Vallickavou sa bibliothèque de Tirouvannamalaï, qui comptait plus de deux mille livres. Ainsi naquit la bibliothèque de l'ashram.

Le 27 août 1982, une école de Védanta *(Vedanta vidyalaya)* fut inaugurée afin de transmettre la connaissance traditionnelle du Védanta et du sanskrit aux résidents de l'ashram. Néanmoins, Amma rappelle toujours aux *brahmacharis* que la méditation est plus importante qu'une simple connaissance livresque. L'emploi du temps quotidien de l'ashram comportait alors de six à huit heures de méditation pour l'ensemble des résidents. Ceux qui souhaitaient consacrer tout leur temps à la méditation y étaient encouragés. Amma dit :

« Les Écritures ne sont que des panneaux indicateurs. Elles représentent un moyen et non une fin en soi. La fin se situe au-

* Culture. Tendance mentale.

delà. Celui qui a étudié l'agriculture sait comment semer des graines, quand mettre des engrais, comment se débarrasser des parasites et les empêcher de revenir, et ainsi de suite. De même, l'étude des Écritures nous fournit des indications sur la façon d'accomplir nos pratiques spirituelles. »

Ajoutons qu'un changement profond s'est produit dans l'attitude de la famille d'Amma et des villageois. Conscients de sa divinité, ils sont fiers à présent d'être membres de sa famille ou de vivre dans le même village. Sougounanandan et Damayanthi se sont souvent demandé quels actes méritoires ils avaient bien pu accomplir dans leurs vies passées pour devenir les « parents » de la Mère divine elle-même. Ils sont aujourd'hui une famille exemplaire et jouent avec amour le rôle de père et de mère envers tous les *brahmacharis* de l'ashram, les considérant comme leurs propres enfants.

Aujourd'hui, le Mata Amritanandamayi Math est un centre spirituel en pleine expansion dirigé par Amma, très soucieuse de le gérer selon les anciennes traditions de cette terre sacrée de l'Inde. Les résidents eux-mêmes s'occupent de tous les travaux de l'ashram et chacun participe au moins une heure par jour à l'entretien, au nettoyage, au soin des vaches, etc. L'ashram est considéré par les nombreux dévots d'Amma comme leur foyer spirituel, terre fertile où l'on peut cultiver en abondance de nobles qualités spirituelles et récolter le fruit de la réalisation de Dieu.

En réponse aux demandes répétées de ses enfants à l'étranger, Amma a fait son premier tour du monde de mai à août 1987, parcourant les États-Unis et l'Europe où elle se rend depuis chaque année. Au cours de ses voyages, elle a transformé la vie d'un grand nombre de personnes qui ont fait l'expérience de son charme spirituel unique et de son amour universel. Plusieurs centres consacrés à Amma ont vu le jour à l'étranger, en Californie, au Nouveau Mexique et en France, non loin de Chartres...

À toutes les âmes bénies qui se fraient un chemin jusqu'à elle,

Amma conseille : « Le maître sculpteur qui contemple un bloc de pierre ne voit en lui que la forme magnifique qu'il va faire apparaître et ignore son apparence brute. De même, une âme réalisée, ignorant les différences extérieures, ne voit en chacun que l'*atman* ou le Soi, rayonnant éternellement. Un ivrogne ne peut militer en faveur de la prohibition de l'alcool. Il doit d'abord s'abstenir lui-même de boire et ensuite seulement, il pourra demander aux autres de suivre son exemple. Ainsi, mes enfants, c'est seulement quand vous serez vous-mêmes devenus moralement et spirituellement parfaits, capables de voir le Divin en chacun, que vous pourrez enseigner aux autres à faire de même. »

Terminons ce récit de la vie d'Amma par son appel plein d'amour lancé à l'ensemble du genre humain :

> *« Venez vite, mes enfants chéris, vous qui êtes l'essence divine de « Aum ». Libérez-vous de toute souffrance, devenez dignes d'adoration et fondez-vous dans le « Aum » sacré ! »*
>
> — AMMA

Deuxième Partie

LES *BHAVAS* DIVINS

Chapitre XI

La signification des *bhavas* divins

Les *bhavas* divins d'Amma méritent une analyse approfondie ; ils sont en réalité hors de portée de l'intellect humain. Cette étude permet d'avoir un aperçu de la puissance spirituelle infinie d'Amma. C'est en réponse à l'appel sincère du dévot qu'un Maître parfait révèle peu à peu ses attributs infinis dans le lotus de son cœur. Quand le processus de purification se fait intense, sa grandeur est graduellement révélée au disciple, par la grâce du Maître. Mais celle-ci n'est en vérité rien d'autre que la nature réelle du disciple ou du dévot. La grâce, bien sûr, est la première condition requise pour avoir la moindre idée de la signification des états divins d'Amma.

Les grands Maîtres de l'Inde ont classé les incarnations divines en trois grandes catégories : *purna avatara* (incarnation complète, parfaite), *amsa avatara* (manifestation partielle) et *avesa avatara* (être humain temporairement habité par le pouvoir divin). Le terme *avatara* signifie « descente ». Un *purna avatara* est la descente de l'énergie suprême sans nom, sans forme, immuable, qui prend une forme humaine et manifeste une puissance infinie, sans limite. Le but d'une telle incarnation est de restaurer et de préserver la Loi divine (*dharma*) et d'élever l'humanité en lui faisant prendre conscience du Soi. Un *amsa avatara* est la descente de Dieu qui manifeste une partie de sa puissance pour accomplir une tâche particulière. Les incarnations du Seigneur Vishnou en tant que Vamana (le Nain) et Narasimha (l'Homme-Lion) en sont des exemples typiques. L'*avesa avatara* diffère entièrement des deux autres types d'incarnations. C'est la visitation ou la possession temporaire du corps de certaines personnes par des êtres divins en vue d'accomplir des tâches particulières. L'incarnation du Seigneur Vishnou en tant que Parasurama, décrite dans l'épopée du Shrimad Bhagavatam, appartient à cette catégorie. Le Seigneur est entré dans le corps de Parasurama, un guerrier de grand renom, afin d'anéantir les cruels rois *kshatriyas** devenus trop arrogants et égoïstes. Dès que

* *Kshatrya* est une des quatre grandes classes *(chaturvarna)* de la société indienne, représentant la caste des guerriers.

Parasurama eût accompli sa tâche, le pouvoir l'abandonna. On raconte que le Seigneur Rama, autre incarnation du Seigneur Vishnou, reprit ce pouvoir lors de son retour à Ayodhya, après son mariage avec Sita.

Les Ecritures affirment que des démons et des esprits prennent parfois possession du corps de personnes à l'esprit faible. Ceux dont la nature est vertueuse et bonne (sattvique) sont possédés par des dévas (dieux mineurs), les personnes créatives et pleines de vigueur (rajasiques) par des êtres célestes (des êtres inférieurs aux dieux mineurs) et celles dont la nature est sombre, obscure (tamasique), sont possédées par des esprits maléfiques. Il est dit également que dans le corps de quelques rares âmes extrêmement pures, le pouvoir divin peut se manifester pendant une brève période. C'est pourquoi Parasurama est considéré comme un *avesa avatara*.

L'exemple suivant aidera le lecteur à pénétrer le mystère des états divins d'Amma. Un jour, le Seigneur Krishna, qui vivait à Dwaraka, ressentit le désir de voir son cher dévot Hanouman. Il dépêcha sa monture Garouda, le roi des oiseaux, à Kadali Vanam où il vivait. Mais Hanouman refusa d'accompagner l'oiseau à Dwaraka, disant : « Je n'irai voir personne d'autre que mon Seigneur Rama ». Lorsque cette réponse parvint au Seigneur Krishna, il renvoya le roi des oiseaux auprès d'Hanouman en disant : « Informe-le que le Seigneur Shri Rama et sa divine épouse Sita sont venus à Dwaraka et désirent voir leur dévot bien-aimé. »

Pendant que Garouda partait chercher Hanouman, certains événements survinrent à Dwaraka. Par un simple acte de sa volonté, le Seigneur Krishna prit la forme du Seigneur Rama, qui avait vécu des milliers d'années auparavant, et Roukmini, la parèdre de Krishna, devint Sita. Entre-temps, Hanouman arriva à Dwaraka et, après avoir rencontré ses bien-aimés Rama et Sita et leur avoir offert son adoration, il retourna chez lui.

Shri Rama, incarnation du Seigneur Vishnou, avait vécu à Ayodhya des milliers d'années avant la venue du Seigneur

Krishna. Cependant Hanouman, l'illustre dévot du Seigneur Rama, ne doutait pas que Shri Rama et Sita pussent apparaître à Dwaraka. Omniscient, il était parfaitement conscient que Shri Krishna était le Seigneur de Dwaraka. Et il savait aussi que personne hormis Krishna n'avait le pouvoir de manifester le *bhava* de Shri Rama. En réalité, Hanouman était déterminé à profiter de cette occasion pour voir encore une fois son Seigneur avec Sita, sous une forme humaine. Le Seigneur Krishna, le serviteur de ses dévots, répondit avec joie au désir de son illustre dévot et le bénit.

Seul un *purna avatara* peut s'identifier avec n'importe quel dieu ou déesse. En tant que *purna avatara*, Krishna pouvait donc aisément manifester le *bhava* de Rama. Shri Krishna demanda un jour à ses épouses de prendre la forme de Sita, mais aucune n'en fut capable, pas même Satyabhama, l'une de ses favorites. Finalement ce fut Roukmini, incarnation de la déesse Lakshmi, qui manifesta sans effort le *bhava* de Sita.

Dans le cas d'un *avesa avatara*, des pouvoirs divins se manifestent chez une personne puis, le résultat désiré obtenu, se retirent. Ce n'était pas le cas de Shri Krishna et de Roukmini car tous deux manifestèrent les *bhava* ou les attributs de Rama et de Sita qui se trouvaient déjà potentiellement présents en eux. On trouve des exemples de la manifestation d'un *avesa avatara* dans la vie de Shri Chaitanya du Bengale.

Un jour, le pandit* Shrivasa, un ardent dévot du Seigneur Narasimha**, accomplissait ses litanies habituelles assis dans l'oratoire familial quand il entendit soudain frapper à la porte.

« Qui est là ? », demanda-t-il. « Contemple la divinité que tu chéris et que tu vénères au travers de ces litanies », fut la réponse. Pandit Shrivasa ouvrit la porte et trouva le Seigneur Chaitanya qui se tenait devant lui sur le seuil, en extase divine. Shri

* Homme lettré, versé dans les Écritures de l'Inde.

** L'homme-lion, *avatara* de Vishnou

Chaitanya entra dans l'oratoire et prit place sur le siège conçu spécialement pour le culte. Le pandit vit le Seigneur Narasimha rayonner à l'intérieur de Shri Chaitanya et, dans son immense dévotion, l'adora sous la forme de Shri Chaitanya. Celui-ci bénit la famille du pandit en permettant à tous les membres de prendre part au culte.

Après leur avoir accordé sa bénédiction, Shri Chaitanya s'effondra sur le sol, inconscient. Lorsqu'il regagna ses esprits un peu plus tard, il demanda au pandit : « Que s'est-il passé ? Je ne me souviens de rien. Ai-je dit quelque chose d'insensé ? » En toute humilité, Shrivasa se prosterna devant son Seigneur et lui dit : « Ô Bhagavan, je T'en prie, n'essaye plus de tromper ton humble serviteur. Par Ta grâce, il a pu voir qui Tu es. » À ces mots, Shri Chaitanya sourit avec bonté, en signe d'approbation. De nombreux incidents semblables se sont produits dans la vie de Shri Chaitanya ; il donnait son *darshan* à des dévots en manifestant divers *bhavas* divins.

À la lumière des exemples qui précèdent, il est facile de comprendre ce qu'est un *bhava darshan*. Le *bhava darshan* est la manifestation de différents *ishvara bhavas* ou états divins par une incarnation de Dieu, pour répondre au désir de ses dévots. Anandamayi Ma qui vécut au Bengale, manifestait souvent les *bhavas* de Krishna et de Kali lorsqu'elle chantait des *bhajans*. Ces *bhavas* manifestés ne se produisent qu'en certaines occasions, dans un but particulier et essentiellement pour combler les vœux des dévots. De plus, ils ne durent pas longtemps. La sainte Mère Mata Amritanandamayi manifeste des états divins trois soirs par semaine, pendant dix à douze heures de suite en fonction du nombre de dévots venus recevoir son *darshan*. C'est ainsi qu'Amma sert l'humanité, embourbée dans la fange profonde du matérialisme.

On rapporte que Shri Chaitanya avait deux *bhavas* : celui d'un dévot, qu'il manifestait la plupart du temps, et le *bhava* de Bhagavan, pendant lequel il révélait son état véritable d'identification au Soi. Shri Ramakrishna Paramahamsa manifesta lui-aussi différents *bhavas*. On dit même qu'il lui poussa une petite excroissance ressemblant à une queue pendant la période de ses pratiques spirituelles en *bhava* d'Hanouman.

Au cours des Krishna et des Dévi *bhavas*, afin de bénir ses dévots, Amma révèle la Réalité suprême (Cela) qui est en elle et manifeste ces êtres divins. Elle dit un jour à ce sujet :

« Amma ne manifeste pas même une part infinitésimale de son pouvoir spirituel pendant les *bhavas*. Si elle manifestait pleinement sa puissance, personne ne pourrait l'approcher ! » Elle poursuivit : « Toutes les divinités du panthéon hindou, qui représentent les aspects innombrables de l'unique Réalité, existent en nous. Pour le bien du monde, une incarnation divine peut manifester à son gré n'importe quelle d'entre elles. Le Krishna *bhava* est la manifestation du *purusha* (Être pur) et le Dévi *bhava* est celle de la Féminité éternelle, de la Créatrix, le principe actif de l'Absolu impersonnel. Vous voyez là une fille insensée qui revêt le costume de Krishna et ensuite celui de Dévi, mais c'est à l'intérieur de cette folle que les deux existent. Rappelons-nous cependant que tout objet ayant un nom et une forme est une simple projection mentale. Pourquoi décorons-nous un éléphant ? Pourquoi l'avocat porte-t-il un habit noir et le policier un uniforme et une casquette ? Ce ne sont que des accessoires extérieurs destinés à créer une certaine impression. Amma revêt ainsi le costume de Krishna et celui de Dévi afin de renforcer la dévotion de ceux qui viennent au *darshan*. L'*atman* (le Soi), qui est en moi, est également en vous. Si vous parvenez à connaître ce principe indivisible qui rayonne éternellement à l'intérieur de vous-mêmes, vous deviendrez Cela. »

Beaucoup croyaient que Krishna et Dévi prenaient possession du corps d'Amma trois fois par semaine* et quittaient son corps à

---

* La biographie d'Amma a été écrite en 1988. En 2003, les Krishna *bhavas* n'existent plus et les Dévi *bhavas* n'ont plus lieu qu'une fois par semaine, le dimanche. *(N.d.T.)*

la fin du *darshan*. Cette croyance erronée venait d'une mauvaise compréhension des états divins d'Amma. Les *bhavas* divins ne sont rien d'autre que la manifestation de son état d'union constante avec le Divin et n'ont rien à voir avec la possession ou la grâce divine telle qu'on l'entend généralement.

En réponse aux questions des dévots, Amma a éclairci de nombreux points concernant les *bhavas*.

Question : « De nombreux dévots affirment qu'Amma est la même pendant les *bhavas* et en dehors. S'il en est ainsi, quel est le sens des *bhavas* ? »

Amma : « Pendant la durée du *bhava darshan*, Amma retire deux ou trois « couches », ou voiles, pour ainsi dire, afin que les dévots aient un aperçu du Divin. Les gens ont des croyances différentes. L'intention d'Amma est de les aider d'une manière ou d'une autre à se rapprocher de Dieu. Certains n'éprouvent de l'intérêt que s'ils voient Amma en habit de Dévi ou de Krishna. En outre, la majorité d'entre eux ignore tout de la spiritualité. Certains ont du mal à croire ce que dit Amma en temps ordinaire mais si elle leur dit la même chose en Dévi *bhava*, ils ont foi en ses paroles. »

Question : « Amma, y a-t-il un moment particulier pour manifester ce *bhava* ? »

Amma : « Non. Il peut être manifesté à tout moment, par un simple mouvement de la volonté. »

Question: « Amma, pourquoi portes-tu les costumes de Krishna et de Dévi ? »

Amma : « Pour aider les gens à se souvenir de la signification du *bhava*. Mon enfant, le vêtement a son importance. A la naissance, nous sommes nus. Puis selon le pays et la coutume sociale, nous adoptons des tenues variées, mais la personne demeure la même. À notre époque, les gens attachent une grande importance à l'habit. Amma va éclairer son propos par une anecdote. Un homme coupait un arbre au bord de la route, ce qui est illégal, quand un passant le surprit en train de commettre son forfait et lui dit : « N'abats pas cet arbre ! C'est une mauvaise action et tu enfreins la loi ! » Non seulement le malfaiteur refusa d'obéir, mais il répliqua par des grossièretés. Il se trouva que l'homme qui était intervenu était un policier. Il quitta les lieux et revint bientôt en uniforme. Apercevant de loin la casquette de l'agent de police, le vaurien s'enfuit à toutes jambes sans jeter un regard en arrière. Voyez la différence : l'arrivée du policier en uniforme a eu un tout autre effet que sa venue en civil. Cela prouve bien que, pour instruire les ignorants, il faut une tenue particulière. Les costumes de Krishna et de Dévi *bhavas* ont la même fonction. Certaines personnes auront beau passer des heures en conversation avec Amma, elles seront encore insatisfaites, mais elles seront comblées si elles parviennent à s'entretenir deux secondes avec elle au cours du *bhava darshan*. Ayant confié leurs soucis directement à Dieu, elles ont l'esprit en paix. »

Chaque incarnation est unique. On ne peut pas dire que Krishna était plus grand que Rama ou Rama plus grand que Bouddha. Chacun avait sa mission et adopta les moyens appropriés pour élever l'humanité. Mais cela n'implique pas que leur vision de la vie ait été différente. Il est impossible de juger leurs actes au moyen de notre intellect et de notre logique limités. Peut-être l'intuition pure née de notre pratique spirituelle nous permettra-t-elle d'avoir un aperçu de leur grandeur.

Les expériences spirituelles de milliers de dévots jettent une lumière intense sur l'inexplicable pouvoir d'Amma. Dans les pages qui suivent, le lecteur pourra lire quelques-unes de ces expériences divines, racontées par les dévots eux-mêmes.

Troisième Partie

EXPÉRIENCES

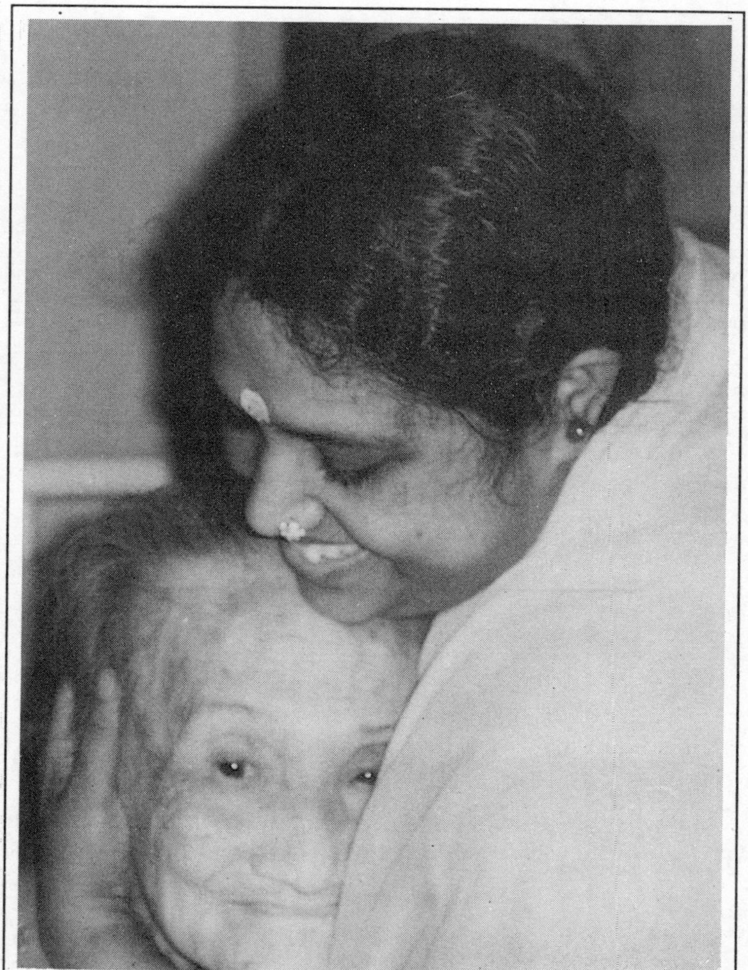

Chapitre XII

Expériences de dévots

Dr. D. N. Shrivastava

Le Dr. D. N. Shrivastava, responsable au Centre de Recherche Atomique Bhabha à Bombay, décrit ainsi son expérience avec Amma :

« A l'école, j'avais étudié la vie de Shri Chaitanya Mahaprabhou et lu de vivantes descriptions du flot d'amour divin qui émanait de ses lèvres, de son visage et de ses gestes tandis qu'il prononçait les noms sacrés. Depuis de nombreuses années, je désirais rencontrer quelqu'un qui serait rempli de la même dévotion. J'avais rencontré bien des saints, dont certains étaient sincères dans leur recherche, mais aucun ne rayonnait de cette béatitude.

Puis je fis la connaissance de Mata Amritanandamayi et j'entendis ses chants ; je n'en compris pas toutes les paroles et pourtant, j'eus le sentiment d'avoir trouvé ce que je cherchais depuis si longtemps. Il suffit d'être assis près d'elle pour entrer en contact avec le courant spirituel dont on peut faire l'expérience au cours d'une méditation profonde. Sa façon d'appeler le Divin par des noms variés révèle l'une après l'autre toutes les facettes de l'Infini, comme un kaléidoscope. La simplicité avec laquelle elle éclaircit des questions complexes témoigne de la clarté de sa vision de la Réalité. Les paroles qui s'écoulent d'elle donnent des ailes à notre intuition pour s'envoler vers le monde de la lumière intérieure où le doute n'existe pas.

Même à notre époque dominée par l'hypocrisie, le nombre de chercheurs sincères n'est pas négligeable ; pourtant, la dissolution totale dans l'amour universel, telle que l'incarne Mata Amritanandamayi, est un phénomène extrêmement rare. »

Shija

Shija est une petite fille de sept ans, à qui Amma a donné le surnom de « Takkali » qui veut dire « Tomate ». Son jeune cœur innocent ressentit un jour un désir intense : « Ô mon Dieu, si seulement j'avais la chance de pouvoir porter la couronne qu'Amma utilise pendant le Krishna *bhava*, je serais si heureuse ! » Mais elle savait parfaitement que son voeu était impossible à exaucer.

Cette année-là pendant les fêtes célébrant l'anniversaire de Krishna, Takkali vint à l'ashram. Amma, qui se tenait près de l'embarcadère, la prit par la main et marcha avec elle jusqu'à l'ashram. Là, elles rencontrèrent un groupe d'enfants déguisés qui se préparaient à présenter une danse folklorique évoquant les jeux d'enfant de Krishna à Vrindavan. Amma emmena alors Takkali dans le temple, l'habilla de vêtements magnifiques et pour terminer, lui mit sur la tête la couronne qu'elle portait pendant le Krishna *bhava*. Takkali ressemblait maintenant à l'enfant Krishna ! Amma la conduisit au milieu des autres enfants et leur demanda de danser autour d'elle. Takkali était au comble de la joie : quelle chance elle avait eue ! Son rêve s'était réalisé. Sans qu'elle ait rien demandé, Amma avait deviné son désir innocent et l'avait exaucé. Dieu connaît et réalise le désir ardent des êtres au cœur pur.

Nambisseri Bhargavi Amma

Nambisseri Bhargavi Amma était une ardente dévote du Seigneur Krishna. Un jour, il lui apparut en rêve et lui dit : « Tu es en train de me faire mourir. » Elle ne comprit pas le sens de ces paroles. Deux jours plus tard, elle vint à l'ashram et pendant le Krishna *bhava*, Amma lui dit : « Tu m'as enfermée dans le placard et tu es en train de me faire mourir. » Bhargavi Amma fut sidérée d'entendre Amma prononcer les mêmes mots qu'elle avait entendus dans son rêve des lèvres du Seigneur. Tout à coup, elle réalisa la signification des paroles de Krishna : le portrait auquel elle rendait un culte depuis de nombreuses années était à présent enfermé dans un placard. Quelque temps plus tôt, elle était allée habiter chez sa fille et avait rangé le portrait pour le protéger des insectes et des vers. À son retour, Bhargavi avait oublié de ressortir l'image et de reprendre son rituel ; Krishna était resté enfermé pendant tout ce temps. Comprenant son erreur, elle éclata en sanglots et pria le Seigneur Krishna de lui pardonner. Bhargavi est maintenant convaincue qu'il n'y a aucune différence entre le Seigneur Krishna, sa divinité bien-aimée, et Amma.

Shayma

Amma était toujours en compagnie de jeunes enfants, avec lesquels elle jouait et passait joyeusement le temps comme si elle était elle-même une enfant. Elle les aimait beaucoup et ils le lui rendaient. Parmi eux, une petite fille nommée Shayma qui vivait à proximité, souffrait de troubles respiratoires. Elle eut un jour une attaque si grave que sa grand-mère dut l'emmener d'urgence à l'hôpital, mais malheureusement, elles arrivèrent trop tard. Quand elle entendit le verdict des médecins disant qu'elle était morte, la grand-mère fut submergée par l'émotion et, criant à travers ses pleurs, elle se précipita jusqu'au temple et déposa le corps sans vie de la petite fille sur le siège sacré où Amma avait l'habitude de s'asseoir pendant les *darshans*. Amma chantait au même moment des *bhajans* chez un voisin quand soudain, elle parut très agitée. Elle cessa brusquement de chanter, se précipita vers le temple où elle trouva la grand-mère en pleurs, hurlant de douleur, et remarqua le corps de la petite fille sur le siège. « Ô Mère, je T'en supplie, sauve-la ! », supplia la vieille femme éplorée. Amma s'assit alors à même le sol et prenant le corps de l'enfant dans ses bras, elle resta longtemps en méditation. Peu à peu, la petite fille ouvrit les yeux et graduellement, elle reprit vie. Des larmes de joie roulaient le long des joues de la grand-mère et à maintes reprises, elle serra Amma contre son cœur.

Bindou

Bindou, une jeune fille de quatorze ans, vivait au village de Kattour, à quelque soixante-dix kilomètres à l'est de Vallickavou. Toute sa famille était très dévouée à Amma.

Un dévot qui leur rendait visite exprima un jour le désir d'entendre leurs expériences et devant son insistance, Bindou finit par raconter :

« Chaque fois que j'appelais Amma, elle venait près de moi. Un jour, mon père et ma mère partirent pour Vallickavou en me laissant seule à la maison. Ce soir-là pendant que j'offrais mes prières à Amma, assise dans l'oratoire familial, je fondis en larmes et lui demandai : « C'est bien parce que je suis une fille que j'ai moins de liberté, n'est-ce pas ? Si j'étais un garçon, j'aurai pu partir seule rendre visite à mon Amma, sans l'aide de personne. » Ce qui se produisit ensuite est incroyable : à mon grand émerveillement, elle apparut juste devant moi. Il me fallut quelques secondes pour arriver à croire qu'Amma elle-même était là, en chair et en os. Saisie par l'émotion, j'étais incapable de parler et j'oubliai même de me prosterner devant elle ; avant que j'aie pu prononcer la moindre parole, elle disparut. Je me sentais heureuse et bénie à la pensée que, bien que mes parents ne m'eussent pas emmenée avec eux à l'ashram, Amma avait entendu mes prières et, dans sa compassion et sa miséricorde, était venue jusqu'à moi. »

Puis ce fut la mère de Bindou qui raconta ses expériences :

« Plusieurs fois j'ai senti le même parfum que l'on sent dans le temple quand Amma est en *bhava.* J'ai eu un jour une expérience merveilleuse. Vous aurez peut-être du mal à me croire, pourtant cela s'est réellement produit. Je l'ai vu de mes propres yeux et c'est là ma seule preuve. C'était en plein jour et je me tenais sous la véranda devant la maison. Soudain je vis une femme vêtue de blanc passer le portail et s'approcher de la maison. Sa tête aussi était couverte d'un voile blanc. Je la regardai attentivement, et quelle ne fut pas ma surprise de découvrir que c'était Amma elle-même, se dirigeant vers notre maison ! Mes cheveux se dressèrent sur la tête et je fus si émue que j'en restai clouée sur place. Personne ne l'accompagnait, elle était seule. Je la vis clairement monter jusqu'à la cour devant la maison, puis tout à coup, elle disparut. Je sortis de la maison en hâte et la cherchai partout alentour, mais elle demeura introuvable. »

Après une courte pause, elle ajouta : « Mais l'expérience de Bindou pendant qu'elle passait ses examens est encore plus merveilleuse. » Cela éveilla la curiosité du dévot qui demanda à la jeune fille de lui raconter l'incident. « Parmi les matières obligatoires, la chimie et la physique étaient trop difficiles pour moi et quand je lus le sujet d'examen dans les matières scientifiques, je restai perplexe. Assise dans la salle, je priai sincèrement Amma de m'aider. L'instant d'après, à mon grand étonnement, je la vis nettement assise à côté de moi. Je pensais que mes yeux me jouaient des tours et je regardai à plusieurs reprises, mais Amma était vraiment assise à mes côtés. On aurait dit que personne d'autre dans la salle ne pouvait la voir. J'eus de nouveau le sentiment qu'il devait s'agir d'une hallucination ou d'une projection mentale quand soudain, comme pour me convaincre, Amma se mit à me parler. Elle m'expliqua comment répondre aux questions et m'encouragea. Elle m'enseigna même la façon de traiter les sujets ardus. La même chose se produisit le lendemain. Amma vint ainsi s'asseoir à mes côtés chaque jour, me montrant comment répondre aux questions difficiles, du premier au dernier jour de l'examen. Quand on annonça les résultats, je fus encore plus étonnée d'apprendre que j'étais reçue avec des notes meilleures que celles auxquelles je m'attendais. »

De retour à l'ashram, le dévot raconta à Amma ce que Bindou et sa mère lui avaient révélé et lui demanda d'expliquer comment cela pouvait se produire. Elle répondit en souriant : « Qui sait ? Ce doit être à cause de la foi innocente de cette jeune fille. »

Ramankoutty et Saradamba

Rien n'est impossible à Dieu. La grâce de Dieu « fait parler le muet, entendre le sourd et franchir la montagne au boiteux ». M. Ramankoutty, directeur de lycée résidant à Kayamkoulam, à environ quinze kilomètres de l'ashram, et sa femme Saradamba, ont une foi inébranlable en Amma. Ils ont vécu tous deux un certain nombre d'expériences qui leur ont révélé son pouvoir spirituel ineffable.

En 1980, des voleurs s'introduisirent dans le temple familial, chez des parents de Ramankoutty, et ceux-ci vinrent prendre refuge aux pieds d'Amma. Elle leur assura qu'avant une certaine date, ils recouvreraient la totalité des biens volés et en effet, c'est ce qui arriva. C'est grâce à cet incident que Ramankoutty entendit parler d'Amma. Il alla la voir accompagné de sa femme et de leur plus jeune fille, Lekha, sourde-muette de naissance. Elle avait suivi toutes sortes de traitements, sans résultat. Amma les consola avec beaucoup d'amour et d'affection.

Un mois après leur visite à l'ashram, Lekha se mit à prononcer le mot « Amma » et peu à peu, elle acquit la capacité d'entendre et de parler. Ce changement extraordinaire chez la petite convertit ses parents en dévots ardents.

D'autres incidents miraculeux survinrent dans la vie de Ramankoutty et de sa femme après leur rencontre avec Amma. En 1982, prévoyant de se rendre au Cap Comorin à la pointe Sud de l'Inde, Amma les invita à se joindre à elle. Pendant le Krishna *bhava*, Ramankoutty exprima sa crainte de laisser ses enfants et sa maison sans personne pour prendre soin d'eux, mais elle le rassura en disant : « Ne t'inquiète pas. Je m'occuperai de tout. Il suffira de m'offrir chaque jour la banane et le lait habituels dans la salle de *puja*. » Avant de quitter la maison, le couple coupa un gros régime de bananes vertes dans le jardin et après l'avoir recouvert d'un sac, le suspendit dans le cellier pour qu'il mûrisse.

Après le pèlerinage, tout le monde retourna à l'ashram. C'était un jour de *bhava darshan*. Le mari et la femme décidèrent tous deux de rester pour le *darshan* et de rentrer ensuite chez eux. Quand Ramankoutty s'approcha d'Amma alors en Krishna *bhava*, elle lui dit en souriant : « J'ai goûté toutes les bananes. Ne bats pas les enfants. Je n'en ai mangé aucune, je les ai toutes léchées. » Ramankoutty rentra chez lui sans comprendre le sens de ses paroles. En arrivant, il se souvint du régime de bananes en train de mûrir et prit la clé du cellier dans sa cachette pour ouvrir la porte. Ce qu'il vit alors l'étonna profondément : le sac qui recouvrait les bananes gisait sur le sol et toutes les bananes étaient posées dessus en cercle parfait ! Comment cela avait-il pu se produire ? Le sac avait été soigneusement noué autour du régime par une corde. Pensant que ses enfants étaient les auteurs de cette espièglerie, il les appela et les interrogea. Malgré leurs protestations d'innocence, il leur attacha les mains derrière le dos et leur administra une bonne correction.

Lors du *darshan* suivant, quand Ramankoutty pénétra dans le sanctuaire du temple où Amma se tenait en Krishna *bhava*, il la découvrit debout comme si elle avait les mains attachées derrière le dos. Elle lui dit : « Vas-y, frappe-moi, je suis prête. C'est moi qui ai cueilli les bananes du régime parce que les enfants ne m'offraient pas chaque jour ma banane et mon lait quotidiens ! » Amma se tenait exactement dans la même position que les enfants quand leur père les avait battus. Le mari et la femme versèrent alors des larmes de joie en pensant à leur chance immense d'avoir Amma comme Dieu, gourou et mère à la fois.

Ramamourti

Ramamourti de Madourai, dans le Tamil Nadou, était chauffeur de camion. Il lui arrivait de se rendre au Kérala pour son travail et de visiter des lieux de pèlerinage. Il entendit parler d'Amma en 1975 et se rendit à Idamannel.

Neuf ans plus tôt, sa petite fille âgée de cinq ans avait brusquement disparu et tous ses efforts pour la retrouver avaient été vains. En racontant sa triste histoire à Amma, il poussait de profonds soupirs. Elle le consola affectueusement et lui dit : « Ne t'inquiète pas, tu retrouveras ta fille. » Il crut en ses paroles. Chaque fois qu'il se rendait au Kérala, il n'oubliait jamais d'aller voir Amma. Un jour, elle lui donna des fleurs en disant : « D'ici un mois, tu retrouveras ta fille. »

Au cours de ses déplacements, Ramamourti s'arrêta un jour sur la place d'un marché à Madras. Il vit quelques personnes attroupées autour d'une fillette de quatorze ou quinze ans qui pleurait d'avoir perdu l'argent mis de côté pour ses achats. Certains tentaient de la consoler, disant qu'ils allaient lui donner l'équivalent de la somme perdue mais elle déclinait leur offre. La pauvre petite ne cessait de pleurer.

Ramamourti lui demanda affectueusement comment elle s'appelait. Il fut surpris d'entendre le prénom de sa fille disparue et, détaillant très attentivement son visage, il fut au comble de la joie quand il découvrit que c'était bien elle. « Mon enfant, lui dit-il, je vais te reconduire chez toi. Ne t'inquiète pas pour l'argent, je leur dirai tout. » La fillette accepta et il la raccompagna dans son camion jusque chez elle.

C'était une grande demeure appartenant à un riche propriétaire. Avec beaucoup d'hésitation, Ramamourti lui raconta son histoire, après quoi le maître de maison, profondément ému, lui répondit : « Il y a environ dix ans, je rentrais chez moi en voiture après un court voyage quand j'ai vu une enfant qui pleurait sur le bord de la route. Je lui ai posé quelques questions mais elle ne m'a dit ni d'où elle venait ni comment elle s'était perdue. Elle ne nous a révélé que son nom, que nous avons gardé. Elle se trouvait là toute seule et j'ignorais totalement son lieu de résidence. Comme je n'avais pas d'enfant, je l'ai ramenée chez moi et je l'ai élevée comme ma propre fille. Quand il n'y a personne pour faire les courses, nous l'envoyons au marché et c'est ainsi que vous l'avez trouvée là-bas. »

Le propriétaire était très triste de perdre sa fille adoptive, mais il comprit ce que ressentait Ramamourti et lui donna de bon cœur la permission de reprendre son enfant. Ramamourti exultait. Les paroles d'Amma s'étaient révélées vraies et il avait retrouvé son enfant avant la fin du mois. À partir de ce jour, il eut en Amma une foi profonde et ferme.

Roukmini Amma

Roukmini Amma demeure à Kollam, à environ trente-cinq kilomètres de l'ashram. Souffrant d'hypertension artérielle, elle se retrouva complètement paralysée du côté droit et en 1978, elle dut s'aliter. Pendant trois ans, elle suivit toutes sortes de traitements allopathiques et ayourvédiques, sans résultat. Elle y laissa beaucoup d'argent pour, au bout du compte, se retrouver très déçue ainsi que son mari Achoutan Pillai et tous leurs proches. C'est alors qu'ils entendirent parler d'Amma et décidèrent de conduire Roukmini à l'ashram. Elle fit le trajet en voiture, puis deux hommes robustes la transportèrent sur une chaise jusqu'au temple. Selon son habitude, Amma lui donna un peu de cendre sacrée en *prasad*, la bénit et la renvoya sans prononcer un mot sur sa maladie. Le mari et la femme rentrèrent chez eux, mécontents de ce voyage apparemment inutile. La voiture s'arrêta à quelques mètres de chez eux et deux personnes transportèrent Roukmini Amma juste devant sa porte. Alors se produisit une chose incroyable : Roukmini se leva, repoussa ceux qui la soutenaient et pénétra seule dans la maison tandis que son mari et les autres, stupéfaits, restaient cloués sur place. Leur joie ne connut pas de bornes et à partir de ce jour-là, ils devinrent tous d'ardents dévots d'Amma. Roukmini recouvra peu à peu la santé. En la voyant aujourd'hui, il est difficile d'imaginer qu'elle était clouée au lit, paralysée.

Shriman Nilambarane

Shriman Nilambarane était un homme pieux, très dévoué à Amma, qui vivait à Vavvakavou, petit village situé à environ quatre kilomètres de Vallickavou. Il manquait rarement le *darshan* et venait toujours à l'ashram avec une magnifique guirlande de fleurs odorantes pour Amma. Il avait en elle une foi profonde, contrairement à sa femme qui lui reprochait de fréquenter l'ashram.

En 1975, en labourant un champ situé au bord d'une route avec quelques autres travailleurs, il leur raconta ses difficultés à joindre les deux bouts, disant : « Aujourd'hui, je n'ai même pas une *paisa* pour acheter du riz ou autre chose à manger. » À ces mots l'un d'eux lança en plaisantant : « Cette fille de Vallickavou va te donner de l'argent. Attends un peu ! » Et ils éclatèrent tous de rire en le regardant. Nilambarane pâlit et ne répondit pas.

Peu de temps après, une petite fille arriva. Personne ne fit attention à elle. Elle se dirigea vers Nilambarane et comme si elle était l'une de ses proches parentes, elle lui sourit et lui tendit un billet de vingt roupies qu'elle tenait à la main droite. Sans réfléchir, il prit l'argent. « À bientôt, » lui dit-elle, puis sans ajouter un mot, elle partit dans la direction d'où elle était venue.

Chacun des ouvriers avait son idée concernant l'origine de cet argent. Certains pensaient qu'il s'agissait du remboursement d'une dette, d'autres d'un prêt sur gages. Le fait est qu'aucun d'eux n'avait jamais vu la fillette auparavant. « Nilambarane, qui était cette fille ? », demanda l'un d'eux.

Il hésita. Il essayait d'imaginer d'où pouvait bien venir l'argent et restait figé comme une statue, totalement confondu, le billet à la main. Il pensait à cette étrange petite fille et gardait les yeux fixés sur le sentier par lequel elle s'en était allée. À la question de son collègue, il répondit comme en rêve : « C'est bien ce que je me demande. » Tous furent surpris. La petite fille était partie et personne ne savait qui elle était ni d'où elle venait. Le mystère restait entier pour Nilambarane et ses collègues.

Lorsqu'il se rendit à l'ashram pour le *darshan* suivant, Amma lui dit avec amour et une tendresse profonde : « La Mère t'a-t-elle donné un billet de vingt roupies, hier ? Mon enfant, c'est Amma qui est venue te voir et t'a donné cet argent. » Le cœur débordant d'amour, Nilambarane embrassa les pieds d'Amma et pleura comme un enfant.

Francis Daniel

Francis Daniel était assistant conducteur de locomotive et travaillait pour les chemins de fer du Sud, à Kollam. Il raconte l'une des expériences émouvantes qui lui arriva après sa rencontre avec Amma.

« Avant de connaître Mata Amritanandamayi, j'étais athée et je menais une vie dégradante. Je commis alors bien des mauvaises actions. Etroitement mêlé aux activités politiques du syndicat des cheminots, je participai à de nombreuses grèves contre le gouvernement et je me fis beaucoup d'ennemis. Ils m'accusèrent de plusieurs délits pour lesquels ils essayèrent de me faire condamner en fabriquant de fausses preuves. Leur position et leur influence au sein du parti dirigeant furent la cause de mon licenciement en mars 1978.

Ma vie prit alors une pente descendante. Le chômage me causa d'énormes difficultés : je ne parvenais plus à joindre les deux bouts et comme j'avais perdu tout espoir, j'étais devenu très amer. J'étais sur le point de tomber en dépression nerveuse quand un jour, des employés des chemins de fer me parlèrent d'Amma. Sur leurs instances, je lui rendis visite à l'ashram de Vallickavou. Dès la seconde où je vis sa forme rayonnante, je tombai à ses pieds et m'écriai en pleurant : « Ô Mère, sauve-moi et protège-moi ! » Elle répondit très affectueusement : « Mon fils, ne t'inquiète pas. Amma va tout arranger. Les fausses preuves fabriquées contre toi seront réduites en cendres. »

Je crus fermement ses paroles et m'installai paisiblement chez moi, abandonnant toute tentative pour récupérer mon emploi. Je continuai d'aller voir Amma et dix-huit mois passèrent ainsi. Un article parut un jour dans le journal au sujet d'un accident ferroviaire survenu dans un train en route vers Madras. Un incendie s'était déclaré, provoquant des dégats matériels ; plusieurs passagers avaient même trouvé la mort. En lisant l'article, je n'étais absolument pas conscient de la bénédiction qu'Amma m'envoyait-là.

C'était dans ce train que voyageait en effet le fonctionnaire nommé pour enquêter sur la plainte déposée contre moi et il transportait avec lui tous les faux documents. Et dans l'accident, les fausses preuves et les autres matériaux fabriqués de toutes pièces furent réduits en cendres. Faute de preuves, la cour suspendit la plainte déposée contre moi et je récupérai mon emploi. Ces événements transformèrent profondément ma vie et me donnèrent une foi absolue dans la puissance inconditionnelle de Dieu.

Dattan le lépreux

La compassion infinie est la nature même de Dieu. Il ne rejette personne. Son cœur est comme le ciel immense dans lequel l'univers et ses créatures peuvent trouver refuge. Le flot sans fin de Son amour et de Sa compassion embrasse et enveloppe toutes les créatures animées et inanimées du monde.

Les grands saints et sages de tous les temps sont des incarnations de la compassion et de l'amour divins. Celui qui rencontre la sainte Mère Mata Amritanandamayi peut faire l'expérience de cet amour et de cette compassion divins qui consument et embrassent tout. L'histoire qui suit en est un exemple.

Dattan est né et a été élevé à Peroumpally près de Kayamkoulam, dans le Kérala. Très jeune, il fut victime de cette terrible maladie qu'est la lèpre. Ses parents et ses proches le chassèrent de la maison. Sans ressource, il se mit à mendier sa nourriture et passa ses jours et ses nuits dans l'enceinte d'un temple. Peu à peu, son corps se couvrit de plaies infectées et purulentes. Dattan raconte : « J'avais presque perdu la vue. Mes yeux n'étaient plus que deux petites fentes. Je perdais tous mes cheveux. Personne ne me donnait à manger. Je n'avais pas le droit de voyager en bus. Je me couvrais toujours le corps d'un tissu qui me collait à la peau et empestait à cause du sang et du pus qui suintaient des plaies nauséabondes. Même les autres mendiants ne me permettaient pas de venir manger et dormir près d'eux. J'étais assailli par les mouches et les insectes. Dès que les gens me voyaient, ils partaient en se bouchant le nez. Pendant des années, je n'ai pas entendu une parole affectueuse, je n'ai vu aucun sourire de compassion. Tout le monde me haïssait et crachait par terre en voyant mon corps et mon visage horribles. Ma vie était misérable et abjecte. J'avais pratiquement perdu tout espoir. C'est alors que j'ai entendu parler d'Amma.

Je suis allé à Vallickavou un jour de *bhava darshan*, mais personne ne voulait me laisser entrer pour la voir. Dégoûtés, les gens disaient : « Va-t'en ! Va-t'en ! », tant mes plaies empestaient. Mais Amma m'a appelé, m'a consolé et m'a traité comme son propre enfant, exactement comme elle traitait tous les autres. »

C'était un spectacle à vous tourner le sang de voir ainsi Amma lécher ses plaies purulentes, sucer le sang et le pus. Tous les jours de *bhava darshan,* elle le baignait, lui versant des pots d'eau sur la tête. Elle lui couvrait le corps de cendre sacrée et le traitait avec le même amour, la même affection et la même compassion que les autres dévots. Voyant comment elle s'occupait de lui, certains dévots vomissaient, d'autres perdaient connaissance, certains l'observaient avec un sentiment mêlé de terreur et de respect et d'autres encore versaient des larmes d'amour et de dévotion, comprenant qu'ils se trouvaient en présence de la Mère divine elle-même. Qui, sinon elle, pouvait montrer un tel amour ? Amma dit à propos de Dattan : « Qui d'autre est là pour prendre soin de lui et l'aimer ? Amma ne voit pas son corps extérieur. Elle ne voit que son cœur. Je ne peux pas l'abandonner. C'est mon fils et je suis sa mère. Une mère peut-elle abandonner son enfant ? »

Dattan est aujourd'hui un autre homme. Ses plaies sont guéries. La salive d'Amma fut son baume divin. Ses yeux se sont rouverts et il voit clair à présent. Ses cheveux ont également repoussé. Il peut se déplacer en bus et les gens lui parlent et lui donnent à manger. Bien que les cicatrices de sa terrible maladie soient encore visibles, il n'en sort plus de sang ni de pus et elles ne dégagent aucune odeur putride. Il peut porter une chemise ou un *dhoṭi* sans que ses vêtements lui collent à la peau et lui fassent mal. Aujourd'hui il est heureux. Amma lui a donné une nouvelle naissance et par sa grâce, il a trouvé un sens à sa vie.

Amma en Krishna bhava avec Dattan

Kouttappan Nair

Kouttappan Nair, commissaire de police en retraite, raconte : « L'histoire qui suit est une des nombreuses expériences que j'ai eues avec Amma. Ma famille et moi-même sommes ses dévots depuis huit ans. Il y a cinq ans, Amma me signala que certaines planètes se trouvaient dans une position qui m'était défavorable. Lorsque je lui demandai quelle était la solution, elle me conseilla d'observer un vœu de silence tous les samedis. Nous étions jeudi. Le vendredi, je rendis visite à ma fille à la maternité et je ne parvins pas à observer le vœu le jour suivant, le samedi. Ce jour-là, une de nos poules mourut alors qu'elle ne souffrait d'aucune maladie. Le samedi suivant, il me fut malheureusement encore une fois impossible de rester en silence. Ce samedi-là, notre petit chien trouva la mort. Le troisième samedi, je ne réussis encore pas à faire silence et un veau d'un an et demi mourut chez nous. Je me souvins alors des instructions d'Amma concernant les vœux de silence.

Le jour suivant, je partis pour Vallickavou. Tandis que je me prosternais devant elle pendant le *bhava darshan*, elle me dit : « Tu n'as pas observé le vœu que je t'avais recommandé. Trois morts sont déjà survenues dans ta maison. Dans le futur, si tu n'observes pas ton vœu, des événements désagréables et douloureux se produiront. »

Le samedi suivant, très tôt après mon bain, j'offris mes prières au temple de Dévi près de chez nous, revins à la maison et allai m'asseoir en méditation dans la salle de *puja*. Le samedi étant un jour férié, mes petits-enfants et mes neveux n'avaient pas classe et se trouvaient tous réunis à la maison, dans la pièce à côté. Lorsqu'ils se firent trop bruyants, je les réprimandai, oubliant mon vœu. Ensuite je me remis en silence et passai la journée entière dans l'oratoire, sauf au moment des repas et à l'heure du thé.

Le jour suivant, je me rendis à Vallickavou. Durant le *bhava darshan*, Amma m'attrapa l'oreille et me réprimanda sévèrement :

« Est-ce ainsi que tu gardes le silence ? » Je lui demandai pardon, lui expliquant que dans ma colère contre les enfants, j'avais oublié mon vœu. Amma me dit alors : « Ce n'est pas cela. Si tu observes un vœu sans jeûner, il n'en sortira rien de bon. » Je la priai de nouveau de me pardonner, disant que je ne connaissais pas les règles à suivre dans l'observance d'un vœu. Amma me conseilla de garder le silence du matin au soir uniquement et de ne prendre alors que de l'eau, du lait de vache et de coco. Si la faim devenait intolérable, je pouvais manger des fruits. Quand je demandai pardon à Amma pour mes erreurs et la priai d'éliminer tous les obstacles, elle me donna un *mantra*. Depuis que j'ai commencé à répéter ce *mantra*, rien ne m'a plus empêché de faire silence le samedi.

Il y a trois ans, au mois de mai, un samedi vers onze heures du matin, je méditais dans l'oratoire lorsque ma petite-fille, voyant un corbeau donner des coups de bec dans un fruit de jacquier mûr, vint me demander de le cueillir pour elle. Je sortis alors de la salle de *puja* et m'approchai de l'arbre, une serpette à la main. Quand je tentai de trancher la queue du fruit de jacquier, qui se trouvait pourtant suffisamment bas pour moi, je ratai mon coup, heurtai le tronc de l'arbre et laissai échapper l'outil qui vint me frapper juste au-dessus de l'œil gauche. Je me mis à saigner abondamment. Je recouvris la blessure avec mon *dhoti* et heureusement, mon neveu arriva juste à ce moment-là sur sa bicyclette et me conduisit à l'hôpital, où la plaie fut nettoyée et recouverte d'un bandage. Je réussis toutefois à rester en silence.

Au même moment à Vallickavou, Amma appela mon fils qui demeurait à l'ashram en ce temps-là et lui dit : « Rentre chez toi immédiatement. Ton père a eu un léger accident. Il n'y a cependant pas de danger, Amma l'a détourné. » Légèrement plus à droite, je me serais ouvert le milieu du front. Un peu plus bas, la serpette m'aurait frappé en plein œil gauche.

Je revins de l'hôpital et peu après mon fils arriva en courant : « Où est papa ? Que lui est-il arrivé ? » Quand on lui demanda comment il le savait, il nous raconta ce qu'Amma lui avait dit. »

Shri R. Reddiar

Shri R. Reddiar vit à Kollam, à environ trente-cinq kilomètres de Vallickavou, et il nous raconte l'expérience suivante :

« Il y a quelque temps, une fille de notre famille s'était enfuie de chez elle. Des amis et des gens bien intentionnés nous conseillèrent d'aller voir Amma pour lui parler de la disparition de cette jeune fille. Elle nous dit : « L'enfant sera de retour chez vous d'ici sept jours. Il est inutile de partir à sa recherche. » Elle nous donna sept mèches de lampes à huile et nous demanda d'en allumer une chaque jour. Elle poursuivit : « Le septième jour, quand vous allumerez la dernière, la police vous informera du lieu où se trouve la fillette. »

Nous n'étions pas totalement convaincus par ses paroles et nous avons donc poursuivi nos recherches, sans obtenir aucune nouvelle. Nous étions désespérés et inquiets, d'autant plus qu'il s'agissait d'une fille. Très déçus, nous sommes retournés voir Amma qui nous demanda : « Pourquoi avez-vous gaspillé tant d'argent ? Amma vous a déjà dit que vous alliez la retrouver. Ne soyez pas inquiets. Il faut avoir confiance. Comme promis, elle va revenir. »

Six jours passèrent et nous avions brûlé six mèches, comme Amma nous l'avait conseillé. Le septième jour, nous avions allumé la dernière mèche au crépuscule et tandis qu'elle brûlait dans la lampe à huile, le téléphone sonna. Un des membres de la famille décrocha, pour entendre le message suivant : « Votre enfant est entre les mains de la police de Madras. Elle s'était rendue chez un orfèvre pour vendre un de ses bijoux. L'artisan a eu des doutes à son sujet et en a informé la police. »

Ainsi, exactement au moment prédit par Amma, nous avons reçu des nouvelles de l'enfant, qui nous fut rendue peu après. Depuis, nous vivons en déposant tout à ses pieds et nous avons une foi profonde en sa protection. »

Kounjamma

Kounjamma vit à Kayamkoulam, à environ quinze kilomètres de l'ashram. L'histoire qui suit contribua grandement à affermir sa dévotion envers Amma. Deux ans avant sa rencontre avec Amma, son mari mourut comme le prédisait son horoscope. Koujamma commença à croire à l'astrologie. Après la mort de son mari, sa vie était triste et elle le devint encore plus lorsqu'elle apprit en consultant l'horoscope de son fils qu'il était destiné à mourir d'une morsure de serpent à l'âge de vingt-trois ans. Pour tenter de le sauver de ce destin funeste, Koujamma se rendit en de nombreux lieux saints et finalement, elle rencontra Amma et prit refuge à ses pieds. Amma la réconforta en disant : « Ne t'inquiète pas, Amma va te donner un *mantra* à répéter chaque jour. Une fois par semaine, observe un vœu pour ton fils. Un vœu observé par une mère pour son enfant a un grand pouvoir. La mort de ton fils sera transférée sur l'un de vos animaux domestiques. Va et sois en paix. »

Koujamma n'était pas entièrement convaincue par les paroles d'Amma et chaque jour, elle rêvait que son fils était tué par un serpent. Après la mort de son mari, elle avait élevé un chien pour garder la maison. Un jour, elle l'entendit aboyer et hurler dans la cour devant la maison et ses cris furent suivis par un sifflement de serpent. Pleine d'appréhension, elle entrouvrit la porte et regarda furtivement dehors. Elle y vit le chien et le serpent engagés dans une lutte farouche et, terrorisée par cette scène, elle referma vivement la porte et attendit à l'intérieur. Quelques minutes plus tard, sifflements et hurlements se calmèrent peu à peu. Maîtrisant sa peur, elle rouvrit doucement la porte et découvrit à son grand étonnement que le chien et le serpent étaient morts tous deux.

Malgré la tristesse qu'elle éprouva à la mort de son chien, Koujamma se souvint de la promesse d'Amma : « La mort de ton fils sera transférée sur l'un de vos animaux domestiques », et éprouva une immense gratitude envers elle. Cet incident survint exactement pendant la période où, selon l'horoscope, son fils était destiné à trouver la mort. Koujamma salua Amma en pensée, avec un amour et un respect profonds. Ses paroles s'étaient révélées parfaitement vraies et la foi de Koujamma en fut grandement renforcée. Son fils est toujours vivant et mène une existence heureuse, par la grâce d'Amma.

Chandramatti

En 1980 Chandramatti, qui habite de l'autre côté de la lagune à Vallickavou, se rendit un jour à l'ashram pour recevoir la bénédiction d'Amma.

Amma recevait les dévots un par un quand elle ferma soudain les yeux et parut perdre un instant conscience du monde extérieur. Son corps s'immobilisa. Les dévots attendaient avec anxiété et au bout de quelques minutes, elle retrouva son état de conscience habituel. Elle prit Chandramatti à part et lui dit : « Ton petit-fils venait de mourir mais le cri angoissé de ta fille m'a attirée là-bas. Il est revenu à la vie juste à ce moment-là. »

Chandramatti apprit ensuite les événements survenus exactement au même moment chez sa fille ; elle comprit alors la portée des paroles d'Amma. Sa fille Nalini vivait à environ dix kilomètres de l'ashram et était, elle aussi, très dévouée à Amma. Elle avait un fils unique alors âgé de six ans. Mais il tomba soudain gravement malade et mourut très rapidement, avant qu'on ait pu lui apporter aucune aide médicale. Ce fut alors dans la maison une véritable tempête. Nalini se frappait la poitrine et hurlait en suppliant à travers ses pleurs : « Ô Amma, pendant combien d'années t'ai-je appelée et adorée de tout mon cœur ? Est-ce là le fruit de mes prières ? Qui ai-je d'autre en ce monde ? Ô Amma, pourquoi l'avoir pris, lui, mon fils unique, pourquoi as-tu pris mon seul enfant ? »

Aussitôt, un éclair de lumière apparut près du corps du petit garçon. En quelques secondes, l'enfant était revenu à la vie comme s'il s'éveillait d'un profond sommeil. Chandramatti raconta alors à sa fille ce qu'Amma lui avait dit dans le temple et elles comprirent toutes deux que seule sa grâce avait permis que la vie de l'enfant fût épargnée. Versant des larmes de joie, elles se prosternèrent avec respect en pensant à Amma.

Sarasamma

Sarasamma vivait avec son mari et ses enfants à Karounagappally, une petite ville au sud de Vallickavou. Ils menaient une vie heureuse et satisfaite quand, de façon tout à fait inattendue, un grand malheur s'abattit sur eux. Ils perdirent tous leurs biens, y compris la maison dans laquelle ils vivaient et durent compter pour survivre sur la générosité d'autrui. C'est en ce moment critique qu'ils entendirent parler d'Amma. Ils prirent refuge à ses pieds et toutes les difficultés auxquelles ils se heurtaient depuis longtemps furent résolues l'une après l'autre.

La foi de Sarasamma en Amma devint forte comme un roc. Par expérience, elle savait maintenant que si une catastrophe était sur le point de se produire chez eux, Amma les avertirait de prendre les précautions nécessaires. Pour prévenir d'éventuels coups du sort, elle leur avait donné un *mantra* à répéter et leur avait recommandé d'observer un vœu particulier chaque semaine.

Un jour qu'elle était en visite à l'ashram, Amma lui dit : « Ma fille, Amma voit un décès dans ton foyer. N'interromps pas ton vœu. Prie sincèrement Dieu et ne te fais pas de souci, Amma est constamment avec toi. » Bien que très inquiète, Sarasamma gardait une foi profonde en sa grâce salvatrice. L'inévitable arriva bientôt : deux jours après l'avertissement donné par Amma, la fille aînée de Sarasamma fut mordue par une vipère. Ses parents la transportèrent immédiatement à l'ashram. Entre-temps, le corps de la jeune fille était devenu complètement bleu et une substance muqueuse mêlée de salive s'était mise à couler de sa bouche. Certains pensaient qu'elle allait rendre son dernier soupir tandis que d'autres la croyaient déjà morte.

Les dévots tentaient de consoler Sarasamma qui pleurait à fendre l'âme, assise auprès de sa fille. Pendant le Dévi *bhava*, Amma envoya un message disant que la jeune fille devait passer la nuit à l'ashram : elle fut donc transportée dans un autre bâtiment, du côté nord.

Le lendemain, l'état de la jeune fille restait inchangé et elle ne semblait plus donner aucun signe de vie. Entourée d'un groupe de dévots, Sarasamma était toujours assise auprès d'elle et, bien qu'elle parut totalement effondrée, sa foi profonde en Amma lui permettait de réunir quelque force intérieure et de garder espoir.

Soudain, un serpent sorti on ne sait d'où apparut dans la cour, devant le bâtiment, et rampa sans hésitation vers l'endroit où était couchée la jeune fille. Tout le monde prit peur et s'écria :

« Un serpent ! Un serpent ! » La jeune fille ouvrit brusquement les yeux. Entre-temps le reptile était parvenu tout près d'elle et quand elle le vit avec son capuchon relevé, elle eut un sursaut terrible et se leva d'un bond. À la stupéfaction générale, tous les symptômes de morsure de vipère disparurent de son corps et elle revint à la vie. Le serpent quitta immédiatement les lieux.

Plus tard Sarasamma et sa fille, débordantes d'amour et de dévotion, allèrent se prosterner devant Amma puis quittèrent l'ashram avant midi. Sur l'insistance de ses proches, Sarasamma consulta par la suite un astrologue de grand renom. Elle lui fournit les détails nécessaires concernant la date, l'heure et le lieu de naissance de la personne concernée, sans mentionner toutefois qu'il s'agissait de sa fille. Puis elle le questionna sur l'avenir de l'enfant. Quand il eut terminé ses calculs, l'astrologue répondit avec conviction : « Cette jeune fille n'est plus. Elle est décédée par suite d'empoisonnement ». « Non, c'est l'horoscope de ma fille et elle est vivante », répondit Sarasamma. L'astrologue, qui avait foi en sa science et en son talent, ne parvenait pas à la croire. Il réfléchit un moment, refit certains calculs puis déclara : « En tous cas je suis certain qu'elle a été mordue par un serpent venimeux au moment précis où elle était destinée à mourir. Si elle vit encore, c'est un miracle et une rare bénédiction de Dieu. »

Sarasamma raconte : « Plus tard nous découvrîmes que même dans son horoscope de naissance, il était prédit qu'elle mourrait par empoisonnement à l'âge de dix-neuf ans. C'est exactement l'âge auquel elle fut mordue par le serpent. Tout ce que je peux dire, c'est que nous sommes constamment protégés par la compassion sans bornes d'Amma. »

En 1981, Sarasamma eut une autre expérience inoubliable qu'elle raconte avec une profonde émotion.

« En ce temps-là, les dévots qui venaient pour le *darshan* quittaient l'ashram vers quatre heures du matin pour rentrer chez eux. Ils allaient en groupe vers l'arrêt d'autobus situé à environ cinq cent mètres et prenaient le car correspondant à leur destination.

Avec mon fils Madhou, je pris le car en direction de notre village. C'était une nuit de nouvelle lune et bien qu'il fût cinq heures du matin, il faisait encore nuit noire. Je descendis à un arrêt que je pensais tout proche de chez moi, sûre que mon fils faisait de même. A peine étais-je descendue du bus que le receveur sonna le départ, et le véhicule disparut dans l'obscurité. Regardant autour de moi, je ne trouvai pas mon fils et réalisai que je m'étais trompée et que je me trouvai dans un lieu isolé à environ deux kilomètres de chez moi. Pendant ce temps mon fils, se retournant sur son siège, fut choqué de ne plus me voir derrière lui. Il descendit à l'arrêt suivant et courut pour revenir vers l'endroit où je me trouvais, ce qui représentait une assez grande distance.

Perplexe et ne sachant que faire, je me remémorai les paroles qu'Amma m'avait dites en partant : « Sois très prudente aujourd'hui. » Je serrai fortement son *prasad* dans la main droite. Entre-temps, je vis un camion s'arrêter non loin de là. Sept ou huit hommes en sortirent et ils se dirigèrent vers moi. Peut-être m'avaient-ils vue descendre de l'autobus en ce lieu solitaire. Entourée de ces voyous à la carrure imposante, je tremblai de peur tandis qu'ils m'assaillaient de questions, s'exprimant dans un langage vulgaire. Je pensai qu'ils pouvaient m'agresser à tout moment et le feu de la rage se déchaîna en moi. Était-ce là le destin de ceux qui venaient voir Amma ? Était-ce cela le fruit de toute une vie de dévotion ? Ces pensées flambaient dans mon esprit, me faisant oublier ce qui m'entourait et je hurlai de toutes mes forces : « Yedi ! » « Ô Mère ! » Les voyous qui se trouvaient là en éprouvèrent un choc.

« Ce qui suivit est difficile à décrire. Aussitôt, la forme rayonnante de la Mère divine apparut devant moi dans le ciel, pourvue d'un nombre infini de bras et tenant une arme dans chaque main. Elle chevauchait une énorme créature et son visage, ses cheveux et sa couronne étaient exactement ceux de Mata Amritanandamayi pendant le Dévi *bhava*. Amma prenait la forme de Kali pour sauver son enfant ! Devant cette vision, je perdis peu à peu conscience du monde extérieur. La Mère divine me tendait les bras. Contemplant sa forme rayonnante, mes yeux devinrent fixes et saillants. Je me mis à tirer la langue comme Kali et je sentis une formidable puissance pénétrer dans mon corps. Je partis d'un éclat de rire tonitruant dont le simple souvenir me donne encore des frissons. L'air résonnait du son terrible de mon rire. Les voyous, qui étaient sur le point de se jeter sur moi, furent interloqués de voir cette forme effrayante, échevelée, les yeux exorbités, la langue pendante et éclatant d'un rire retentissant qui se tenait devant eux sans la moindre peur. Ils pensèrent peut-être que j'étais un esprit maléfique et non pas un être humain ! Envahis par la peur, ils décidèrent de s'échapper d'une façon ou d'une autre et, faisant lentement marche arrière, ils remontèrent dans leur camion et démarrèrent en toute hâte.

Même après leur départ, je fus incapable de bouger. Peu à peu, je repris conscience du monde qui m'environnait et la forme enchanteresse de Kali disparut elle aussi. Mon corps était engourdi, comme paralysé. Au bout de quelques minutes, je parvins à remuer un peu et à rentrer la langue. Je ne pouvais cependant pas bouger les yeux, toujours fixes et exorbités ; je les massai un peu et ils reprirent leur forme habituelle. La gorge me faisait très mal à la suite de ces éclats de rire démesurés. Baissant les yeux, je découvris le *prasad* d'Amma que je serrais toujours à la main.

Quelques minutes plus tard, mon fils Madhou me rejoignit en courant : « Maman, qu'est-ce que c'était, ce rugissement terrible ? Qui étaient ces hommes qui sont repartis dans le camion ? Est-ce qu'ils t'ont-ils fait quelque chose ? » Mais je n'arrivais pas à lui répondre, luttant pour retrouver ma voix qui mit quelques jours à redevenir normale. »

Bien que cet incident se soit déroulé en 1981, aujourd'hui encore quand Sarasamma en parle, elle frissonne de peur, sa gorge tremble d'émotion et des larmes coulent sur son visage tandis qu'elle répète inlassablement : « Amma, Amma, Amma... »

S. Gangadharan Vaidyar

S. Gangadharan Vaidyar est un médecin compétent et réputé qui pratique l'ayourvéda à Aluva, à cent trente-cinq kilomètres de Vallickavou. Sa femme et lui sont d'ardents dévots d'Amma. En 1986, le Dr. Gangadharan souffrait d'une névralgie aiguë à la nuque. Sa douleur empirait de jour en jour, jusqu'à devenir intolérable. Il raconte :

« Bien que médecin expérimenté en ayourvéda, je me trouvais dans l'incapacité d'établir un diagnostic et de me guérir de cette douleur. Pour l'atténuer un peu, je portais une minerve, mais cela devint si atroce que je décidai de consulter un ostéopathe. La veille du rendez-vous, je me rendis à l'ashram. C'était un dimanche et il y avait beaucoup de monde. Quand vint mon tour, j'entrai dans le temple où Amma était assise en Dévi *bhava*.

Je me prosternai à ses pieds et lui parlai avec hésitation de la douleur aiguë dont je souffrais depuis longtemps et pour laquelle j'avais suivi différents traitements. Avec beaucoup d'affection, elle frotta deux ou trois fois de la main gauche l'endroit qui me faisait si mal et me réconforta. Après avoir reçu sa bénédiction, ma femme et moi rentrâmes à la maison où nous arrivâmes vers minuit. J'avais toujours cette douleur atroce, mais j'étais si fatigué par le voyage que je m'endormis aussitôt. Le lendemain matin quand je me levai, je fus stupéfait de constater que la névralgie avait disparu et jusqu'à ce jour, elle n'est jamais revenue. »

Le docteur Gangadharan poursuivit : « Depuis trente-cinq ans, j'exerce une profession médicale et pour guérir cette douleur à la nuque, j'avais suivi toutes sortes de traitements sans aucun résultat. Mais Amma, par une simple caresse de la main, m'en a guéri à jamais. »

La sœur du docteur, Soumathi, âgée de cinquante-sept ans et mère de cinq enfants, souffrait de terribles douleurs au ventre. Elle consulta de nombreux médecins éminents et réputés et suivit les traitements qu'ils lui prescrivirent mais aucun ne se révéla efficace. On l'emmena finalement près de Trichour, dans un hôpital connu pour ses traitements du cancer où, après des examens approfondis, les médecins conclurent qu'elle souffrait d'un cancer de l'utérus.

Pendant ce temps, le docteur Gangadharan voyageait en Europe avec sa femme pour rendre visite à des amis. Il ignorait totalement le sort tragique de sa sœur et c'est seulement à son retour qu'il fut informé de son état par des proches. Il raconte :

« Lorsque nous apprîmes dans quelle condition pitoyable se trouvait ma sœur, nous nous précipitâmes à l'hôpital. En nous voyant, elle éclata en sanglots. Après l'avoir réconfortée, nous rentrâmes à la maison et lui rendîmes de nouveau visite la semaine suivante. La maladie avait alors atteint un stade critique. Impuissants et ne trouvant aucun moyen pour lui faire reprendre courage, nous regardions ma sœur mourir dans d'atroces douleurs. Les médecins pensaient qu'il ne servirait à rien de lui enlever l'utérus car la maladie était trop avancée et affectait tout l'organisme.

Ils décidèrent de tenter de neutraliser temporairement le cancer avec les rayons et la chimiothérapie. Bientôt la nouvelle se répandit dans la famille que Soumathi souffrait d'un cancer grave et qu'il n'y avait pas moyen de la sauver. À la fin des traitements, elle fut transportée chez moi pour prendre un repos absolu. Cependant le mal persistait. L'atroce douleur la tourmentait sans cesse, provoquant des insomnies. Même ses besoins naturels étaient affectés par la maladie. Tout espoir de la soigner et de lui sauver la vie semblait perdu.

« Ma femme suggéra finalement de chercher refuge auprès d'Amma, notre support et notre soutien éternel, Amma qui nous tend toujours ses bras bénis pour nous protéger de telles misères. J'acceptai cette suggestion et nous conduisîmes Soumathi à l'ashram. C'était un dimanche. Amma la caressa tendrement et, frottant les parties malades, la réconforta. Le simple contact de sa main soulagea beaucoup Soumathi. Amma nous demanda d'apporter de l'extrait de feuilles de *tulasi* (basilic) lors de notre prochaine visite à l'ashram. Dès le *darshan* suivant, nous fîmes comme elle nous l'avait demandé et, après avoir béni la préparation, Amma la donna à ma sœur en lui disant d'en prendre une cuillerée à café matin et soir. À partir du lendemain, Soumathi suivit ses instructions. Le résultat fut extraordinaire : en une semaine, la douleur avait disparu et la maladie était complètement guérie !

Ces deux histoires sont des expériences qui me sont propres. Il n'y a pas de plus grand gourou que nos expériences personnelles. Mais bien que ces événements soient pour moi exceptionnels, ils ne sont rien pour Amma qui est l'incarnation de la puissance infinie et qui peut même nous guérir de cette maladie fatale qu'est l'existence dans le monde. »

Gopakoumar

Gopakoumar est chef du personnel dans une importante société fabriquant des engrais à Aluva. voici comment il raconte ses expériences :

« Ma première rencontre avec Amma fut assez inattendue. Les dévots avaient organisé un programme pour elle dans un temple à Ernakoulam. Les *bhajans* qui suivirent la réception m'impressionnèrent beaucoup. Je contemplais simplement son visage rayonnant d'amour et j'écoutais avec attention les chants poignants qui révélaient les grandes vérités de la vie. Je ne pouvais retenir mes larmes. Après les *bhajans*, Amma recevait les dévots un par un et j'entendis des gens faire des commentaires sur son pouvoir spirituel. « Elle peut faire tout ce que peut faire Dieu », disaient-ils. En recevant son *prasad*, je lui parlai de mon problème, que je pensais insoluble même pour Dieu. « Amma, je souffre d'une profonde dépression. Depuis quinze ans, je suis insomniaque et je dors à peine une heure par nuit. À cause du manque de sommeil, mon visage est devenu noir et sans vie et mon corps est très faible. Bien des nuits, j'ai sincèrement appelé et prié Dieu de m'accorder le sommeil mais toutes mes prières sont restées vaines. »

Amma me sourit et me frotta le front avec de la cendre sacrée. Elle ne prononça pas une parole. Quand elle quitta le temple, je rentrai chez moi.

À minuit je pris mon souper, après quoi je me sentis très fatigué. Il était minuit et demie mais comme je n'imaginais pas pouvoir dormir, je m'allongeai simplement sur le lit. Je rouvris les yeux, quand j'entendis les domestiques m'appeler : « Monsieur, s'il vous plaît, levez-vous. Qu'est-ce que c'est que ce sommeil ? » J'eus un choc quand un domestique m'apprit qu'il était neuf heures du matin. Heureusement, c'était un dimanche et je n'avais donc pas besoin d'aller travailler. Le jeune garçon me servit un verre de thé mais j'étais toujours incapable de garder les yeux ouverts. Je me rendormis sans effort. Quand je me réveillai, il était une heure de l'après-midi. Je me levai et j'allai jusqu'à la salle à manger où je découvris mon petit déjeuner et mon déjeuner qui m'attendaient sur la table. C'était comme dans un rêve. Il me fallut quelques minutes pour me convaincre que ce miracle était réel. Depuis ce jour et jusqu'à aujourd'hui, je dors très bien. Tout est dû à la bénédiction d'Amma et à sa compassion infinie qui m'ont permis de retrouver force et vigueur.

Je lui rendis bientôt visite à l'ashram. J'avais toujours de nombreux problèmes de famille mais lors de cette première visite, je ne lui en parlai pas. Pourtant après avoir vu Amma en Dévi *bhava*, il me sembla que mes difficultés diminuaient peu à peu. Il y a trois ans de cela, devant le comportement grossier de mon beau-père, je fus contraint de le réprimander sévèrement. En guise de protestation, il fit pression sur sa fille, employée de banque, pour qu'elle se fasse muter à Tirouvananthapuram, là où il vit. Il insista tellement qu'elle fut forcée de lui obéir. Nous fûmes donc séparés et mon fils unique partit avec ma femme. Ma vie devint alors misérable et je souffrais beaucoup de la séparation. La famille de ma femme essayait de briser notre union en montant peu à peu ma femme et mon fils contre moi. Lors de ma seconde visite à l'ashram, je priai Amma de me sauver. Elle me réconforta avec un sourire, disant : « Mon fils, ne t'inquiète pas, Amma va s'en occuper. » Malgré ses paroles d'encouragement, je ne n'étais pas totalement convaincu.

Le lendemain matin, tout en travaillant, je ressentis un calme et une joie inhabituels. Je réussis à mener à bien toutes mes tâches, aisément et de bon cœur. À midi, je reçus un télégramme avec le message suivant : « Balamourali gravement malade, hospitalisé... Ammini. » Il venait de ma femme et concernait mon fils. Je ne ressentis ni angoisse ni tristesse. Je quittai aussitôt mon travail pour me rendre chez un dévot d'Amma à qui je confiai la nouvelle. Quand j'arrivai chez lui, un autre dévot était également présent. Je me rappelle encore leur paroles : « Gopakoumar, ne t'inquiète pas, c'est simplement une technique d'Amma pour vous rapprocher. La maladie de ton fils est un prétexte pour te faire aller là-bas. »

J'arrivai à Tirouvananthapuram à dix heures du soir et me rendis directement à l'hôpital où se trouvait mon fils. Quand j'entrai dans la chambre où il était alité, il se leva d'un bond en s'écriant : « Maman, mon papa est venu ! » Il paraissait en bonne santé. Ma femme me raconta brièvement ce qui s'était passé : « Dans la matinée, sa température dépassait quarante degrés. Nous étions tous très inquiets. Mais plus tard dans la soirée, la fièvre est tombée et il a retrouvé son état normal. » Je me souvins alors des paroles de mes amis et m'inclinai aux pieds d'Amma, qui répandait sur moi tant de grâce. Je passai deux journées heureuses avec ma femme et mon fils et rentrai le troisième jour à Ernakoulam après avoir sorti l'enfant de l'hôpital.

Le dimanche suivant, je me rendis comme d'habitude à Vallickavou pour aller voir Amma en Dévi *bhava*. Comme il y avait foule ce jour-là, je n'eus pas l'occasion de lui raconter la rencontre avec ma femme et mon fils. De toute façon, pensais-je, elle sait tout. Elle dit : « Amma connaît les problèmes de ses enfants sans qu'ils lui en parlent. Elle voit la souffrance de leur cœur. » Comme à l'accoutumée, elle me donna un bâton d'encens et de la cendre sacrée en *prasad* et me dit : « Mon fils, quand tu rentreras chez toi, tu seras libéré de toutes tes souffrances. » Je rentrai à la maison le soir même, à une heure du matin. Quand je me rendis dans ma chambre, j'eus la surprise et la joie immense de découvrir ma femme et mon fils, tous deux profondément endormis sur mon lit. Lorsque je les vis ainsi de retour à la maison après une séparation de trois ans, j'allai devant le portrait d'Amma, allumai de l'encens et priai les mains jointes : « Ma Mère bien-aimée, tu peux faire les choses que même Dieu ne peut faire. »

K. Damodharan Naïr

K. Damodharan Naïr était parent d'un dévot d'Amma qui était venu habiter chez lui pendant trois mois, à Bombay où il était employé. M. Naïr le voyait souvent assis devant la photo d'une femme, en adoration, en train de pleurer ou de chanter des *bhajans*. Il pensait : « Quelle perte de temps de pleurer ainsi devant une photo. Qui est cette soi-disant Mère ? » Il était très sceptique mais ne parlait jamais de son scepticisme pour ne pas déranger les prières de son parent.

Durant cette période, M. Naïr rendit visite à sa famille qui habitait à environ cent soixante-dix kilomètres de l'ashram. En arrivant, il trouva son père, âgé de quatre-vingts ans, en train de jardiner. « Papa, lui dit-il, à ton âge, pourquoi faut-il que tu te fatigues tant ? » Son père lui répondit : « Depuis l'enfance j'ai l'habitude de travailler dur. Je ne ressens aucune fatigue. »

Il se rendit ensuite dans la famille du parent qui habitait chez lui à Bombay. Le père de cet homme était lui aussi un fervent dévot d'Amma et ils décidèrent tous deux de lui rendre visite, M. Naïr plus par curiosité qu'autre chose.

Quand ils arrivèrent, le Krishna *bhava* avait commencé. En entrant dans le temple, M. Naïr fut surpris de voir le visage rayonnant et le sourire malicieux de Krishna, et lorsqu'il arriva devant Krishna pendant le *darshan,* il se mit à danser sans pouvoir se contrôler. Krishna lui demanda alors : « Est-ce que tu crois maintenant ? » Humilié et très confus, il n'était pourtant pas encore prêt à avoir pleinement foi en Amma. Il lui dit : « Donne-moi une expérience et après je croirai. » « Tu vas en avoir une », répondit-elle en souriant.

De retour à Bombay, M. Naïr travaillait en équipe de nuit et pendant son service, aux environs de minuit, il s'endormit sur son bureau. Tout à coup, à deux heures du matin, il sentit quelqu'un lui taper sur l'épaule. Il s'éveilla en sursaut pour trouver Amma devant lui qui lui dit : « Sais-tu que ton père est décédé ? Regarde et vois. » Il vit soudain le corps de son père éclairé à la tête et aux pieds par des lampes à huile, entouré de ses proches en larmes. « Crois-tu, maintenant ? », lui demanda-t-elle alors. M. Naïr ne savait que penser de cette expérience. Comment pouvait-il s'agir d'un rêve quand, de ses propres yeux, il avait vu Amma debout devant lui ? Mais en même temps, comment cela pouvait-il être vrai puisque quelques jours plus tôt, il avait vu son père, sain et fort comme toujours, en train de jardiner ?

Il rentra chez lui après son travail et raconta l'expérience à sa femme. « Ne fais pas attention à ce rêve sans importance, lui dit-elle. C'est certainement le produit de ton imagination. Va dormir. » Deux heures plus tard, un télégramme arriva disant : « Père est décédé à une heure. Viens tout de suite. » Après cet incident, M. Naïr acquit une foi profonde en la divinité d'Amma et devint un dévot ardent. Comme son parent, il prie maintenant devant la photo d'Amma.

Pouvampouzha Swami

Pouvampouzha Swami* était bien connu dans son village, près de Kollam. Quand il entendit parler d'Amma et de ses états divins

* Le terme *swami* désigne généralement un homme ayant renoncé au monde pour devenir *sannyasi.* Toutefois, dans le langage courant, on l'utilise également comme marque de respect.

en tant que Krishna et Dévi, le swami décida d'aller mettre la puissance spirituelle d'Amma à l'épreuve. Il fit sa première visite à l'ashram en 1976, puis il lui fut impossible de revenir pendant quelque temps à la suite du décès de sa mère. Au cours de sa deuxième visite, le swami pensa : « Si elle possède réellement le pouvoir de Krishna, qu'elle m'énonce l'une des doctrines de la Bhagavad Gita. Alors seulement, je croirai qu'elle est authentique. »

Quand le swami entra dans le temple, il se rappela sa résolution. Amma était en Krishna *bhava*. « C'est à cause de la mort de ma mère qu'il m'a été impossible de revenir ici pendant un certain temps », lui dit-il. Amma répliqua : « Ce qui n'est pas ne vient jamais à l'existence et ce qui est ne cesse jamais d'exister. Souviens-toi toujours de cette grande vérité. » À ces mots, le swami fut rempli d'un respect mêlé d'effroi.

Bien qu'Amma n'ait jamais lu les Écritures, la phrase qu'elle prononça est la traduction exacte du seizième verset du chapitre deux de la Bhagavad Gita. Après l'avoir entendue, le swami fut convaincu de la grandeur d'Amma et devint un dévot sincère.

Radha Baï

Radha Baï, de Kozhikode (Calicut), était une fidèle dévote de Shri Satya Saï Baba. Dans la nuit du 23 janvier 1985, elle eut un rêve dans lequel il lui apparut accompagné d'une sainte femme toute vêtue de blanc. Ils se tenaient debout devant une grande maison. Montrant la sainte femme du doigt, Baba lui dit : « Tu dois aller voir cette Mère. » Après qu'il eût prononcé ces mots, ils disparurent. Radha Baï, dont le sommeil avait été interrompu, se leva et demanda : « Où dois-je aller pour la rencontrer ? Comment savoir où elle habite ? » Le lendemain, elle vit dans un journal la photo d'une sainte femme et un article annonçant son arrivée le jour même à Kozhikode. Elle reconnut aisément son visage : c'était la Mère qu'elle avait vue en rêve avec Baba. L'endroit où elle demeurait pendant sa visite était également mentionné. Radha Baï fut remplie de joie.

Ce jour là, elle alla donc avec sa famille rencontrer Amma. Quand ils arrivèrent au lieu indiqué, elle fut stupéfaite de reconnaître exactement la maison qu'elle avait vue en rêve la nuit précédente. Ils allèrent tous recevoir le *darshan* d'Amma et Radha Baï lui raconta alors son rêve. Amma écouta paisiblement puis eut un doux sourire, comme pour indiquer qu'elle était déjà au courant ! Radha Baï et sa famille rentrèrent chez eux dans l'allégresse, ayant le sentiment d'avoir été bénis.

Kounjoukoutty Amma

Lors de la première visite d'Amma à Kozhikode, de nombreux dévots eurent la chance de vivre des expériences spirituelles, source d'inspiration pour chacun d'entre eux. Kounjoukoutty Amma, dont la divinité d'élection était la Mère divine, vouait depuis de nombreuses années un culte à Dévi sous la forme de Moukambika. Accompagnée de sa famille, elle vint rendre visite à Amma le 24 janvier 1985. Écoutons-la raconter son expérience :

« Quand je m'approchai d'elle, ses yeux pénétrants tombèrent sur moi. Dès ce premier regard, mes cheveux se dressèrent sur la tête. Il me sembla perdre conscience de mon corps. Je me prosternai devant Amma et la suppliai à haute voix : « Ô Mère ! Grande enchanteresse ! Moukambika ! Protège-moi, Ô Mère ! Accorde-moi refuge, accorde-moi refuge ! » Elle me mit affectueusement la tête sur ses genoux puis, la relevant avec douceur, elle m'appliqua de la cendre sacrée entre les sourcils avec l'index gauche. Dès qu'elle m'effleura le front, je ressentis dans tout le corps une terrible secousse, comme un choc électrique. L'instant suivant je vis clairement à l'endroit où se trouvait Amma ma divinité bien-aimée, Moukambika, assise en posture du lotus et parée de ses divins ornements. »

Kounjoukoutty Amma se mit à danser et à chanter dans un

état d'ivresse divine. Amma lui demanda : « Mon enfant, que veux-tu ? » Dans cet état d'extase, elle répondit : « Je suis bénie d'avoir touché Tes pieds de lotus. J'ai vu Parashakti *(l'énergie suprême)* ! Ô Mère, je T'en prie, ne t'en va pas, ne m'abandonne pas. »

Elle continuait à danser, ivre de béatitude, et pleurait de joie. Amma s'interposa pour empêcher les dévots de l'entraîner hors de la pièce, disant : « Que personne ne la touche. Elle goûte la béatitude. » Kounjoukoutty Amma resta dans cet état de félicité pendant une demi-heure. Puis, ayant vu la forme merveilleuse de sa divinité bien-aimée, elle rentra chez elle le cœur débordant d'amour.

Kounjouramane

Kounjouramane, professeur de lycée, raconte les faits suivants :

« Ayant été initié au Siddha Vidya *(une forme de pratique spirituelle)* par sa sainteté le swami Shivananda Paramahamsa, je suivis pendant douze ans ses instructions autant que ma situation de chef de famille me le permettait. Pleinement conscient du fait reconnu que le Siddha Vidya et les textes sacrés comme la Bhagavad Gita peuvent me conduire jusqu'au but suprême, je décidai de ne pas chercher qui que ce soit d'autre pour me guider.

Mais en 1985 un ami conférencier, un de mes voisins, me parla de ses expériences à Kozhikode avec une sainte Mère, Mata Amritanandamayi. Il me raconta qu'un simple contact avec elle lui avait permis de connaître des expériences spirituelles. Il me montra un fascicule contenant des paroles d'Amma et j'eus également la chance d'entendre sur une cassette un de ses *bhajans*, *Manase nin svantamayi.*

Bien que ma santé fût mauvaise, je décidai de recevoir coûte que coûte le *darshan* de cette Mère. Je débattis la question avec un ami proche qui pratiquait le yoga, Shri K. S. Naïr, et il accepta de m'accompagner. Ainsi nous arrivâmes en ce lieu saint le 20 octobre 1985 à seize heures.

Amma donnait le *darshan* dans la hutte. Quand vint mon tour, elle me demanda affectueusement mon nom et d'où je venais, et me dit que nous nous reverrions pendant le *bhava darshan.* Lors de ce deuxième *darshan*, elle appuya fortement sur la partie centrale de mon front et me dit de m'asseoir auprès d'elle pour méditer.

Le lendemain, tandis que Shri Naïr et moi étions devant le petit temple, perplexes, incapables de trouver un endroit isolé où méditer, Amma arriva soudain et nous rejoignit en disant : « Venez, mes fils ! ». Elle nous conduisit à la salle de méditation, du côté sud, où quelques *brahmacharis* méditaient, nous dit de nous asseoir et commença à méditer avec nous. Cet incident nous surprit profondément. Amma, qui se trouvait on ne sait où dans l'ashram, apparaissant tout à coup devant nous, connaissant notre désir de méditer. Cela nous révéla l'état supérieur dans lequel elle vivait. Nous pensons que c'est cette expérience qui fut plus tard responsable de la création d'un groupe de dévots à Ambalapara.

En novembre et décembre, mon nez se mit à saigner fréquemment. Je consultai un médecin et suivis un traitement prolongé, mais le saignement persista. Nous fûmes informés qu'Amma devait venir au Shri Ramakrishna Ashram de Pallapouram le 4 janvier et nous décidâmes, mon ami Shri Narayanan Naïr et moi-même, de nous y rendre pour recevoir son *darshan* et mettre au point les derniers détails du programme qui allait se tenir à Ambalapara le 17.

Le *darshan* terminé, je me rendis compte que j'avais oublié de mentionner mon problème de saignements de nez. J'attrapai alors tous les médicaments et je les jetai en disant : « Si telle est la volonté d'Amma, alors cette affection me quittera d'elle-même. » Étrange mais vrai, ce fut la fin de cette maladie et depuis, je n'ai plus eu aucun problème de ce genre.

Quand Amma vint à Ambalapara en 1986, nous eûmes la chance de l'accueillir dans notre humble demeure. Pendant la *pada puja**, les pieds d'Amma laissèrent une empreinte dans le

* Culte rendu aux pieds sacrés du gourou ou de la divinité.

plateau où ils avaient été lavés. Ce plateau se trouve à présent dans notre pièce de méditation et avec d'autres dévots, nous lui rendons un culte. Les empreintes des pieds sacrés d'Amma sont encore clairement visibles aujourd'hui.

Seshan

Seshan, de Madras, était ingénieur en électricité. Quand il prit sa retraite, il consacra son temps à organiser des causeries spirituelles et à servir les sannyasins. Mais malgré toutes ses pratiques spirituelles, il n'avait constaté aucun progrès. Après sa première rencontre avec Amma, en 1984, il la pria plusieurs fois de lui donner l'initiation* mais elle prêtait peu d'attention à sa requête. Seshan insista et réitéra sa demande. C'est à cette époque qu'Amma visita Tirouvannamalaï, la demeure de Shri Ramana Maharshi. Seshan s'y rendit lui aussi avec sa famille et cette fois, quand il lui exprima son vœu le plus cher, Amma répondit immédiatement qu'elle l'initierait dès sa prochaine visite à Vallickavou.

Comme promis, Seshan reçut l'initiation lors de sa visite suivante l'ashram. C'était un jour de *darshan* mais il y avait peu de monde. À vingt-trois heures, juste avant la fin du Dévi *bhava*, Amma l'initia. Avant de quitter le temple, Amma donna aux dévots l'ordre suivant : « Personne ne doit toucher ce fils ni l'appeler. »

Peu après son initiation, Seshan s'absorba en méditation. Trois heures plus tard, toujours assis dans le temple, il n'avait pas bougé. Obéissant aux consignes d'Amma, deux résidents de l'ashram gardaient la porte du temple pour lui éviter d'être dérangé. Peu après deux heures du matin, Seshan ouvrit les yeux et regarda

---

.* L'initiation donnée par Amma est une cérémonie qui s'accomplit derrière les portes fermées du temple au cours de laquelle Amma transmet une énergie spirituelle *(prana shakti)* à son dévot ou disciple à l'aide d'un mantra.

autour de lui, perplexe. Il demanda à l'un des résidents : « Où sont-ils tous ? Où est Amma ? Pourquoi n'y a-t-il pas de *bhajans* ? Je n'ai médité que quelques minutes, mais que s'est-il passé ? » « Quelques minutes ! », s'exclama le résident. « Trois heures se sont écoulées. Amma t'a donné l'initiation à vingt-trois heures et il est maintenant deux heures. Le *bhava darshan* est terminé depuis longtemps. »

À ces mots, l'étonnement et la joie de Seshan ne connurent pas de bornes. « La grâce de la Mère ! », s'écria-t-il. Cette remarque piqua la curiosité du résident qui demanda : « Si cela ne vous dérange pas, nous aimerions connaître votre expérience. En tant que chercheurs spirituels, elle pourrait être pour nous une source d'inspiration. »

Seshan répondit avec joie : « Comment l'exprimer avec des mots ? Après m'avoir donné le *mantra*, Amma m'a touché le front de son index sur le point entre les sourcils. L'impact de ce contact fut extraordinaire. C'était comme si j'avais reçu dans tout le corps une sorte de choc électrique très fort. Le temple et le monde entier se mirent à tourner à vive allure, puis ils disparurent. Après cela, je n'ai plus ressenti que de la béatitude. Vous me dites que je suis resté trois heures en méditation, mais il m'a semblé que trois minutes seulement s'étaient écoulées. Quelle merveille ! Il n'y avait plus ni espace ni temps. »

En entendant cette histoire, la curiosité du résident ne fit que croître. Avec quelque hésitation il demanda : « Serait-il possible de connaître le *mantra* qui vous a été donné ? Si cela n'est pas trop indiscret, je vous en prie, dites-le moi. Je me sens poussé à vous le demander car selon votre explication, il est clair que peu après votre initiation, vous avez été transporté dans le monde du sans-forme. »

Seshan répondit : « Un *sadhak* est supposé ne révéler son *mantra* à personne. Il faut le garder secret. Mais ce que je peux vous dire, c'est que je suis un adepte du Védanta, un adorateur de la Conscience suprême sans forme. Depuis de nombreuses années je répète un *mantra,* sans avoir cependant jamais obtenu la moindre expérience spirituelle. Amma m'a initié au même *mantra.* Non seulement elle me l'a donné mais elle m'a également béni en m'accordant l'expérience qui lui correspond. »

P. O. Nambiar

P. O. Nambiar de Kozhikode, l'une des trois villes principales du Kérala, raconte son expérience :

« Depuis l'enfance je vénère le Seigneur Krishna et j'ai toujours répété Ses noms divins et chanté des chants à Sa louange. À l'âge de dix-sept ans, je fus initié par le disciple d'un grand Maître, Shivananda Paramahamsa et je commençai à pratiquer aussi la méditation.

L'incident suivant se déroula en 1960. Un soir, après ma séance habituelle de chants et de méditation, j'allai me coucher. À trois heures trente du matin, j'eus un rêve dans lequel je vis une grande salle précédée d'une cour, décorée de plantes aux couleurs variées qui poussaient en terre ou dans des pots. Là, je découvris deux personnages : l'un était un saint homme vêtu d'une robe orange vif avec une épaisse chevelure crépue et l'autre une sainte femme habillée de blanc qui me faisait signe de la main droite pour m'inviter à les suivre. Le saint homme ne me regardait pas et ne fit aucun geste dans ma direction. Bien que ce fût seulement un rêve, j'eus la certitude qu'il avait un sens caché et par la suite ce rêve et les grandes âmes qu'il me fit découvrir restèrent très vivants dans ma mémoire.

Deux ans plus tard, quand il commença à être connu dans notre région, je découvris que le saint homme était Shri Satya Saï Baba de Pouttaparthi. Vingt années passèrent avant que je réalise que la sainte femme du rêve était Mata Amritanandamayi. Je la vis pour la première fois le 26 janvier 1985 chez un dévot à Kozhikode.

Quand je la rencontrai, je lui demandai en toute humilité : « Je pratique la méditation depuis l'âge de dix-sept ans mais jusqu'à présent, je n'ai jamais fait l'expérience du *samadhi*. Je t'en prie, bénis-moi en m'accordant cette grâce. » Elle me regarda dans les yeux et répondit : « Fils, intensifie ta *sadhana* et progresse. »

Après avoir reçu sa bénédiction, je me tenais à l'extérieur de la maison lorsque je vis Amma et quelques disciples se préparer à partir pour participer à une réception suivie de la cérémonie de consécration d'un temple. Debout à quelque distance du portail d'entrée, je pensais partir quand la voiture transportant Amma aurait quitté l'enceinte. Au moment où elle mettait le pied dans la voiture, elle m'aperçut soudain et ressortit immédiatement pour venir à ma rencontre. Je m'inclinai devant elle les mains jointes. De son doigt, elle m'effleura les mains en disant : « Fils, Amma a accepté de partir mais elle reviendra bientôt. » Ce contact physique avec elle fut comme une formidable décharge électrique, une secousse violente, et tout mon corps sursauta de la tête aux pieds. Mes yeux se fermèrent automatiquement et se remplirent de larmes. Quatre ou cinq secondes passèrent et quand je rouvris les yeux, Amma était déjà dans la voiture et s'en allait. Je restai sur place, pétrifié, jusqu'à son retour. Ce geste d'Amma eut sur moi un effet extraordinaire. Mes pratiques spirituelles s'en trouvèrent renforcées et ma concentration accrue. Et surtout, l'avidité pour les plaisirs du monde que je ressentais jusque-là disparut mystérieusement et sans le moindre effort. Mon état d'esprit reste le même aujourd'hui.

En avril 1985, alors que je participais à une retraite spirituelle d'une semaine à l'ashram, je lui demandai : « Amma, j'ai lu dans certaines Écritures que si l'on arrive à retrouver le Maître spirituel de sa vie antérieure, on bénéficie alors d'une évolution rapide. Amma, étais-tu mon gourou dans une naissance précédente ? » Elle répondit alors en souriant : « Oui, mon fils. » Je lui demandai humblement : « Amma, s'il en est ainsi, aie la bonté de m'initier. » « Lors de ta prochaine visite, Amma t'initiera », dit-elle très affectueusement.

« Comme promis, au cours de ma visite suivante le 12 mai 1985, Amma me donna l'initiation à la fin du Dévi *bhava*. Ensuite, elle me mit un trident dans les mains et me conseilla de méditer aussi longtemps que je le désirais. De l'instant où elle me le tendit jusqu'au moment où je le remis à sa place, le trident vibra fortement comme s'il était chargé d'électricité. Pour me convaincre que je n'étais pas simplement la proie d'une hallucination, je le passai plusieurs fois d'une main dans l'autre. Mais il ne cessait pas de vibrer ; c'était bien réel. Même mes mains tremblaient au rythme de ses vibrations. Cela dura une heure et demie, jusqu'à ce que je remette le trident à sa place. J'étais maintenant convaincu qu'Amma était un Maître parfait et qu'elle pouvait transmettre son énergie spirituelle même à un objet inerte. Ces expériences et bien d'autres encore renforcèrent ma foi en elle et aujourd'hui, ma vie entière est dédiée à ses pieds de lotus.

Amma avec Shakti Prasad I

Chapitre XIII

Les enfants nés du *sankalpa* d'Amma

(Manasa putranmar)

Amma a béni de nombreux couples stériles en leur accordant un enfant par sa résolution divine *(sankalpa)*. Ces couples viennent prendre refuge à ses pieds alors qu'ils essayent depuis des années d'avoir des enfants. Deux facteurs principaux leur permettent de voir leur vœu le plus cher se réaliser : des prières sincères et une foi inébranlable en toutes circonstances. Ils doivent par ailleurs posséder suffisamment de confiance en eux-mêmes, de force d'esprit et de dévotion pour affronter les épreuves et les tribulations qui ne peuvent manquer de se produire au cours de la grossesse. Amma, pour sa part, se montre très stricte dans le choix de ceux qui méritent vraiment son aide et prend en compte des considérations subtiles qui se situent bien au-delà du domaine de l'intelligence humaine. Plusieurs dévots ont cependant eu le bonheur de recevoir cette grande bénédiction et nous allons raconter la naissance de quatre de ces enfants.

Shakti Prasad I

Vidyadharan et Omana qui demeurent à Vavvakavou, un petit village situé à quatre kilomètres de Vallickavou, étaient profondément tristes de ne pas avoir d'enfant après neuf ans de mariage. Ils nourrissaient le désir intense de choyer un petit mais pour eux, la douceur du sourire et du babil de l'enfant semblaient devoir rester à jamais un rêve. C'est dans ces circonstances que Sarasamma, la sœur aînée d'Omana, lui parla d'Amma dont elle était une dévote fervente. En 1977, Omana se rendit à l'ashram avec sa sœur. Lorsque vint son tour d'aller au *darshan*, elle entra dans le temple et s'approcha d'Amma. Avant qu'elle ait eu le temps de lui confier son infortune, Amma la réconforta en disant : « Tu es venue ici pour demander un bébé. Amma va te délivrer de ton chagrin. D'ici quatre mois, l'enfant prendra forme en toi. » Omana crut fermement à ses paroles et s'en retourna chez elle pleine de joie. La prédiction d'Amma se révéla parfaitement exacte et quatre mois plus tard, Omana ressentit les premiers symptômes d'une grossesse. Vidyadharan, Omana et leur famille étaient aux anges : pendant neuf ans ils avaient prié et rêvé d'un enfant et voilà qu'à présent, ce désir allait être comblé.

Omana travaillait à ce moment-là chez un producteur de noix de cajou. À son quatrième mois de grossesse, elle alla voir un médecin qui confirma que le fœtus se portait très bien. Au neuvième mois, elle passa un nouvel examen et fut stupéfaite d'entendre le diagnostic du médecin, qui lui apprit qu'elle n'était pas enceinte ! Le plus surprenant était son énorme ventre qui ne changeait pas de taille. Omana, son mari et toute la famille étaient extrêmement inquiets. Dans un autre hôpital, ils consultèrent plusieurs gynécologues qui examinèrent la jeune femme et ne trouvèrent aucune trace de bébé dans l'utérus. Les médecins étaient très étonnés et trouvaient cela bien étrange, eux aussi : une femme montrant tous les signes extérieurs de grossesse mais ne portant pas d'enfant en elle ! Un médecin spécialiste en gynécologie finit par prendre une radio du ventre de la mère et eut la surprise d'y découvrir non pas un fœtus mais un épais nuage de fumée. Tous furent stupéfaits et en même temps curieux de connaître l'explication. La famille, perplexe, conduisit Omana à Kollam dans un autre hôpital où elle passa encore une fois tous les tests. Les médecins ne parvenaient pas à prononcer de verdict définitif. Comme toute trace de l'enfant semblait avoir disparu de l'utérus, la famille d'Omana était très déçue. Mais la foi d'Omana était inébranlable et elle demeurait optimiste. Ils se rendirent tous un jour auprès d'Amma et lui racontèrent les rapports des médecins et le résultat de la radio. Amma sourit avec bienveillance et dit : « Soyez courageux, cet enfant est un enfant de Dieu et non pas une image. » La foi d'Omana en ses paroles était absolue.

Le jeu divin ne s'arrêta pas là. Après dix mois de grossesse, la future maman n'accouchait toujours pas. Les jours, les mois passaient et la situation restait inchangée. Omana était maintenant enceinte de treize mois. Les villageois l'insultaient, ils se moquaient d'elle et d'Amma en disant : « Elle va mettre au monde un éléphant. » D'autres lançaient des remarques acerbes : « Oh, cette fille de pêcheurs lui a donné un bel enfant ; c'est peut-être un serpent ! » Omana et son mari passaient leurs journées en prière et en méditation. Amma était leur seul secours, leur seul soutien et ce fut pour eux une épreuve très dure. Seize mois passèrent et la jeune femme n'avait pas encore accouché. Les villageois continuaient de l'insulter avec parfois beaucoup de vulgarité. Pourtant, abandonnant tout aux pieds d'Amma et observant des vœux très stricts, Omana se cramponnait à sa foi inébranlable.

Un jour enfin, dans le courant du seizième mois, Amma demanda à la famille de conduire Omana à la maternité et ils se rendirent tous à l'hôpital Victoria de Kollam. La nouvelle de cette naissance extraordinaire et merveilleuse attira beaucoup de monde. Tous attendaient le résultat avec impatience. Quand les médecins apprirent par la famille qu'Omana était enceinte de seize mois, ils l'examinèrent avec attention et furent stupéfaits de découvrir qu'il n'y avait pas d'enfant dans l'utérus malgré tous les symptômes prouvant qu'une grossesse était bien en cours. Ils se trouvaient pris dans un dilemme et après une longue discussion, ils décidèrent finalement d'opérer. Après l'intervention, ils ne purent en croire leurs yeux : un enfant en bonne santé et parfaitement formé était là, dans l'utérus !

Il fit son entrée dans le monde après seize mois de gestation. Amma l'appela Shakti Prasad (bénédiction de l'Énergie suprême) et il commença à méditer et à chanter des *mantras* alors qu'il avait à peine trois ans. Amma lui donna un rosaire de *rudraksha* et un petit tapis fabriqué avec des plantes. Assis là-dessus, il méditait dans une posture yogique parfaite et répétait les *mantras* sacrés : « Om namah Shivaya » et « Om ». Chaque fois qu'il venait à l'ashram, il s'asseyait en présence d'Amma sans que personne ne l'y invite, puis ramassait quelques pétales de fleurs et les offrait à ses pieds. Elle disait souvent : « Il a les yeux d'un yogi. » Il parlait peu et n'était pas malicieux ni désobéissant comme la plupart des enfants. À l'école il disait à ses camarades de classe : « Vous devez méditer sur la forme d'Amma sinon vous tomberez malades. »

Shakti Prasad II

Ratnamma et son mari Krishnan, de Kollam, à environ trente-cinq kilomètres de l'ashram, sont un autre de ces heureux couples qui reçurent la bénédiction d'Amma pour concevoir un enfant. Ratnamma vint à l'ashram en 1976 après un incident qui l'incita à rendre visite à Amma. Rina, une de ses voisines, chrétienne, souffrait continuellement d'une douleur terrible dans la poitrine. Elle entendit un jour parler d'Amma et alla la voir. Amma lui donna de l'eau bénie et de la cendre sacrée qui la délivrèrent complètement de sa douleur. Ratna, qui souffrait d'intolérables douleurs à l'estomac, fut inspirée par l'expérience de sa voisine et désira recevoir elle aussi la bénédiction d'Amma. Elle se rendit à Vallickavou et pendant le *bhava darshan*, Amma lui donna une banane. Elle la mangea et les douleurs qui la tourmentaient depuis tant d'années disparurent.

Ratna avait épousé Krishnan en 1971 mais au bout de cinq ans de vie conjugale, ils n'avaient toujours pas d'enfant. Cela les rendait tristes, pourtant Ratna n'en parla jamais à Amma. Amma lui dit un jour : « Ne désires-tu pas avoir un enfant ? Amma va t'exaucer. Dans dix mois, tu mettras au monde un fils. »

Comme promis, Ratna se retrouva enceinte malgré les démentis apportés par les radios et les diagnostics des médecins. Krishnan, le mari de Ratna, crut le corps médical. Frustré et rancunier, il dit à sa femme : « Je ne te permettrai pas de retourner à Vallickavou avant la naissance de l'enfant. » Au cours de cette période, Ratna eut de nombreuses visions d'Amma .

A la date prévue, Ratnamma mit au monde un garçon rayonnant. Dès qu'il apprit à parler en malayalam, l'enfant dit que son vrai père était Dieu et non Krishnan, son père de sang. Bien que né et élevé dans un village de pêcheurs, Shakti Prasad ne mangeait ni poisson ni viande. Il méditait sans faute matin et soir, parfois pendant plus d'une demi-heure. Il fallait même parfois le secouer pour le sortir de sa méditation. Depuis son plus jeune âge, il avait l'habitude de jouer à construire des temples en argile pour y adorer le Seigneur Shiva et la déesse Parvati.

Un étranger se présenta un jour chez lui. Son père, Krishnan, était absent et comme le veut la coutume, sa mère invita le visiteur à s'asseoir sur la terrasse et lui offrit une tasse de café. Tout à coup Shakti Prasad, alors âgé de sept ans, se précipita vers l'étranger et le frappa. Ratnamma intervint immédiatement pour le repousser mais Shakti Prasad se retourna vers sa mère, disant :

« Maman, c'est un voleur. Ne le laisse pas s'asseoir là et ne lui sers pas de café. » « Comment sais-tu que c'est un voleur ? » lui demanda-t-elle. « En regardant son visage », répondit l'enfant. À ces mots le voleur, qui s'était fait passer pour un voyageur étranger, déguerpit sans demander son reste.

De temps à autre, Shakti Prasad disait à sa mère : « Tu n'es pas ma mère. Ma mère est à Vallickavou. » Si quelqu'un tombait malade chez lui ou dans le voisinage, Shakti Prasad allait le voir avec des feuilles de *tulasi*, de l'eau bénie et de la cendre. En aspergeant le corps avec cette eau, il faisait disparaître les symptômes de la maladie. Mais Shakti Prasad n'agissait ainsi que si son intuition le lui dictait et non pas sur demande.

Il se rendit un jour chez un voisin et par inadvertance, fit tomber de la table une part de gâteau. La fille de la maison le frappa. Le jour suivant cette fille vint avec ses parents chez Shakti Prasad. Savez-vous pourquoi ? Parce que son bras droit, qui avait frappé le jeune garçon, était enflé et lui faisait atrocement mal. Elle ne pouvait même plus bouger la main. Présumant qu'il s'agissait d'une punition reçue pour avoir frappé l'enfant, ils venaient en quête d'une solution et Ratnamma leur suggéra d'aller voir Amma. Ils s'y rendirent dès le lendemain et demandèrent pardon, après quoi le bras de la fillette redevint normal.

Dès son plus jeune âge, Shakti Prasad a toujours été gentil et bienveillant envers les autres. Si quelqu'un dans le voisinage est privé de nourriture, il le fait venir chez lui pour lui donner à manger. Cette nature généreuse a créé de nombreux problèmes à ses parents dont la situation financière est précaire. Mais si sa famille hésite à donner de la nourriture, Shakti offre alors sa propre part et jeûne.

Ratnamma se considère comme sa mère adoptive. Elle l'élève au nom d'Amma, en qui elle voit la véritable mère de son enfant.

Ounnikannan (Shakti Prasad III)

Sarasane et sa femme Tankam vivaient sur la péninsule où est situé l'ashram. Au bout de nombreuses années de mariage, ils souffraient terriblement de ne pas avoir d'enfant. Ayant entendu parler d'Amma et de ses pouvoirs divins, ils prirent refuge en elle et prièrent sincèrement pour que le vœu le plus cher à leur cœur se réalise. Puis un jour pendant un *bhava darshan*, Amma dit à Tankam qu'elle allait bientôt être enceinte et elle le fut en effet dans les jours qui suivirent.

Une nuit, au cours de son troisième mois de grossesse, Tankam fut subitement prise de douleurs terribles au ventre suivies d'une hémorragie. Il n'y avait ni hôpital ni médecin à proximité. Sa famille était très angoissée et ne savait comment lui venir en aide. Tankam pleurait et hurlait de douleur. A la stupéfaction générale, Amma entra alors dans la pièce. Elle prépara une décoction de feuilles de *tulasi* qu'elle fit boire à Tankam. En quelques secondes, les maux de ventre et l'hémorragie cessèrent. Comment Amma était-elle arrivée chez eux à cette heure avancée de la nuit ? Amma se rendait en bateau avec quelques dévots dans un autre endroit de la péninsule mais, quand l'embarcation arriva à la hauteur de la maison de Tankam, l'humeur d'Amma changea soudain et elle parut très agitée. Elle insista pour descendre chez Tankam. Les dévots qui l'accompagnaient tentèrent de l'en dissuader car il faisait nuit et leur destination était encore lointaine, mais Amma resta inflexible et le bateau dut accoster. Les plans divins sont toujours mystérieux.

Pendant sa grossesse, Tankam venait parfois à l'ashram et Amma lui dit un jour : « Tu mettras ton enfant au monde par une nuit sans lune, au milieu du tonnerre et des éclairs ; il y aura ensuite une forte averse. » Comme Amma l'avait prédit, c'est au cours au cours d'une nuit obscure entrecoupée de fortes pluies et de coups de tonnerre qu'elle mit au monde un beau petit garçon. Cela se passait à l'hôpital d'Allepey. Il y eut alors une panne d'électricité qui plongea tout le bâtiment dans l'obscurité. Ceux qui se trouvaient présents autour de l'enfant à ce moment-là furent témoins d'un fait extraordinaire : les yeux brillants et rayonnants du nouveau-né perçaient les ténèbres.

Nommé Ounnikannan par Amma, il devint un enfant exceptionnel, doté d'une intelligence très fine, et son visage rayonnait de splendeur spirituelle. Bien que né et élevé parmi les pêcheurs, il ne mangeait jamais ni poisson ni viande. Il posait parfois des questions concernant la signification des rituels et des autres pratiques religieuses. Il agissait toujours selon son intuition. Personne ne le grondait ni ne le battait, même s'il faisait des bêtises. Si par hasard on le réprimandait ou on le frappait, personne ne pouvait dormir la nuit suivante car il survenait quelque perturbation mystérieuse. Amma dit un jour : « Je lui donnerai tout ce qu'il voudra. » Les parents d'Ounnikannan ont une foi profonde en cette promesse.

Shakti Prasad IV

Hassanou Kounjou, musulman, épousa Soubaïda quand elle avait seize ans. Seize autres années passèrent sans qu'elle parvienne à concevoir un enfant ; elle avait maintenant trente-deux ans. Son mari avait suivi de nombreux traitements pour une blessure à la jambe qui s'était infectée ; il vint voir Amma en 1977. Par sa grâce la plaie fut totalement guérie et Soubaïda devint elle aussi une fervente dévote. Comme elle avait perdu tout espoir d'avoir un enfant, elle n'avait jamais ouvert son cœur à Amma à ce sujet. Le diagnostic des médecins disait qu'elle ne pouvait concevoir d'enfant sans avoir été opérée au préalable. Un jour pourtant, comprenant son état intérieur, Amma lui dit : « Tu es triste parce que tu n'as pas d'enfant après tant d'années. Amma va t'en donner un. » Peu de temps après, Soubaïda se trouva enceinte. Elle conçut son premier enfant en 1978, à trente-deux ans, après seize ans de mariage. Ce fut un événement extraordinaire pour les villageois et pour sa famille. Craignant les protestations et les insultes de la communauté musulmane, Soubaïda et son mari gardèrent secrète l'origine de cette grossesse.

En 1979, elle mit au monde un garçon resplendissant. Les parents le nommèrent Ansim, les voisins l'appelèrent Manikantan et Amma lui donna le nom de Shakti Prasad. C'est un enfant étonnant qui rayonne et qui possède une vitalité inhabituelle. Il attire l'attention de tous. Seule Amma connaît son brillant avenir.

À propos de la naissance et du futur de ces enfants, Amma a déclaré : « Pendant que je médite, un pouvoir émane de moi et pénètre dans le ventre de la mère. C'est ainsi qu'elle se trouve enceinte. Certains de ces enfants deviendront de parfaits *sannyasis*, d'autres mèneront une vie de famille. Mais où qu'ils vivent, ils se tourneront tous un jour vers la spiritualité. »

L'idée que dans quelques années elles perdraient leur enfant, puisqu'il déciderait de se consacrer au service de l'humanité, attristait la plupart de ces mères. Amma leur promit donc un deuxième enfant, qui répondrait aux attentes que les parents nourrissent généralement, c'est-à-dire qu'il aurait une bonne situation et mènerait une vie de famille. Dans les années qui suivirent, ces mères furent bénies par la naissance d'un deuxième enfant.

Chapitre XIV

Expériences d'aspirants spirituels

Ounnikrishnan
(Swami Touriyamritananda)

Ounnikrishnan fut le premier à avoir la chance de venir vivre auprès d'Amma. Il a interrompu sa scolarité après la sixième et représente un merveilleux exemple de la bonté et de la grâce d'Amma, nous montrant que la grâce du gourou peut transformer un homme sans instruction en poète. Sa vie en est le meilleur témoignage.

Ses brèves études achevées le jeune Ounni vagabonda librement et eut diverses activités. En 1976, à l'âge de vingt ans, il entendit parler d'Amma et vint lui rendre visite. Dès cette première rencontre, il ressentit pour elle une foi et une dévotion profondes et par la suite, il vint souvent la voir et solliciter ses conseils. Une année passa ainsi. Amma lui demanda un jour de rester auprès d'elle pour accomplir les rites quotidiens dans le temple. Elle le chargea de psalmodier chaque jour le *Lalita Sahasranama* (les mille noms de la Mère divine).

Alors sa vie changea totalement. La simple présence d'Amma lui inspirait un désir ardent de réaliser la vérité. Ses journées étaient remplies : il pratiquait une ascèse austère, accomplissait le rite d'adoration, conversait avec Amma, lisait les Écritures et effectuait encore d'autres activités spirituelles. Grâce à cette vie disciplinée, il comprit peu à peu que la Mère resplendissante des *bhavas* divins et celle qu'il voyait chaque jour, dans ses humeurs plus ordinaires, n'étaient en réalité qu'un seul et même être, deux facettes ou manifestations du même pouvoir divin infini, mises en scène pour le bien du monde. Cette révélation stimula fortement son désir d'accomplir sa *sadhana* et il s'abandonna entièrement aux pieds d'Amma, la considérant comme son seul soutien dans la vie. Au fil des années, sa discipline spirituelle se fit plus rigoureuse ; il mangea, dormit et parla de moins en moins. De temps à autre, il jeûnait pendant plusieurs semaines. Il avait l'habitude de dormir à même le sol, se couvrant d'une simple couverture pendant l'hiver et la saison des pluies. Quand il partait en pèlerinage, comme cela lui arrivait parfois, il parcourait tout le trajet à pied, n'empruntant jamais d'autre moyen de transport.

Un jour, les larmes aux yeux et débordant d'émotion, il demanda à Amma : « Qui est ma véritable Mère ? » Elle le regarda avec une immense tendresse, lui mit la tête sur ses genoux et répondit : « Mon enfant, tu es mon fils et je suis ta mère. » Ounnikrishnan fut submergé de béatitude et regardait en silence le visage radieux d'Amma, versant des larmes de joie.

Par la grâce infinie d'Amma, Ounnikrishnan est devenu un poète fécond dont les œuvres sont empreintes d'une philosophie profonde et pleine de dévotion.* Lorsque sa famille envoya un jour un parent pour le ramener chez eux, il répondit par ces vers :

Depuis si longtemps j'ai quitté mon foyer,
s'il me fallait à présent mener une vie profane,
y gagnerais-je la paix ?
Quel fut, depuis les temps anciens,
le profit d'une telle existence ?

Tandis que je lutte pour me libérer
de la pure folie du monde,
pourquoi voulez-vous me faire suivre la voie des sots
qui mène tout droit à la servitude du mendiant ?
Pourrai-je jamais consentir à un tel destin ?

Ounni décrit ainsi sa première rencontre avec Amma :

* Les poèmes d'Ounni ont été traduits en français sous le titre : *Amritanjali,* par Swami Turiyamritananda Puri, publié par Mata Amritanandamayi Mission Trust, 1996.

Akalatta kovilil

Dans un temple lointain brille une flamme rouge
qui jamais ne s'éteint.
La Mère est là, compassion infinie,
assise, phare lumineux guidant
le malheureux perdu dans les ténèbres.

Un jour je m'y aventurai.
Cette bonté incarnée ouvrit la porte du sanctuaire,
m'invitant à entrer.
Sur le front elle m'appliqua de la pâte de santal.
Sa voix mélodieuse chantait les louanges du Seigneur.
Elle me fit une place sur son doux bras sacré.
Dans un rêve divin et merveilleux,
elle murmura à mon oreille :

« Pourquoi pleurer ? N'es-tu pas arrivé
près de la Mère de l'univers ? »
Dans un soupir je m'éveillai,
son visage de lotus imprimé dans le cœur.

En proie à un conflit intérieur, Ounnikrishnan jeûna pendant plusieurs semaines. Lorsqu'Amma l'apprit, elle cessa de manger et de boire. Ounnikrishnan n'était pas au courant de son jeûne et continuait le sien. Un jour, pendant qu'il accomplissait le rituel quotidien dans le temple, le père d'Amma le réprimanda sévèrement, lui reprochant d'obliger Amma à souffrir de la faim. Dès qu'il eut terminé le rituel, Ounni se rendit à l'entrée de la hutte où habitait Amma, les yeux pleins de larmes. Elle lui fit signe de venir auprès d'elle et le caressa avec beaucoup d'amour. Puis, le voyant tout tremblant, elle lui dit : « Ounni, mon fils, quand tu es intérieurement agité, tu devrais venir en parler à Amma. Ne torture pas ainsi ton corps. Pour pratiquer *tapas*, ce corps est nécessaire. Mange suffisamment pour le maintenir en bonne santé. » Sur ce, elle fit apporter une assiette de riz et le nourrit de ses propres mains, mangeant un peu elle aussi dans la même assiette.

Quelques mois après s'être installé à l'ashram, Ounni, dont la nature était celle d'un mendiant vagabond, décida de partir. Sans informer personne, il se prépara pour son voyage. C'était un soir de *darshan* et il était sur le point de s'en aller quand un envoyé d'Amma arriva soudain et lui annonça : « Amma dit que même si tu es prêt, tu ne devrais pas quitter l'ashram tout de suite. » Incapable de lui désobéir, il annula son départ. Plus tard il tenta à nouveau de partir mais la même scène se répéta. Il parvint finalement à s'en aller mais dut revenir au bout de deux jours. Il

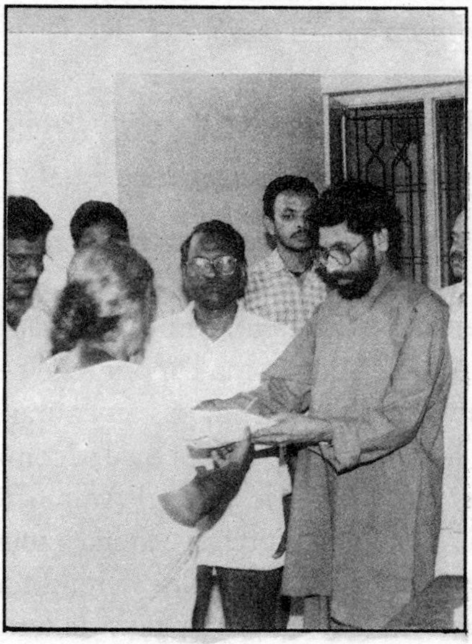

fut ainsi convaincu que rien ne peut être entrepris sans l'accord et la bénédiction d'Amma.

Amma a dit un jour que les chants d'Ounni jaillissaient de sa méditation. Voici la traduction de deux de ses chants :

Portant un lourd fardeau de souffrances,
J'ai erré dans de lointains pays
Enfin arrivé près de Toi,
je me suis abandonné à Tes pieds de lotus.
Ô Mère, daigneras-Tu emporter
mes peines infinies et mes larmes
Dans le flot de ton amour ?

Je n'ai pas d'autre refuge,
je n'ai pas d'autre soutien en ce monde,
Ne considère donc pas ce malheureux
comme un pécheur
Ô Incarnation de la compassion, je T'en prie,
bénis-moi d'une caresse de Ton beau regard,
pareil au clair de lune

* * *

Ô Mère, permets-moi de déposer
le lourd fardeau des pensées,
De m'asseoir près de Toi et de me fondre en méditation.
Ô Toi dont que décrivent les Védas et le Védanta !

Ô Mère des dieux et des déesses !
Ne combleras-Tu pas le désir de mon âme
de réaliser le Soi suprême ?
Ô Mère, quand renoncerai-je aux plaisirs du monde
Pour m'unir à Tes pieds sacrés ?

Balou *(Swami Amritaswaroupananda)*

Voici quelques-unes des expériences de Balou.

« Je venais de passer ma licence quand j'ai entendu parler d'une fille aux pouvoirs surnaturels qui apparaissait sous la forme de Dévi et de Krishna. Bien que ma foi en l'existence de Dieu fût profonde, je n'éprouvais aucun désir de la rencontrer. Mais certains de mes proches et de mes amis qui lui avaient déjà rendu visite en faisaient l'éloge et insistaient pour que j'aille la voir. Un soir, très sceptique, je me rendis à l'ashram en compagnie de mon oncle. Il faisait déjà sombre et en approchant, j'entendis les échos d'un chant de dévotion qui envoûtait l'âme. Captivé, j'entrai dans l'enceinte de l'ashram où se trouvait un petit temple dans lequel j'aperçus une jeune fille vêtue de blanc qui chantait des chants pleins d'amour et de dévotion. En l'écoutant, on pouvait voir que son cœur débordait de béatitude et d'amour divins. Les vibrations créées par ce chant me bouleversèrent et éveillèrent en moi de tendres sentiments.

Quand mon tour arriva, j'entrai dans le temple où elle était assise sur un *pitham*, un petit tabouret. Je me prosternai devant elle et lorsque je me relevai, elle me prit la main et plongea son regard dans le mien. Ses yeux brillaient comme la pleine lune. Ce regard pénétra profondément en moi, ce sourire me subjugua et je demeurai figé. Une compassion infinie se lisait sur son visage. Elle posa délicatement ma tête sur son épaule et dit doucement, mais avec emphase : « Petit, je suis ta mère et tu es mon enfant. » Cette voix tendre entra profondément dans mon cœur et je devins ivre d'une joie inexplicable. C'était ce que j'avais toujours cherché ! Je fondis en larmes. L'amour dans toute sa pureté, le sentiment maternel dans son essence universelle avaient revêtu une forme. Bouleversé par cette première expérience, je restai assis auprès d'Amma toute la nuit.

Quand je rentrai chez moi le lendemain, je pris conscience du grand changement qui s'était opéré en moi. Mes activités habituelles me laissaient totalement indifférent. Mon désir de la revoir grandissait, toutes mes pensées étaient tournées vers elle. Cette nuit-là il me fut impossible de dormir ; chaque fois que j'essayais de fermer les yeux, Amma apparaissait devant moi. Le jour suivant, je retournai à l'ashram. Après cette deuxième rencontre, mon désir de briser tous les liens qui m'attachaient au monde s'intensifia. En pensant à Amma je devenais comme fou, j'oubliais de manger, de dormir et de me laver. J'abandonnai ma façon excentrique de m'habiller et de me coiffer. Les membres de ma famille, inquiets des changements qu'ils remarquaient en moi, m'interdirent d'aller à Vallickavou.

Le lendemain, je participai aux *bhajans*, puis j'entrai dans le temple avec cette résolution : « Amma, si je suis ton enfant, s'il te plaît, accepte-moi. » Plaçant ma tête sur son épaule, Amma me dit avec amour : « Mon fils, quand Amma t'a entendu chanter, elle a compris que cette voix était destinée à se fondre en Dieu. Alors à ce moment même, Amma est venue près de toi et t'a uni à elle. Tu es vraiment mien. »

Une nuit, à moitié endormi, je sentis un parfum particulier envahir la pièce. J'ouvris les yeux et je compris que cette senteur était tout à fait réelle et non un simple rêve ou une imagination. Soudain je sentis des mains qui me frottaient le front. Je regardai et vis avec surprise qu'Amma était là, debout à la tête du lit. Je n'en croyais pas mes yeux. Elle me sourit et dit : « Mon fils, Amma est toujours avec toi, ne t'inquiète pas. » Sur ces mots elle disparut.

Le jour suivant, je me précipitai à Vallickavou, mais Amma n'était pas là. Elle n'arriva qu'à seize heures. Sans dire un mot, elle courut vers la maison, revint avec une assiette de riz et me nourrit comme une mère nourrirait son enfant. Tout en me donnant à manger, elle dit : « La nuit dernière, Amma est venue auprès de toi. » Débordant de joie, je pleurai comme un bébé. De fait, je n'avais rien mangé ce jour-là.

Amma m'initia à un *mantra* et il me fut ensuite impossible de rester chez mes parents. Mon désir de vivre auprès d'elle, d'être guidé par elle, grandissait de jour en jour. Passant outre aux obstacles créés par ma famille, je quittai la maison et vins vivre à l'ashram.

Deux ans plus tard, alors que nous étions chez un dévot, Amma me dit : « Balou, mon fils, il faut que tu passes ta maîtrise de philosophie. » Je lui avais dit un jour que je ne voulais pas continuer mes études, que je désirais uniquement devenir fou à force de penser à elle. Et voilà que deux ans plus tard elle me demandait de reprendre des études. Je savais par expérience qu'elle ne disait ou ne faisait jamais rien sans motif et je m'inscrivis aux cours. Mais un véritable problème surgit alors : qui serait mon professeur ? Il me fallait étudier huit sujets : quatre en philosophie indienne, avec laquelle j'étais déjà plus ou moins familier, et quatre en philosophie occidentale, un domaine entièrement nouveau. Il me fallait impérativement trouver un professeur. J'en parlai à Amma.

« Ne t'inquiète pas. Quelqu'un va venir ici te donner des cours. Attends patiemment et tu verras », me dit-elle. Mais j'étais impatient et je l'importunais à ce sujet. Une semaine plus tard, un dévot me donna l'adresse d'un professeur de philosophie. Je me rendis chez lui et je lui expliquai la situation. Il était prêt à me prendre comme élève mais il refusait de venir à l'ashram. Je m'efforçai de lui faire comprendre à quel point il m'était difficile de quitter Amma pour aller étudier. Finalement, il accepta de passer à l'ashram mais il dit : « Je ne peux pas y rester pour te donner des cours. Si tu veux apprendre la philosophie, tu dois venir ici ; sinon, renonce tout de suite à ton projet. » Je pensai que, comme de toute façon je n'avais pas d'autre choix, il était bon qu'il vienne au moins à l'ashram et rencontre Amma.

Le jeudi suivant, j'allai le chercher chez lui. Dès notre arrivée, je lui proposai de venir voir Amma mais il refusa. Et quand Amma vint chanter comme à l'accoutumée avant le *bhava darshan*, il l'observa à distance. Après le début du *darshan*, il regarda attentivement mais de loin. Je m'approchai de lui pour lui dire que s'il le désirait, il pouvait entrer dans le temple et recevoir le *darshan* d'Amma. « Non, je ne me suis encore jamais prosterné devant personne. Je n'aime pas cela », répondit-il. Je le laissai seul et allai chanter. Mais au bout de quelques minutes, je le vis se précipiter dans le temple et j'entendis un cri strident. Il était étendu de tout son long devant Amma et pleurait comme un petit enfant. Une heure ou deux passèrent. En sortant du temple, il me prit à part et dit : « C'est une grande âme en vérité. Je viendrai toutes les semaines t'enseigner la philosophie. » Amma m'avait donc ainsi procuré un professeur.

En se référant à divers ouvrages, il me dictait de nombreuses notes mais sans rien expliquer. Malheureusement, pour des raisons diverses il nous fut impossible de travailler régulièrement et la philosophie occidentale demeurait toujours pour moi une matière inconnue. Il ne restait plus que trois mois avant les examens. Le professeur me dicta quelques notes supplémentaires et prépara un condensé de notre travail. Comme je participais à différentes activités de l'ashram et voyageais fréquemment avec Amma, je ne pouvais guère consacrer de temps à mes études. Finalement il ne resta plus qu'un mois avant les examens. J'étais réellement inquiet : comment allais-je bien pouvoir passer à la fois les épreuves de première et de deuxième année ? J'abandonnai tout aux pieds d'Amma et je me plongeai dans la lecture. Le jour de mon départ pour Tiroupathi* arriva. J'étais inscrit à l'université comme étudiant en philosophie.

À midi, je m'apprêtais à faire mes bagages quand j'entendis soudain Amma m'appeler depuis sa chambre. Je me précipitai et la trouvai en train d'emballer des affaires. Elle déposa le dernier objet dans un sac, qu'elle referma. Un autre bagage se trouvait sur la table. Elle vint près de moi et me dit très affectueusement : « Mon fils, j'ai tout préparé pour ton voyage. » Indiquant le sac posé sur la table, elle expliqua : « Il contient des *dhotis*, des

* Une ville de l'Andhra Pradesh à environ 450 kilomètres de l'ashram.

chemises, des serviettes, deux couvertures et quelques autres vêtements, et dans celui-ci il y a de l'huile de noix de coco, du savon, un miroir, un peigne, une résistance pour préparer des boissons chaudes et d'autres choses utiles. J'ai préparé toutes ces affaires pour te laisser le temps d'étudier. » Incapable de prononcer un mot, je regardai simplement son visage aimant, le cœur débordant de joie. Mes yeux se remplirent de larmes et j'éclatai en sanglots.

C'était la première fois que j'allais être séparé d'Amma depuis mon arrivée à l'ashram et je partais pour un mois. J'avais le cœur lourd. Dans le train, je m'assis dans un coin pour cacher mes larmes. Les passagers conversaient joyeusement entre eux et moi, j'étais envahi par le chagrin. Durant tout le trajet, je pensais à elle. J'arrivai à Tiroupathi le lendemain matin. Mes journées étaient pleines de l'insupportable douleur de la séparation. J'étais comme un poisson hors de l'eau et m'efforçais sans succès de me concentrer sur mes études. Chaque minute passait avec une intolérable lenteur. Je n'étais même pas capable de regarder sa photo. Tout objet venant de l'ashram me rappelait Amma et sa forme gracieuse. J'oubliais de manger et de dormir et chaque journée semblait durer une année. De temps à autre, je m'effondrais. Incapable de supporter cette souffrance, je fondais en larmes. Quand les examens commencèrent, je réussis tant bien que mal à passer les épreuves. Et personne pour partager ma peine. Je reçus alors une lettre d'Amma que je lus et relus bien des fois. Elle fut souvent mouillée de mes larmes. En voici le texte :

« Mon fils chéri,

Ta Mère est toujours avec toi. Fils, Amma n'a pas le sentiment que tu es loin d'elle. Mon enfant, Amma voit l'intense désir de ton cœur, Amma entend tes pleurs. Mon fils, ce monde est si beau. Les fleurs, le vaste océan, le chant des oiseaux, l'immensité du ciel, les arbres, les buissons, les forêts, les montagnes et les vallées, tout est là. Dieu a fait cette terre si belle. Vois-Le en toutes choses. Aime-Le à travers tous les êtres. Ouvre la digue qui te sépare de Dieu. Que tes pensées s'écoulent sans cesse vers Lui. Mon fils, rien n'est mauvais en ce monde. Tout est bon. Vois les aspects bons et vertueux. Que la fleur de l'esprit s'épanouisse et répande son parfum alentour... »

Cette nuit-là, je restai assis à l'extérieur de la chambre. Les arbres et les plantes se balançaient dans le vent frais. Le ciel était rempli d'étoiles scintillantes et les rayons argentés de la lune éclairaient la terre. Je pensais : « Il se peut que cette brise ait été vers ma Mère et ait eu la chance de caresser son corps. Oui, j'en suis certain, elle apporte le parfum divin de ma Mère adorée. Si j'avais des ailes, je volerais vers elle. » Cette nuit-là, j'écrivis le poème suivant :

Tarapathangale

Etoiles brillant au firmament, à ma prière,
daignerez-vous descendre ?
Amma est là pour vous chanter une berceuse.
Elle est le flot d'amour infini,
elle est l'arbre offrant son ombre au cœur du chercheur.
Ô fraîche et douce brise qui vient sans hâte
fredonner des chants silencieux dans la nuit,
que m'as-tu murmuré si tendrement à l'oreille ?
Étaient-ce les histoires exquises de ma Mère ?

Chaque jour, le Soleil et la Lune
se lèvent et se couchent lentement dans le ciel d'azur.
Ne languissez-vous pas de voir ma Mère
qui vous a donné cette splendeur divine ?

Les arbres et les buissons croissent en abondance
dans les vallées solitaires et silencieuses
et sur les collines.
Comme pour me consoler,
leurs tendres branches dansent dans le vent.

J'étais d'une humeur exaltée, inhabituelle, je tournais en rond dans ma chambre, comme fou. Je parvins toutefois à me contrôler et décidai de partir le jour suivant. Il me restait un sujet parmi les épreuves de première année, et je résolus de ne pas participer aux examens de deuxième année qui devaient commencer quatre jours plus tard. Je songeai : « Amma m'a dit de passer tous les examens et voici que je vais agir à l'encontre de ses instructions. »

Je décidai alors de demander conseil à Amma d'une façon particulière. Je pris trois morceaux de papier identiques. Sur le premier j'écrivis : « Fils, reviens. » Sur le second : « Passe tous les examens et rentre » et sur le troisième : « Comme mon fils le désire ». Je pliai les trois papiers exactement de la même manière, les mélangeai et sortis la photo d'Amma pour la placer dans un coin de la pièce. Avec cette humble prière, je lui offris les papiers en les déposant devant sa photo : « Ô Amma, je vais prendre un de ces morceaux de papier. Fais-moi connaître ta volonté, quelle qu'elle soit. »

Les yeux fermés, je pris l'un des papiers d'une main tremblante et je l'ouvris. Hélas ! C'était celui sur lequel j'avais écrit : « Tu passes tous les examens puis tu rentres ». Insatisfait de ce premier résultat, je tentai à nouveau ma chance avec les trois morceaux de papier, mais tirai encore une fois le même. Toutefois, je mourais d'envie de voir Amma et pris la décision de partir dès le lendemain.

« Le jour suivant, après avoir participé à l'épreuve finale des examens de première année, je me précipitai dans la chambre, emballai toutes mes affaires et m'apprêtai à partir quand je remarquai des objets abandonnés dans un coin de la pièce. Il y avait de vieux journaux que j'avais utilisés pour envelopper des choses apportées de l'ashram et un morceau de boîte à savon cassée. Je pensai : « Comme ma souffrance est intense d'être séparé d'Amma ! Ces objets ressentent peut-être eux aussi la même douleur que moi. Si je les laisse ici, ils souffriront. » Je les emballai tous et les fourrai dans le sac.

« Le lendemain, j'arrivai à l'ashram. Tandis que je me dirigeai vers la chambre d'Amma, je croisai mon frère Vénou qui dit d'un air étonné : « Hier soir, Amma m'a confié que tu ne tenais plus en place et que tu arriverais aujourd'hui. » J'entrai dans la chambre d'Amma et tombai à ses pieds en pleurant. Elle me releva et me consola en disant : « Mon fils, je connais ton cœur. Cet amour est bon mais efforce-toi d'acquérir davantage de force mentale. Un *sadhak* devrait être doux comme une fleur et dur comme du diamant. Tu dois repartir et passer les autres épreuves. Même si tu échoues, Amma ne t'en voudra pas. Pars dès demain et reviens lorsque les examens seront terminés. »

Je repartis donc le lendemain pour Tiroupathi. Une semaine plus tard, après avoir passé la dernière épreuve, je rentrai à l'ashram. Je n'étais pas satisfait de mes réponses et craignais même d'avoir échoué. Amma me dit calmement : « Oublie tout cela. Tu seras reçu, n'en doute pas. » Lorsque les résultats furent publiés, je découvris avec étonnement que j'avais réussi avec de très bonnes notes et que j'étais deuxième.

Être en présence d'Amma est en soi un *tapas.* On y trouve toujours quelque chose de frais et de neuf. Chaque moment est une expérience qui éclaire pour le disciple une nouvelle facette de la spiritualité et le fait évoluer d'un plan à un autre. Au tout début de ma vie spirituelle, j'avais souvent le sentiment d'avoir compris qui était Amma. Je me rendis compte ensuite que je n'avais rien compris du tout. »

Vénou *(Swami Pranavamritananda)*

Vénou est le frère de Balou. Tous deux étaient encore de très jeunes enfants quand leur mère mourut. Après ce décès, Balou grandit chez son père et Vénou fut élevé par sa tante Saraswathy Amma (la sœur aînée de sa mère). L'atmosphère familiale était très religieuse et spirituelle. Vénou était le chouchou de la famille et ne manqua jamais d'affection ni d'amour maternel. A l'âge de quinze ans, il vint vivre chez son père pour poursuivre ses études. Dès le plus jeune âge, il manifesta un intérêt pour la spiritualité. Pourtant, durant ses années de lycée, toutes ces qualités passèrent en second plan et il mena une existence frivole. Mais même au cours de cette période, lorsqu'il voyait un film traitant de dévotion ou un moine en habit ocre, il ressentait encore les tiraillements de son aspiration spirituelle endormie.

À cette époque, son frère Balou avait déjà rencontré Amma et dédié sa vie à la spiritualité. Bien que Balou eût parlé plusieurs fois d'Amma à son frère, Vénou n'y avait pas prêté beaucoup d'attention et le critiquait même ouvertement en affirmant : « Je ne m'approcherai jamais de cette fille de pêcheurs. » Amma avait cependant prédit à Balou : « Ton frère est lui aussi mon fils. Il viendra vivre ici. » Ces paroles inquiétaient Balou car sa propre décision de quitter la maison et la vie du monde avait déjà soulevé une tempête de protestations dans la famille. Qu'adviendrait-il si Vénou suivait ses traces ? Toutefois, la volonté divine est suprême et transcende la vision et les spéculations humaines ordinaires. Ce qui était décrété devait inévitablement se produire.

Vénou était en année de licence, étudiant en sciences, quand Amma rendit un jour visite à sa tante. Lorsqu'il rentra de la faculté, elle se tenait sous l'auvent devant la maison. Sans lui jeter un regard, Vénou marcha à grands pas jusque dans sa chambre où Shri Koumar et quelques autres résidents de l'ashram étaient installés.

Amma s'approcha soudain inopinément de Vénou et lui dit en serrant ses mains dans les siennes comme une mère aimante : « N'es-tu pas le frère de mon fils Balou ? Amma avait l'intense désir de te rencontrer. » Vénou sentit son cœur fondre et il réalisa en un éclair qu'Amma n'était pas une personnalité ordinaire mais une fontaine de tendresse et d'amour maternels. Il se sentit attiré par elle comme le fer par l'aimant. Dans l'après-midi, Amma nourrit tout le monde de sa main et Vénou reçut lui aussi une boulette de riz. Ce fut pour lui une expérience inoubliable. Il était subjugué par son amour infini, l'équanimité de sa vision et son innocence d'enfant. Le visage d'Amma, radieux, débordait de splendeur spirituelle. Sa façon lucide d'expliquer les mystères spirituels, ses chants extatiques et envoûtants et par-dessus tout, son humilité absolue, l'impressionnèrent profondément. Vénou fut très vite conquis. Même quand Amma s'adressait aux autres, il lui semblait qu'elle répondait en réalité aux doutes qui avaient surgi dans son esprit.

Cette première rencontre laissa une impression profonde dans son esprit et tous les préjugés qu'il avait eus contre Amma et contre la spiritualité s'envolèrent. De jour en jour, son désir d'être auprès d'elle grandissait. Enfin en février 1980, il vint à Vallickavou et dès qu'il aperçut Amma, il fondit en larmes. Elle l'attrapa par la main et le fit asseoir près d'elle. Cette nuit-là, quand il entra dans le temple pendant le Krishna *bhava*, il eut le sentiment d'être en présence du Seigneur Krishna lui-même. La joie envahit son cœur et il oscillait entre le rire et les larmes. Il pria Amma de le bénir en lui accordant une connaissance et une dévotion pures. « Mon fils, tu obtiendras ce que tu cherches », lui répondit-elle. Elle lui donna un *mantra* écrit sur un morceau de papier et une guirlande de feuilles de *tulasi*.

Après avoir rencontré Amma, Vénou perdit tout intérêt pour les études et n'eut plus d'autre désir que celui de consacrer sa vie à la spiritualité. Sur l'insistance d'Amma, il prépara ses examens de fin d'années qui devaient se dérouler un mois plus tard. Les professeurs et les autres étudiants, stupéfaits de le voir arriver à l'université la tête rasée et le front couvert de cendres sacrées, le croyaient devenu fou. La pensée d'Amma emplissait totalement son esprit, à tel point qu'il se prépara pour les examens du lendemain au lieu de ceux du jour même. Il réussit pourtant à passer la totalité des épreuves et vint vivre auprès d'Amma en septembre 1980.

A l'occasion d'une fête, on prépara un jour à l'ashram du pouding sucré. La coutume veut qu'on en offre un peu à la divinité avant de le distribuer parmi les dévots. Vénou en remplit un gobelet et le plaça sur le petit autel devant le temple. Ne trouvant rien d'autre pour couvrir le récipient, il s'assura qu'Amma n'était pas aux alentours puis cueillit une feuille tendre sur une petite plante qui poussait juste à côté. Amma le vit et cria de loin : « Hé, Vénou ! » Lorsqu'il entendit sa voix, il essaya de cacher la feuille mais, dans sa hâte, il se cogna au gobelet et en répandit tout le contenu sur le sable. Il était à présent très embarrassé et, espérant qu'Amma ne le voyait plus, il récupéra le pouding dans le sable et le fourra dans le gobelet, sachant pertinemment qu'il était incorrect de le replacer sur l'autel.

Amma, qui observait la scène de loin, s'approcha de lui et dit d'un ton sévère : « Mon fils, même un chien ne mangerait pas de ce pouding. Que dire alors des êtres humains ? Comment peux-tu l'offrir à Dieu ? Fils, est-ce que toi, tu en mangerais ? Non ! C'est une faute grave. Dieu acceptera tout ce qui lui est offert avec une dévotion et un amour purs, sans se soucier de la nature de l'offrande. Dieu ne se préoccupe que de l'attitude qui motive le don. Si tu avais agi par ignorance, je n'en aurais fait aucun cas mais tu as accompli cette action en sachant parfaitement que c'était incorrect. En outre, tu as commis une autre faute en arrachant une feuille tendre de cette petite plante. Comme tu es impitoyable ! Je peux voir ses larmes de douleur. Si quelqu'un te pince, cela te fait mal, n'est-ce pas ? Mon fils, Amma ressent la douleur de cette plante, même si toi tu ne le peux pas. »

Vénou comprit son erreur et se repentit. Il pria Amma de lui pardonner. Elle lui dit : « Mon fils, quelles que soient les erreurs que tu commets, je considère qu'elles sont dues à une faute de ma part. Amma n'est pas en colère contre toi mais pour te conduire sur le chemin de la perfection, elle feint parfois la colère. »

Vénou raconte : « On ne peut rien cacher à Amma. Elle sait tout. Il y a à peu près cinq ans, j'ai eu une expérience qui le prouve bien. Un soir à l'heure du dîner, quand tout le monde mangeait du *kanji**, j'ai soudain éprouvé le désir incontrôlable d'avoir en assaisonnement quelques condiments de mangue. Je les avais remarqués dans la cuisine, mais comme ils étaient destinés aux ouvriers et aux visiteurs, nous, les résidents, n'étions pas supposés en prendre. Amma nous avait dit en outre qu'un chercheur spirituel ne doit pas manger de plats très épicés, acides, sucrés ou salés. Elle apparaissait souvent par surprise dans la cuisine pour vérifier que ses instructions étaient bien suivies. Je le savais, bien sûr, mais l'envie de condiments fut malgré tout plus forte.

---

* Riz servi avec son eau de cuisson.

Je m'introduisis en douce dans la cuisine et dérobai furtivement deux gros morceaux de mangues. J'allais m'éclipser lorsque j'entendis tout à coup la voix d'Amma : « Vénou, qu'est-ce que tu as dans la main ? » Je restai interdit et pour éviter d'être pris en flagrant délit, je jetai au loin les morceaux de mangue. Mais Amma partit alors à leur recherche et, les ayant découverts, elle s'approcha de moi, m'attrapa les mains et les ficela autour d'un pilier. J'étais honteux et effrayé. »

Voyant sa peur et son innocence enfantine, Amma éclata de rire. En réalité, elle éprouvait beaucoup de plaisir à voir en Vénou l'enfant Krishna que Yashoda avait attaché à un mortier parce qu'il volait du beurre et du lait chez les *gopis*. Peu après, Amma le détacha et lui servit affectueusement quelques morceaux de pickles. Elle dit : « Mon fils, ce n'est qu'après avoir contrôlé le goût du palais que l'on peut jouir de celui du cœur. »

Amma connaît le moyen de venir à bout des tendances négatives de ses enfants spirituels. Elle dit parfois : « Je suis une folle qui ne sait rien du tout. » Elle prétend n'être qu'une jeune villageoise ignorante et innocente mais son regard pénètre jusqu'au cœur des choses. Quand elle a détecté une faute, on peut alors voir le grand Maître se manifester en elle et instruire son disciple comme il convient, dissimulant pour un temps son amour maternel.

Shri Koumar *(Swami Pournamritananda)*

Avant de rencontrer Amma, Shri Koumar était ingénieur en électronique. En 1979, alors qu'il préparait sa licence, il entendit parler d'une femme qui pouvait incarner des états divins et bénir les dévots en les aidant à résoudre leurs problèmes. Il croyait en Dieu, mais doutait que le Divin pût se manifester au travers d'un être humain. Observant la nature de ce monde où la majorité des êtres souffrent et où si peu sont heureux, il avait perdu la foi en un Dieu de bonté. C'est dans ces circonstances qu'il entendit parler d'Amma et décida d'aller voir par lui-même si, réellement, elle possédait des pouvoirs divins. Très sceptique, il arriva à l'ashram en mars 1979, entra dans le temple et s'approcha d'Amma. Son regard empli d'amour et de compassion pénétra profondément dans le cœur de Shri Koumar. Sa simple présence le transporta dans un autre monde où seuls Dieu, son saint Nom et lui-même existaient et il oublia tout ce qui l'entourait. Cette expérience le lia à Amma et toutes ses pensées se tournèrent vers elle.

À propos de sa deuxième rencontre avec elle, Shri Koumar raconte : « J'entendais des gens l'appeler « Kounjou » (petite) et d'autres « Amma » (Mère). Après le *bhava darshan*, elle conversait avec les dévots, puis se comportait soudain comme un petit enfant innocent. Elle s'amusait avec les dévots et à la vue de ses jeux candides, leur cœur se réjouissait, oubliant tout le reste. Il lui arrivait de chanter, de danser, et le moment suivant, en entendant un chant, de se mettre à pleurer et de s'asseoir immobile, perdue au monde. Certains se prosternaient devant elle, d'autres lui embrassaient la main, d'autres encore chantaient des chants de dévotion. Alors, comme folle, elle se roulait par terre en éclatant de rire. »

Au début, Shri Koumar avait le sentiment qu'Amma était possédée par Kali, la Mère divine, et par Krishna mais peu à peu, grâce au contact étroit qu'il avait avec elle, il comprit qu'elle manifestait son identité avec la Réalité suprême.

Le sentiment qui le liait à Amma s'affermissait de jour en jour. Il lui devint très douloureux d'être loin d'elle et dès qu'il avait un moment libre, il le passait en sa présence. Elle le nourrissait parfois de ses propres mains tout en lui prodiguant des conseils spirituels. Elle lui demanda un jour : « Amma t'a-t-elle donné un *mantra* à répéter ? » « Oui, dit-il. Il est écrit sur un petit morceau de papier et m'a été donné pour m'encourager dans mes études. » Elle lui dit alors : « Mon fils, pendant le Dévi *bhava*, Amma t'initiera. » Cette nuit-là, Shri Koumar fut initié à un *mantra*, après quoi il décida de consacrer sa vie à la spiritualité sous la direction d'Amma.

Les parents de Shri Koumar étaient eux-mêmes des dévots d'Amma, mais ils désapprouvaient sa décision de devenir moine. Leur objection reposait principalement sur le fait que son père était retraité et sa sœur pas encore mariée. Ils lui trouvèrent alors un emploi à Bangalore à environ six cent kilomètres de Vallickavou. Lorsque le désir intense de voir Amma lui brisait le cœur, il avait parfois une vision d'elle. Pour le réconforter, Amma lui écrivait de temps à autre. C'est à cette époque qu'il composa le chant suivant :

Arikil undenkilum

Ô Mère, bien que Tu sois proche,
j'erre, incapable de Te connaître.
Bien que j'aie des yeux,
je cherche, incapable de Te trouver.

Es-Tu la lune merveilleuse
qui resplendit dans la nuit bleue de l'hiver ?
Je suis la vague qui, incapable d'atteindre le ciel,
vient frapper le rivage.
Lorsque je compris
la vanité de ce monde,
j'aspirai à Te connaître
en versant des larmes jour et nuit.
Ne viendras-Tu pas consoler
cet enfant épuisé par le chagrin ?
Désirant ardemment que Tu viennes,
sans cesse, je T'attends.

Poussé par un besoin intense de voir Amma et de vivre auprès d'elle, Shri Koumar rentra chez lui avant la fin de son premier mois à Bangalore et terrassé par la fièvre, il fut admis à l'hôpital dès son retour. Son désir ardent de revoir Amma augmentait et un jour, vers quatre heures du matin, il eut une expérience merveilleuse :

« Mon père était sorti me chercher un café. J'étais seul dans la pièce quand soudain, je sentis mes mains et mes jambes se figer. Une brise fraîche et douce me caressa et à ma grande surprise, je vis Amma entrer dans la chambre. Le visage illuminé d'un sourire bienveillant, elle s'avança vers moi et je me mis à pleurer comme un petit enfant. Elle s'assit alors près de moi et posa ma tête sur ses genoux, sans prononcer un mot. J'étais envahi par l'émotion, la gorge nouée. Un rayonnement émanant de son corps emplissait la pièce et elle était elle-même baignée d'une lumière divine. À ce moment-là, la porte s'ouvrit et mon père entra dans la pièce. Amma disparut aussitôt. »

Quelques jours plus tard, Amma vint rendre visite à la famille. C'était un matin et elle était assise devant la maison en train de jouer avec des enfants quand elle se leva subitement et partit à travers champs en direction de l'est, en exécutant un *mudra.* Un peu plus loin, elle pénétra dans une forêt où une famille rendait un culte aux serpents. À demi consciente et les yeux mi-clos, elle leur lança un regard enchanteur et s'assit sur le petit autel où ils adoraient les serpents. Quelques curieux s'attroupèrent pour assister à cette scène insolite. Certains avaient peur d'entrer dans la forêt, peuplée de serpents venimeux. Lorsqu'il apprit la nouvelle, le propriétaire de la forêt arriva et se présenta devant Amma, les mains jointes.

Ils s'enquit : « Mère, nous accomplissons le culte régulièrement, sans jamais l'interrompre. Devons-nous faire autre chose ? » « Apportez ici chaque jour un verre d'eau fraîche, répondit-elle. Ce sera suffisant. »

Lorsqu'Amma fut revenue dans la maison, ils lui demandèrent : « Amma, qu'est-ce qui t'a poussée à aller là-bas ? » « Il y a très longtemps que les serpents sont vénérés en ce lieu, leur dit-elle.

Amma y est allée pour satisfaire le désir des divinités attachées à cette forêt. Dès mon arrivée, j'ai eu le sentiment qu'elles m'appelaient. »*

Peu de temps après, les parents de Shri Koumar trouvèrent un emploi pour leur fils à Bombay. Ils insistèrent tant qu'il n'eut finalement d'autre choix que de partir et s'y rendit avec beaucoup de réticence, de nouveau séparé d'Amma. Dans le train qui l'emmenait vers Bombay, il sentait intensément sa présence. Dans un demi-sommeil, il eut d'incessantes visions d'elle et goûta la béatitude de sa présence divine. Huit mois plus tard, incapable de supporter plus longtemps cet exil, il démissionnait.

Pendant son séjour à Bombay, il écrivit ce poème, qui exprime la souffrance de son cœur :

Azhikulil

Le soleil s'est couché sur l'océan,
Et le jour finissant entame sa complainte...
Tout cela n'est que le jeu de l'Architecte universel.
Alors pourquoi vous affliger,
Ô lotus, au moment de vous clore ?

Ce monde plein de misère et de chagrin
est le théâtre de Dieu et moi, le spectateur,
je ne suis qu'une marionnette entre Ses mains,
incapable de verser la moindre larme.

Tel un flambeau, mon esprit se consume

---

* Dans la Bhagavad Gita, Shri Krishna explique à Arjouna que tous les cultes rendus aux dieux — quelle que soit leur forme et leur nom — sont en fin de compte rendus au Suprême. Les *dévatas* (dieux mineurs), tout comme les êtres humains, peuvent éprouver une joie immense à recevoir le *darshan* d'un *mahatma*, incarnation du Suprême ou de la Mère divine, protectrice des dieux. Lire également *Shri Lalita Sahasranama. (N.d.T.)*

d'être séparé de Toi,
dans cet océan de douleur.
Je suis ballotté de toutes parts
incapable de rejoindre le rivage.

Avant même d'avoir rencontré Amma ou de s'être sérieusement consacré à la vie spirituelle, Shri Koumar avait parfois des expériences sur le plan astral. Lorsqu'il était allongé, il lui arrivait de sentir son corps subtil se dégager de l'enveloppe charnelle et partir en voyage. Dans ces moments-là, il voyait clairement le monde objectif, même les yeux fermés.

Pendant son séjour à Bombay, il eut une expérience extraordinaire. Il faisait jour et il se détendait, les yeux clos, après la méditation. Soudain son corps se raidit. Il sentit sa forme subtile se séparer de son enveloppe physique et entendit aussitôt un bruit assourdissant suivi d'un jet de fumée qui tourbillonna dans l'atmosphère. Au milieu de cet épais brouillard il reconnut la silhouette d'Amma vêtue du costume coloré qu'elle porte pendant le Dévi *bhava.* Cette forme magnifique d'Amma éveilla en lui une crainte mêlée de respect. Il passa ainsi quelques minutes à contempler cette vision sublime, incapable d'ouvrir les yeux ou de faire le moindre mouvement.

Le soir du 28 janvier 1980, Shri Koumar était à Vallickavou et se préparait à partir pour rendre visite à ses parents quand Amma l'arrêta en disant : « Reste ici ; ne va nulle part aujourd'hui. » Il raconte lui-même : « Très heureux, j'annulai mes projets de sortie. Vers six heures du soir, j'étais dehors en train de parler avec un groupe de dévots quand soudain quelque chose me mordit la jambe. Je criai de douleur et en m'entendant, Amma accourut. Découvrant la plaie, elle suça le sang et le poison pour les recracher aussitôt mais malgré cela, la douleur devint intolérable. En me voyant ainsi tordu de douleur, Amma essaya de me réconforter puis, sur l'insistance des autres, elle accepta de me laisser partir voir un spécialiste des morsures de serpents. « Le serpent qui vous a mordu est extrêmement venimeux, déclara le médecin, mais curieusement, le venin ne semble pas avoir infecté votre organisme ni votre sang. » Grâce aux soins tendres et aimants d'Amma, je m'endormis enfin vers trois heures du matin, après qu'elle-même se fût retirée.

Le lendemain matin, Amma me dit : « Mon fils, où que tu te sois trouvé à ce moment-là, ton destin était d'être mordu par un serpent. Mais comme cela s'est produit en présence d'Amma, il n'y a pas eu de conséquences graves. C'est pour cela qu'Amma t'a empêché de partir hier. » Plus tard, chez mes parents, je fus surpris de découvrir en consultant mon horoscope qu'il mentionnait cet incident, supposé être fatal : « À l'âge de vingt-deux ans, il sera probablement victime d'un empoisonnement, disait l'horoscope. En conséquence, il est recommandé d'accomplir des rituels particuliers et de faire des offrandes aux temples pour lui assurer une bonne santé. »

Par la grâce d'Amma, Shri Koumar eut plusieurs expériences spirituelles, source d'inspiration qui l'incita à poursuivre sa *sadhana* avec un enthousiasme croissant. Après avoir pris les dispositions nécessaires pour assurer le bien-être de ses parents et de sa sœur, il vint s'installer en permanence à l'ashram.

Ramakrishnan *(Swami Ramakrishnananda)*

Ramakrishnan est issu d'une famille brahmane de Palghat, dans l'État du Kérala. En 1978, alors qu'il était employé à la State Bank de Travancore, un de ses amis lui parla d'Amma et, un soir, ils allèrent tous deux lui rendre visite. Bien que né et élevé au sein d'une famille très orthodoxe, Ramakrishnan avait été influencé par les étudiants de son collège et par d'autres compagnons peu recommandables, et sa vie avait pris mauvaise tournure. Lors de sa première rencontre avec Amma, il éclata en sanglots. Toute la rudesse qu'il avait en lui s'adoucit et fondit, tout fut lavé et balayé par ces larmes purificatrices. Par la suite, il assista à tous les *darshans*. Il pleurait comme un enfant et la suppliait de lui accorder la vision de la déesse Minakshi de Maduraï, sa divinité bien-aimée. Parfois il souffrait tant de ne pas obtenir cette vision qu'il jeûnait et ces jours-là, Amma le nourrissait de pouding sucré sans même faire allusion à son jeûne. La tête sur les genoux d'Amma durant le Dévi *bhava*, il pleurait à chaudes larmes et demandait : « Ma Mère, viendras-tu à moi demain ? Laisse-moi au moins entendre le tintement de tes bracelets de chevilles. » Grâce à ses prières sincères, il eut la bonne fortune de recevoir de nombreuses visions de sa divinité bien-aimée. Il lui arrivait d'entendre le tintement des bracelets de chevilles d'Amma* et il obtenait alors une vision de la Mère divine ou bien encore il sentait un parfum divin embaumer l'atmosphère.

Deux incidents marquants incitèrent Ramakrishnan à abandonner la vie dans le monde pour se consacrer à une vie de renoncement et de spiritualité. Le jour béni où il reçut l'initiation d'Amma, il sentit qu'un pouvoir extraordinaire lui était transmis par Amma ; sa conception du sens et du but de la vie en fut radicalement transformée. Amma lui montra un jour une photo de Shri Ramakrishna Paramahamsa et dit : « Vous avez tous les deux le même nom et pourtant, voilà ce que tu es devenu. » Ces mots pénétrèrent jusqu'au tréfonds de son cœur et affermirent son désir de devenir un aspirant spirituel sincère. Ce fut le deuxième événement décisif.

Un soir d'été, Ramakrishnan vint recevoir le *darshan* d'Amma en Dévi *bhava*. Il faisait extrêmement chaud à l'intérieur du temple et elle lui demanda de l'éventer. Pourtant, comme un groupe de jeunes femmes se trouvaient juste à l'entrée du temple, Ramakrishnan hésita. Il pensa en son for intérieur : « Si un jeune homme de mon âge, employé de la Banque de Travancore, évente une femme, elles vont rire de moi. » Et il n'éventa pas Amma.

---

* Amma portait en ce temps-là des bracelets de chevilles munis de petites clochettes.

Mais en sortant du temple après le *darshan*, il se cogna violemment la tête contre le linteau de bois au-dessus de la porte et toutes les jeunes filles éclatèrent de rire. Ramakrishnan pâlit, tout honteux.

Le lendemain, quand il alla au *darshan*, Amma l'appela : « Hier, quand je t'ai demandé de m'éventer, tu n'as pas voulu le faire », lui dit-elle. « Alors j'ai pensé qu'il serait bon pour toi d'être la risée de toutes ces jeunes filles dont tu redoutais tant les moqueries. » À partir du *darshan* suivant, Ramakrishnan éventa régulièrement Amma sans attendre qu'elle le lui demande.

Il fut ensuite muté dans une autre agence de la banque, à plus de cent kilomètres de l'ashram. Il avait pour tâche de garder la clé du coffre sur lui et d'arriver ponctuellement chaque jour à dix heures. Un lundi matin, il quitta l'ashram après la nuit de *bhava darshan* et prit un bus qui le transporta jusqu'à un arrêt situé à treize kilomètres de sa banque. Mais en se renseignant auprès des gens du village, il apprit qu'il n'y aurait pas de bus allant dans sa direction avant dix heures. Il chercha un taxi mais n'en trouva pas de disponible et inquiet, de mauvaise humeur, il appela au secours : « Amma ! » Presque aussitôt, un homme arriva en moto et s'arrêta devant lui. Il lui était totalement inconnu. « Je vais à Pampakouda *(le village où travaillait Ramakrishnan)*. Vous n'aurez pas de bus avant dix heures. Si vous voulez, je peux vous y conduire », dit l'étranger. Ramakrishnan acquiesça, monta sur le siège arrière de la moto et parvint à destination. À dix heures tapantes, il entrait dans la banque !

En réponse à ses questions, Amma lui dit : « S'il est fait avec concentration, un seul appel suffit et Dieu se rendra sur place. » En 1981, Ramakrishnan reçut une leçon d'obéissance au maître spirituel. De peur qu'il ne se fit moine s'il restait trop longtemps à l'ashram, ses parents tentèrent de le faire muter dans sa ville natale, près de chez eux. Sous leur pression constante, il finit par soumettre une demande de mutation, sans demander le conseil ni la permission d'Amma. Quelques jours plus tard, il changea d'avis et envoya une lettre au siège de la banque, demandant à ses employeurs d'ignorer sa requête. Amma l'avertit un jour : « Il vaudrait mieux que tu te renseignes sur la deuxième lettre que tu as envoyée. Elle ne semble pas leur être parvenue. » « Ce n'est pas nécessaire, répliqua-t-il. Ils l'ont certainement reçue et acceptée. » Amma insista plusieurs fois pour qu'il vérifie si sa lettre était bien arrivée, mais il ne prit pas ses paroles au sérieux.

Peu de temps après, il reçut son ordre de transfert des autorités de Tirouvananthapuram où se trouvait le siège social de sa banque. Il se précipita pour aller plaider auprès des dirigeants mais il était trop tard. Comme l'avait prédit Amma, ils n'avaient reçu aucune lettre les priant d'ignorer sa demande de mutation. Elle avait dû se perdre. La leçon était amère, mais il apprit ainsi que même lorsqu'elles semblent insignifiantes, les paroles du gourou ne doivent jamais être prises à la légère.

Au beau milieu d'une conversation, Amma se tourna un jour vers Ramakrishnan et lui dit en fronçant les sourcils : « Il y en a qui regardent encore les filles même après s'être consacrés à une vie de renoncement. » Il lui demanda : « Qui ça, Amma ? » « Toi », répondit-elle. « Quoi, moi ? Je ne regarde jamais les femmes. Amma me dispute pour une faute que je n'ai pas commise » plaida-t-il, interloqué.

Amma prononça alors tout haut le nom d'une femme qu'il connaissait fort bien et entreprit d'énumérer en détail le nom de son mari, de ses enfants, des autres membres de sa famille et ainsi de suite. Ramakrishnan était pétrifié, bouche bée. En entendant la description exacte, les allées et venues et tous les détails concernant cette femme absolument inconnue d'Amma, il resta abasourdi. Elle lui demanda de nouveau : « Hé, Ramakrishnan, dis la vérité. Est-ce que tu ne la regardes pas tous les jours ? »

Il garda le silence. C'était vrai, il la regardait tous les jours, mais savez-vous pourquoi ? Physiquement, la jeune femme ressemblait beaucoup à Amma. En la regardant, il lui semblait voir Amma elle-même. Quand elle le vit ainsi, la tête baissée, elle éclata de rire. Il va sans dire qu'il ne la regarda plus jamais.

Cet incident nous montre clairement avec quelle attention Amma observe tous les mouvements intérieurs et extérieurs de ses enfants spirituels et leur dispense un enseignement approprié.

Avant que l'ashram fût officiellement enregistré en tant qu'institution caritative, seules quelques personnes étaient autorisées à y demeurer. Les moyens financiers manquaient et il était impossible de subvenir aux besoins d'un grand nombre de gens. Quelques *brahmacharis* qui avaient quitté leur emploi s'adressèrent alors à Ramakrishnan pour pouvoir se nourrir et se vêtir. Comme il travaillait encore, il pourvut avec joie à leurs besoins, sans même attendre qu'ils le sollicitent.

Dans les premiers temps de l'ashram, il lui semblait qu'Amma était deux personnes distinctes : sa personnalité habituelle et l'Être divin qui se révélait pendant les *bhava darshans*. Cette idée créait une grande confusion dans son esprit et le rendait souvent très malheureux. Il finit par demander à Amma de lui accorder sa bénédiction en clarifiant sa façon de penser erronée. Une nuit, il eut une vision d'elle dans son apparence ordinaire, mais toute vêtue de blanc. Cela se passait bien avant qu'elle ait commencé à porter des vêtements blancs. Après cette vision, il comprit qu'Amma était la même personne, quel que fût son état.

Sa foi en Amma s'approfondit et son esprit se fixa peu à peu sur sa forme et son nom divins. Cette intériorisation fut la source de bien des désagréments dans son travail car il lui arrivait de commettre des erreurs en vérifiant la caisse ou en faisant les comptes de la banque. En 1982, il vint vivre auprès d'Amma tout en gardant son emploi. Plus tard, en 1984, il donna sa démission et s'établit définitivement à l'ashram.

Rao *(Swami Amritatmananda)*

Ramesh Rao naquit dans une famille brahmane aisée de Harippad, dans le Kérala. Il grandit comme les jeunes gens de son âge, profitant et jouissant sans réserve des plaisirs du monde ; il menait une vie quelque peu dévoyée. Malgré son intérêt pour les plaisirs du monde, il priait souvent dans un temple dédié à Dévi, non loin de chez lui, et se repentait de ses mauvaises habitudes. Avant toute entreprise, bonne ou mauvaise, il allait prier au temple pour obtenir la bénédiction de la Mère divine.

Un de ses amis l'invita un jour à l'accompagner à l'ashram d'Amma, mais Ramesh déclina son offre. Plus tard, alors qu'il essayait de trouver un emploi à l'étranger, il décida de se rendre à l'ashram pour connaître son avenir car il avait entendu dire qu'Amma était dotée de pouvoirs divins et pouvait prédire le futur. En juin 1979, il entra dans le temple et s'approcha d'Amma pendant le Krishna *bhava*. Avant qu'il ait pu dire un mot, elle l'interpella : « Mon fils, tu essaies de traverser l'océan. Si tel est ton désir, Amma va t'aider. Ne t'inquiète pas. »

Dès cette première rencontre, Ramesh fut convaincu de la divinité d'Amma et se sentit lié à elle par un sentiment profond d'amour divin. De retour chez lui, il essaya de se concentrer sur le commerce de textile qu'il avait hérité de son père mais en vain, car toutes ses pensées étaient tournées vers Amma. Parfois son désir de la voir était si intense qu'il fermait boutique et se précipitait à l'ashram. Un jour tandis qu'il prenait congé avant de rentrer chez lui, elle lui dit : « Mon fils, où irais-tu ? Tu es destiné à rester ici. »

Une nuit il eut un rêve. L'heure de la dissolution finale de l'univers était arrivée et des boules de feu pleuvaient de toutes parts. Les vagues de l'océan s'élevaient jusqu'au ciel et menaçaient d'inonder la Terre. De toutes ses forces, Ramesh hurla : « Amma ! » Aussitôt, une splendeur radieuse s'éleva de la turbulence de l'océan pour s'étendre à tous les coins de l'univers. Dans cette lumière apparut la forme enchanteresse de la déesse Dourga, vêtue d'un sari de soie rouge et chevauchant un lion féroce. Elle brandissait une arme divine dans chacune de ses huit mains. Ramesh fut émerveillé de voir que le visage rayonnant de compassion de la déesse était celui d'Amma. Elle le réconforta en disant : « Pourquoi avoir peur quand je suis avec toi ? Tu es mon fils. Ne t'inquiète pas. » Par la suite, il rêva souvent d'Amma.

Grâce à son contact étroit avec elle, l'intense désir de Ramesh de réaliser Dieu et de vivre auprès d'Amma s'intensifia. Un jour, assis en sa présence, il eut une expérience qui aviva encore la flamme de son aspiration. Il était seize heures et comme à l'accoutumée, il était venu voir Amma qui se trouvait alors dans le temple. Il entra et après s'être prosterné, prit place auprès d'elle. Tandis qu'il était là assis, perdu dans la contemplation de son visage radieux, l'atmosphère du temple changea soudain. Le monde de la pluralité disparut totalement et il ne resta plus qu'Amma. Il réalisa qu'elle était sa mère et se retrouva comme un enfant de deux ans. Ivre d'amour divin, il oublia le monde. Amma posa affectueusement sa tête sur ses genoux. Voyant qu'il était plongé dans la béatitude intérieure, elle lui souleva légèrement la tête et demanda à des dévots de l'allonger sur le sol. À vingt-et-une heures, de retour au temple, elle le trouva toujours dans le même état, étendu par terre. Ce n'est qu'en entendant Amma appeler : « Mon fils », qu'il reprit conscience du monde extérieur.

À la suite de cette expérience, la vie de Ramesh changea de façon radicale. Son désir de voir Amma grandit. Il perdit tout intérêt pour les plaisirs matériels et cessa de se rendre au magasin. Ses visites à l'ashram se firent plus fréquentes et il y passait des jours, des semaines. Ce changement soudain choqua les membres de sa famille qui joignirent leurs efforts pour le ramener à une vie normale et le persuader de se marier. Mais toutes leurs tentatives échouèrent. Amma lui dit un jour : « Mon fils, tes parents languissent de te voir. Rentre chez toi et obtiens leur permission de venir ici. » Mais il objecta : « Amma, est-ce que tu m'abandonnes ? Ils vont me créer des ennuis. » « L'homme courageux est celui qui peut surmonter toutes les difficultés », répondit Amma.

Elle le renvoya chez lui accompagné d'un autre résident de l'ashram, mais les membres de sa famille usèrent de la force pour le garder chez eux. Ils pensaient qu'Amma l'avait influencé en usant d'un pouvoir maléfique et pour inciter leur fils à reprendre une vie normale, ils accomplirent des rites particuliers. Ils insistèrent pour qu'il mange une certaine sorte de *ghi* (beurre clarifié), préparé par un prêtre qui avait utilisé des *mantras* destinés à lui faire quitter l'ashram pour mener une vie dans le monde. Ramesh demanda l'avis d'Amma à propos du *ghi.* « Mon fils, mange-le, lui dit-elle. S'il contient un maléfice, qu'il en soit ainsi. Tu es venu ici poussé par tes tendances spirituelles et rien ne peut arriver à une personne ainsi motivée, même si elle mange ce *ghi.* »

Ramesh prit donc le *ghi* et, de fait, rien n'arriva. Sa soif de vie spirituelle ne tarit point. Sa famille changea alors de tactique et se fit plus dure, plus inhumaine. Ils imaginèrent que le changement soudain survenu chez leur fils était le résultat d'un déséquilibre mental, provoqué par sa déception de ne pas avoir obtenu un poste à l'étranger. Avec l'aide de ses amis, qui désapprouvaient eux aussi son nouveau comportement, ils l'entraînèrent de force chez un psychiatre pour le faire soigner.

Il déclara au médecin : « Je ne suis pas fou et je m'en tiendrai strictement aux instructions de mon gourou. C'est vous qui êtes fou de ce monde et c'est pourquoi vous essayez d'imposer votre folie aux autres. » À la demande de la famille, le docteur traita Rao pendant dix jours. Leur but était de faire renaître en lui, coûte que coûte, le désir de vivre dans le monde et à la fin du traitement psychiatrique, ils l'envoyèrent à Bhilai, chez des parents, dans l'espoir qu'un changement d'environnement l'aiderait à renouer avec son ancien mode de vie. En même temps, ils s'efforçaient de lui trouver une épouse qui lui conviendrait. Psychologiquement, c'était pour lui une torture et il écrivit à Amma : « Jusqu'à présent, je ne suis pas tombé dans le piège de leurs tentations. Mais si tu ne me sauves pas maintenant, je m'unirai à la Mère céleste. Je me suiciderai. »

On le ramena chez lui après un séjour d'un mois à Bhilai. Convaincue qu'il avait à présent abandonné la voie spirituelle, famille l'incita à reprendre son affaire de textile. Un jour, sans en parler à personne, il rendit visite à Amma et lui dit : « Si tu m'abandonnes, je vais mourir. » Et sans attendre de réponse, il s'installa de nouveau à l'ashram. Pendant ce court séjour de trois jours, Amma le prévint plusieurs fois que sa famille avait l'intention de créer des obstacles sans fin sur son chemin. Elle lui conseilla de rentrer chez lui et d'attendre que ses parents consentent à sa décision de suivre une voie spirituelle. Mais il refusa en disant : « Si je retourne chez eux, ils m'interdiront de suivre mes pratiques spirituelles. »

Pendant ce temps, son père avait porté plainte contre Amma qui, affirmait-il, détenait son fils de force, et réclamait l'intervention de la police pour le récupérer. Le troisième jour, le père et quelques membres de la famille arrivèrent à l'ashram suivis d'une camionnette remplie de policiers. Rao lança bravement à l'officier de police : « Je suis assez grand pour choisir mon mode de vie et libre de décider de mon lieu de résidence. » Mais ils ne lui prêtèrent aucune attention et, avec l'aide de la police, sa famille décida de le faire admettre à l'hôpital psychiatrique de Tirouvananthapuram. En chemin, ils s'arrêtèrent tous à Kollam pour prendre leur déjeuner, sauf lui, qui refusa de manger et resta assis dans le véhicule. Soudain il entendit une voix intérieure lui dire : « Si tu t'échappes maintenant, tu seras sauvé. Sinon, ils te détruiront. »

La minute suivante, un *autorickshaw** s'arrêta juste à sa hauteur. Sans hésiter, il sauta dedans et donna une adresse au chauffeur en lui demandant de le conduire à toute vitesse. Il n'avait pas un sou en poche. À cette époque, un résident de l'ashram vivait à Kollam pour préparer son doctorat en philosophie. Rao lui raconta ce qui s'était passé et dans la nuit, avec l'aide de quelques dévots, quitta le Kérala pour se rendre à la Mission Chinmaya de Bombay. Dès qu'ils apprirent sa présence là-bas, ses parents le harcelèrent de nouveau et pour garder la

* Tricycle à moteur aménagé en taxi.

vie sauve, il partit pour l'Himalaya. Il n'avait pratiquement pas d'argent pour le train et la nourriture, et aucun vêtement chaud pour se protéger du froid glacial des montagnes. Il arriva pourtant à destination. Ses habits se déchiraient et tombaient en lambeaux. Le beau jeune homme devint un vagabond, mendiant sa nourriture et méditant sous un arbre ou dans une grotte. Les jours et les mois passèrent. Enfin il reçut un jour une lettre d'Amma à une adresse qu'il lui avait donnée : « Mon fils, viens. Il n'y a plus de problèmes. »

Il s'en retourna à l'ashram. Amma l'envoya alors rendre visite à ses parents qui avaient pris une bonne leçon. Leur nature inflexible semblait avoir changé. Ils étaient heureux de revoir leur fils mais essayèrent pourtant encore de le tenter. Comprenant que leur approche hostile était vaine, ils s'efforçaient de le faire changer en usant d'affection. Mais tous leurs efforts s'envolèrent en fumée dans le feu de son intense détachement. Le 27 août 1982, il s'installa à l'ashram en tant que résident permanent et poursuivit sans encombre ses pratiques spirituelles.

Nealou *(Swami Paramatmananda)*

Neal Rosner, ou Nealou, est né à Chicago, aux USA, en 1949. Grâce à son discernement et à certaines prédispositions naturelles, il prit conscience très tôt des bons et des mauvais côtés de l'existence mondaine. Lorsqu'il arriva en Inde, le détachement faisait déjà partie intégrante de sa personnalité. De 1968 à 1979, il vécut à Tirouvannamalaï où il suivit une *sadhana* et en 1979 il partit pour Vallickavou. Durant tout le trajet en train, il fut malade et forcé de rester allongé, souffrant de douleurs au dos et à l'estomac, de fatigue, de faiblesse et de manque d'appétit. Il était incapable de s'asseoir ou de marcher.

Quand Nealou rencontra Amma pour la première fois, le jour de son arrivée à l'ashram, il n'éprouva rien de particulier. Mais la nuit suivante, pendant le Krishna *bhava*, il sentit pénétrer en lui une grande force spirituelle, venant de l'intérieur du petit temple, qui le plongea dans la béatitude et sans savoir pourquoi, il se mit à pleurer. Ces larmes le soulagèrent beaucoup, atténuant les douleurs dont il souffrait depuis longtemps. Il entra alors dans le sanctuaire et, quand son regard rencontra celui d'Amma, il y vit la lumière de la paix et de la béatitude intérieures. Considérant son équanimité, la paix infinie qui émanait d'elle et l'expérience divine qu'il avait eut en sa présence, il fut convaincu qu'elle était un *jivanmukta**. Par la grâce divine d'Amma, il comprit très tôt qu'elle manifestait sa divinité pendant les *bhava*s divins et la dissimulait le reste du temps. Transporté dans un monde de félicité divine, il pria Amma de lui montrer le chemin de la béatitude immortelle et elle consentit à sa requête.

Un jour, il lui demanda si, par un simple vœu, elle pourrait le bénir afin de faire naître en lui une pure dévotion envers elle. Amma rit comme un jeune enfant innocent, en disant : « Que puis-je faire ? Je ne suis qu'une folle. » Ce soir-là vers la fin du Dévi *bhava*, elle envoya quelqu'un chercher Nealou qui se tenait dans l'embrasure de la porte, les yeux rivés sur elle. Soudain, il vit le visage d'Amma rayonner, et ce rayonnement grandit jusqu'à englober tout ce qui l'entourait. Tout disparut. Il n'y avait plus ni Amma, ni temple, ni décor, ni monde. À la place d'Amma brillait une lumière éblouissante et cette lumière se répandait dans toutes les directions, enveloppait tout l'espace. Puis elle se résorba lentement pour n'être plus qu'un point lumineux et finalement disparaître. Nealou était stupéfait, pétrifié. Il reçut l'expérience de la présence d'Amma à l'intérieur de lui-même et parvint à un état où la simple pensée de la forme lumineuse d'Amma lui faisait venir les larmes aux yeux. Après cette vision, il resta quatre nuits sans dormir, plongé dans cette expérience divine. Il sentait aussi constamment un parfum divin.

Il décida de poursuivre sa *sadhana* à Vallickavou, et Amma

---

* Une âme libérée.

accepta. Elle lui offrit un *rudraksha mala** dont, pendant de nombreuses années, émanèrent divers parfums. Sans aucun traitement médical et par le seul *sankalpa* divin d'Amma, la santé de Nealou s'améliora considérablement. Il pouvait maintenant s'asseoir, rester debout, marcher, manger. Il commença à sentir la présence constante d'Amma à l'intérieur de lui-même, ainsi qu'un flot ininterrompu de paix et de béatitude.

Il eut un jour une crise de toux sévère, incontrôlable, qui lui fit atrocement mal. Pendant le Krishna *bhava*, Amma lui mit les mains sur la poitrine et sur la tête et de nouveau, il vit sa forme lumineuse. Il découvrit que la même lumière était en lui et qu'il n'était pas le corps, qu'il n'était pas identifié au corps. Cette expérience divine enivrante l'habita pendant un long moment. Après cela, ses douleurs diminuèrent.

Un soir, souffrant d'une forte migraine, il ne put participer aux *bhajans*. Il était dans sa chambre, allongé sur le lit, les yeux fermés, quand il vit devant lui une lumière qui disparut bientôt. Puis il la vit de nouveau et ressentit la présence divine d'Amma. Sa migraine fut aussitôt guérie et il put se lever pour aller aux *bhajans*.

Par la grâce d'Amma, sa santé s'améliora. Mais plus extraordinaire encore est le fait qu'il ressentait la présence d'Amma partout où il allait, c'est-à-dire qu'il goûtait une béatitude et une paix constantes. Cet état venait de son contact étroit avec elle. S'il avait d'abord choisi *jnanamarga* (la voie de la connaissance) à Tirouvannamalaï, il préférait maintenant *bhaktimarga* (la voie de la dévotion). « C'est la bénédiction que j'ai reçue d'Amma », déclare-t-il. Nealou dit que s'il n'avait pas suivi d'intenses pratiques spirituelles pendant de nombreuses années, il n'aurait jamais été capable de comprendre ou d'assimiler les conseils spirituels d'Amma. Il est convaincu que seule la bénédiction d'Amma peut lui permettre d'atteindre le but de sa vie.

Dans les premières années, l'ashram manquait d'argent.

---

* Collier de graines sacrées.

Quelqu'un exprima ses craintes à ce sujet : « Comment allons-nous faire fonctionner l'ashram ? » « Qu'aucun de vous ne s'inquiète, répondit Amma. Celui qui s'occupera des finances de l'ashram va bientôt venir. » Nealou arriva peu après et assuma la responsabilité financière de l'ashram. Il servait Amma de tout cœur, prêtant attention aux moindres détails, avec patience et *shraddha*.*

Saumya *(Swamini Krishnamrita Prana)*

Saumya est venue demeurer à l'ashram d'Amma en 1982. Née en Australie, elle y avait passé plusieurs mois dans un ashram avant de partir vivre dans la communauté mère de cet ashram, en Inde près de Bombay. Durant son séjour dans cet ashram, elle rencontra un dévot d'Amma qui étudiait alors à la Mission Chinmaya. Il lui parla longuement d'Amma et de ses expériences avec elle. Il lui dit qu'il voyait en elle une enfant d'Amma et que si elle la rencontrait, elle éprouverait certainement le désir de vivre auprès d'elle. Et c'est exactement ce qui arriva. Ayant vécu dans un ashram où résidaient des milliers de personnes, en majorité occidentales, l'humble petit ashram d'Amma avec ses huttes recouvertes de palmes lui paraissait merveilleux. Il ne comptait à l'époque que quatorze résidents.

Amma avait reçu une lettre du dévot l'informant de l'arrivée de Saumya et dès qu'elle entra dans la hutte, elle se précipita pour la prendre dans ses bras. Saumya fut profondément bouleversée par l'amour et par la tendresse d'Amma à son égard. Dans l'ashram où elle avait vécu à Bombay, les disciples pouvaient se prosterner devant le gourou et toucher ses sandales tandis que lui-même se tenait à distance ; mais ici, Amma caressait tendrement ses dévots avec un amour et une compassion dont elle n'avait jamais soupçonné l'existence. Elle raconte :

« En ce temps-là, Amma se comportait parfois comme si elle

* Attention, soin.

était folle. Elle entrait souvent en *samadhi* pendant qu'elle chantait des *bhajans* ou donnait son *darshan* aux visiteurs. Elle vivait très simplement, offrant tout son temps à Dieu et à ses enfants et ne gardait rien pour elle. Elle s'asseyait dans le sable, perdue d'amour pour Dieu, pleurant pour Dieu et chantant Ses louanges à tout instant. Dieu était son seul intérêt et quand elle n'était pas plongée en Dieu, elle nous aimait, elle nous aimait tous. Elle ne pouvait dissimuler cet amour qui rayonnait à travers tous les pores de sa peau. »

Avant de rencontrer Amma, Saumya pensait qu'elle aurait un jour une famille et elle aimait aussi voyager ; mais par la suite, tous ces désirs disparurent. Amma disait que le seul but de cette naissance humaine est de réaliser Dieu. Après l'avoir entendue énoncer cette vérité spirituelle, Saumya comprit qu'elle ne pourrait plus retourner vivre en Occident et prétendre que cette vie-là était réelle. Elle désirait qu'Amma devienne son gourou et voulait vivre auprès d'elle, en suivant ses directives.

Peu après son arrivée à l'ashram, Amma lui demanda de la servir régulièrement pendant les *bhavas darshans*. C'était un grand honneur pour Saumya et une joie la plupart du temps, mais c'était aussi une tâche difficile car elle ne parlait pas malayalam. Une de ses responsabilités était d'essuyer le visage d'Amma pendant le Dévi *bhava*. Amma ne transpirait jamais, mais il lui arrivait d'avoir le visage couvert de la sueur des dévots car le temple était toujours bondé et la chaleur y était suffocante. Pour le bien-être des dévots, Amma désirait que quelqu'un lui essuye le visage entre deux personnes .

Saumya était souvent terrorisée à

l'idée de passer une serviette sur le visage de la Mère divine, mais elle n'avait pas le choix car en ce temps-là, Amma ne le faisait jamais elle-même.

La nuit, Dévi Amma apparaissait à Saumya en rêve, les yeux fixés sur elle tandis qu'elle était allongée, endormie, et lui demandait de lui essuyer le visage. Ces rêves paraissaient si réels que Saumya se levait parfois d'un bond pour aller chercher une serviette, se sentant très coupable d'avoir dormi. Une jeune fille avec qui elle partageait sa chambre lui demanda même un jour ce qu'elle faisait dans le noir au beau milieu de la nuit.

Quand elle se réveillait enfin et comprenait qu'il faisait nuit, que le Dévi *bhava* était fini et que ce n'était qu'un rêve, elle priait Amma de lui pardonner d'être couchée puis se rendormait, car que pouvait-elle faire d'autre ? Ces rêves se produisaient au moins une fois par semaine, parfois trois, et se répétèrent pendant plusieurs années avant de cesser tout à fait.

Quand elle rencontra Amma, Saumya désirait apprendre comment s'engager dans la voie spirituelle, une fois que l'on a réalisé l'impermanence de toutes les joies profanes. Dans les premières années de l'ashram, Amma parlait souvent de service, mais Saumya ne se sentait pas concernée. Les années passant, Amma parla de plus en plus souvent de service. Et peu à peu, le désir de servir le monde grandit et s'épanouit à partir de la petite graine qu'Amma avait planté dans le cœur de Saumya et dont elle avait pris soin avec tant d'amour et d'affection. C'est maintenant le plus cher désir de son cœur et sa prière secrète est : « Amma, donne-moi la force et la pureté qui me permettront de servir le monde. »

Madhou *(Swami Premananda)*

Madhou est natif de l'île de La Réunion (un département français), d'origine indienne et il désirait depuis l'enfance devenir *sannyasi.* Il arriva en Inde en 1976 et entra en contact avec l'ashram de Shri Ramakrishna Paramahamsa. Il demanda à Swami Vireshwarananda, du Belour Math, s'il pouvait se rendre dans l'Himalaya pour y suivre une *sadhana*, mais Swamiji lui dit d'aller dans le Sud de l'Inde, qui lui conviendrait mieux. Suivant ses instructions, Madhou poursuivait ses pratiques spirituelles à Arounachala quand un dévot lui dit : « Tu sembles être un dévot de Kali. Kali est à Vallickavou. Va la voir. »

C'est ainsi qu'il arriva à l'ashram le 1er juin 1980, jour de *bhava darshan.* Dans le sanctuaire du temple, Amma dit à Gayatri : « Mon fils Madhou attend dehors. Va le chercher et dis-lui de venir. » Quand il entra dans le temple et vit Amma, il éclata en sanglots. Elle lui dit : « Cela fait si longtemps que je t'attends. »

Le lendemain, tenant une photo de Vireshwarananda à la main, Amma demanda à tous qui était ce swami. Madhou, assis auprès d'elle, répondit : « C'est Vireshwaranandaji. » « C'est un homme sage », lui dit-elle. Amma lui révéla qu'elle l'avait vu au cours de sa méditation. Quelle intuition le swami avait eue d'envoyer Madhou dans le Sud de l'Inde ! Pendant le Dévi *bhava*, elle lui donna le *mantra diksha* (initiation).

En 1982, il célébra l'anniversaire d'Amma à La Réunion. En créant une annexe du Mata Amritanandamayi Math dans son île natale, il s'engageait à propager le *sanatana dharma*, la religion éternelle de l'Inde. Madhou était un *sadhak* sincère, humble, travailleur, cultivé et plein de compassion.

Le 24 février 1985, Madhousoudhan reçut le *brahmacharya diksha* selon les instructions d'Amma et devint Prematma Chaitanya. Sa loyauté envers Amma transparaît lorsqu'il dit : « Amma m'a fait ce que je suis. Si je ne l'avais pas rencontrée, j'aurai certainement mené une vie ordinaire. C'est uniquement par la grâce d'Amma que j'ai pu continuer sur la voie du renoncement. Bien plus que la capacité individuelle, la grâce du gourou est un facteur primordial pour le progrès spirituel. »

Shakti Prasad

Shakti Prasad (Soubhir) raconte dans quelles circonstances il renonça à la vie dans le monde, par la grâce d'Amma et en dépit de terribles difficultés : « C'est à la fin de l'année 1983 que je rencontrai Amma, sur le conseil de feu Swami Vimalananda du Ramakrishna Math de Nettayam, à Tirouvananthapuram dans le Kérala. Au cours de l'année suivante, Amma créa de nombreuses situations qui me convainquirent de sa nature de *sadguru.* Elle m'accorda plusieurs expériences spirituelles qui tissèrent un lien profond d'amour et de soumission. Je lui exprimai donc un jour mon désir de venir résider à l'ashram pour y recevoir son enseignement. Cela impliquait que je démissionne de ma situation d'ingénieur responsable de projet au Centre de Recherche et de Développement en Électronique de Tirouvananthapuram, une filiale de Keltron. Amma accepta, tout en m'avertissant que j'allais rencontrer une très forte opposition de la part de ma famille, qui appartenait à la communauté musulmane.

Le 4 mai 1985, je vins vivre auprès d'Amma. De nombreuses difficultés surgirent ensuite, que seuls sa grâce et ses conseils permirent de surmonter. Le 11 mai, mon père arriva à l'ashram avec des hommes de son entourage et exigea que je les accompagne jusqu'à la demeure familiale sous prétexte que ma mère était gravement malade. Je fus donc contraint de quitter l'ashram et de partir avec eux. Mon père et ses amis croyaient fermement que je souffrais d'une maladie mentale et que je pourrais me rétablir en suivant un traitement psychiatrique. Je n'eus donc pas d'autre choix que de les suivre chez de nombreux spécialistes en ce domaine, malheureusement incapables d'appréhender le charme et la grandeur de l'étude et de l'exploration de la réalité intérieure selon l'ancienne tradition de la vie en ashram.

La nuit du 16 mai, j'échappai à leur surveillance et passai

deux semaines dans un ashram de Tirouvananthapuram où les résidents éprouvaient beaucoup d'amour et de dévotion envers Amma. Mes parents rendirent alors visite à Amma pour lui assurer qu'ils ne me tourmenteraient plus. Je retournai donc à Vallickavou où elle me déclara qu'elle ne croyait pas à leurs promesses.

Le 5 juin 1985, mon père vint à l'ashram et me demanda de repartir avec lui, disant que ma mère avait été hospitalisée. J'en parlai à Amma qui déclara : « Leur plan est de te conduire dans un endroit éloigné pour te soumettre à un traitement psychiatrique. » Comme mon père n'entendait pas repartir bredouille, je demandai à Amma la permission de le suivre afin d'éviter tout problème à l'ashram. Tandis que je me prosternai à ses pieds avant de prendre congé d'elle, Amma me murmura à l'oreille : « Tu seras en sécurité. Je suis avec toi. »

Sur la grand-route, la voiture m'attendait avec six personnes à bord. Bientôt la direction du voyage changea : Bangalore, au lieu d'Edappally comme j'en avais été informé au départ. Nous avons passé la nuit dans un petit hôtel pour touristes à Mettour, et je fus surveillé de près pour m'empêcher de fuir comme la fois précédente. C'est là que je parvins à réunir des informations révélant leur intention de me soumettre à un lavage de cerveau et à des électrochocs. Je gardai précieusement ces documents, qui allaient servir de preuves devant les tribunaux du Kérala un an plus tard.

Le 6 juin, à Bangalore, mon père prit une chambre dans un hôtel près du Soubbaiah Circle et, voyant que je ne cherchais pas à m'échapper, il quitta l'hôtel avec deux autres personnes pour aller régler les formalités de mon internement. Ne trouvant aucun moyen de m'enfuir, je méditai un moment puis sollicitai une suggestion d'Amma. Instantanément surgit sur mon écran mental le plan complet de mon évasion.

Je priai ceux qui me surveillaient de me permettre d'aller dans la véranda pour passer un coup de téléphone à un ami de longue date. Ils refusèrent. Je réitérai ma demande et finis par leur donner l'ordre de me laisser sortir. Presque machinalement, ils déverrouillèrent la porte. Tandis qu'ils me conduisaient dehors, je bondis brusquement, tirai la porte de toutes mes forces et la verrouillai de l'extérieur, les enfermant ainsi tous dans la chambre. Je me précipitai sur la grand route à la recherche d'un véhicule. Un *autorickshaw* passa à toute allure avec un passager à l'intérieur puis s'arrêta soudain cinquante mètres plus loin. Le chauffeur essaya de redémarrer à la manivelle et c'est alors que, remerciant Amma, je courus vers lui et m'engouffrai dans le véhicule. Il repartit à l'instant même et quitta les lieux. Par la fenêtre arrière, je pouvais voir mes geôliers courir en tous sens à ma recherche.

Au Majestic Circle, une agence de voyage me trouva une place pour Kozhikode, à huit heures de route au nord de Vallickavou, dans un bus touristique qui partait le soir même. Je donnai mon nom pour la réservation, ce qui après réflexion me parut bien imprudent. Arrivant à l'ashram le lendemain, je remarquai avec surprise que l'argent qu'Amma m'avait fait donner à mon départ suffisait exactement pour mon retour. En me voyant, Amma déclara : « Très bien, mais pourquoi fallait-il que tu donnes ton nom à cette agence ? »

Vallickavou, le 17 juillet 1985 : ce matin-là, Amma m'avertit que je devais m'attendre à quelque événement désagréable et me suggéra d'éviter toute sentimentalité destinée à préserver la paix de l'ashram. Elle me dit qu'elle était entièrement dévouée aux *sadhak*s et qu'elle agirait conformément à cela, quelle que soit la situation. À onze heures, un groupe important conduit par mon père entra dans l'ashram et exigea que je reparte avec eux. Comme je refusais, ils menacèrent de m'emmener de force. Amma garda son calme, leur disant : « Nous lui offrirons notre protection s'il le souhaite. C'est le *dharma* de notre ashram. » L'atmosphère devint quelque peu tendue à mesure que les résidents entraient eux aussi en scène et quand des dévots locaux commencèrent à s'assembler, le groupe quitta les lieux en me donnant deux semaines de préavis.

À quinze heures, Amma vint me voir et m'enjoignit de quitter immédiatement l'ashram. Je partis sur-le-champ, en inscrivant mon départ sur le registre du bureau. Quelques minutes plus tard, mon père et ses acolytes étaient de retour, accompagnés par la police de Karounagappally, accusant l'ashram de détention illégale et d'autres délits.

Je passai ces journées caché dans différents établissements et chez des amis. Avec la permission d'Amma, je partis pour le Kochi Arya Samaj où je fis accomplir les cérémonies nécessaires pour pouvoir embrasser l'hindouisme selon les rites védiques. Les détails en furent publiés dans le Journal Officiel.*

Le Gouverneur et l'Inspecteur général du Kérala, mis au courant de ma situation, prirent des mesures et avertirent ma famille. Ils m'assurèrent que, dorénavant, je pouvais demeurer à l'ashram et j'y retournai donc. Un mois plus tard, Amma me donna le *mantra diksha* pendant le Dévi *bhava*. Cela accéléra grandement le progrès de ma *sadhana*.

Le 10 juillet 1986, Amma partit pour une réception et un programme de *bhajans* dans un temple à Vypin ; je faisais partie des résidents qui l'accompagnaient. En chemin, nous nous étions arrêtés une heure à l'ashram de Kollam. Le grand maître qu'est Amma, nous indique d'abord intérieurement quelle est l'action juste, puis elle donne une indication extérieure et elle ne donne un ordre que si nous n'avons pas compris son signal, telle est notre expérience en tant que disciples. Huit mois s'étaient écoulés depuis les derniers démêlés avec ma famille et nous n'attendions plus d'ennuis de ce côté-là. Mais un pressentiment étrange m'incitait à mettre fin au voyage à Kollam. Cette idée prit corps et me poussa à prendre une décision. Je regardai Amma pour connaître sa volonté : « Oui, reste ici, » me dit-elle d'un signe de tête significatif, et elle partit pour Vypin en me laissant à Kollam.

* Une publication gouvernementale qui contient les notifications légales, les changements de nom, etc.

Environ deux heures plus tard, Srinivasan, un de mes frères disciples, arriva en hâte à l'ashram de Kollam et me dit de partir sur-le-champ. Leur véhicule avait été arrêté par la police à Karounagappally, à trente kilomètres au nord de Kollam, avec un mandat d'arrêt contre moi, fondé sur un acte de loi concernant la démence émis par la Cour Principale de la Magistrature Judiciaire de Kollam. C'est en vain que les policiers avaient fouillé la camionnette de fond en comble pour me trouver. Je passai les jours suivants caché dans des endroits variés. Cette fois encore, la grâce divine intervint et l'aide arriva toujours au moment opportun.

Dans ce moment d'incertitude totale, je pensai à quitter le Kérala à cause de ce mandat d'arrêt qui était encore valide, après avoir été ré-émis par la Cour à la demande insistante de mon père et de ses amis. Je me sentais en outre coupable de créer des difficultés à Amma et à l'ashram. Le même jour, Amma envoya un message me disant de ne pas me faire de souci et elle m'assura que les événements prendraient bientôt une tournure favorable.

Deux jours plus tard, un article parut dans *Matrubhumi*, un quotidien en malayalam, annonçant que mes parents avaient déposé une plainte *habeas corpus* à la Haute Cour du Kérala. Ils accusaient Amma de détention forcée et soulignaient la nécessité d'un traitement psychiatrique spécialisé pour guérir leur fils de sa maladie mentale.

Après avoir sollicité la permission et les conseils d'Amma, je partis immédiatement pour Kochi. Avec l'avocat Govinda Bharathan de la Haute Cour du Kérala, je déposai une contre-plainte relatant les faits et le 27 août 1986, je parus devant la Cour sous protection policière. Après une discussion approfondie, les juges rejetèrent la plainte déposée par mon père et donnèrent des ordres en vue de ma protection. Le chef de la Magistrature émit également une mise en garde contre certaines personnes qui avaient été associées de près à mes tourments au cours des deux années précédentes.

En février 1987, j'accompagnai Amma et les brahmacharis à Bombay pour participer à des programmes en son honneur. C'est alors que nous reçûmes un message disant que mes parents avaient fait appel à la Cour Suprême de l'Inde remettant en question le jugement rendu par la Haute Cour du Kérala. Ils soutenaient avec force que la bonne santé mentale de leur fils ne pourrait être prouvée qu'après vingt-huit jours de mise en examen par des experts médicaux. Leur requête avait déjà été rejetée par le jugement de la Haute Cour après examen de tous les documents que j'avais fournis, en particulier les témoignages de mon ancien employeur, et après une discussion détaillée avec moi concernant les raisons de ma conversion à l'Hindouisme et de mon choix de prendre Amma comme Maître spirituel*.

En me souhaitant bonne chance, Amma me conseilla de partir pour Delhi. Par sa grâce, l'appel fut rejeté dès la première audition et les premières délibérations, m'évitant ainsi tous risques ou complications supplémentaires. »

---

* Ce fut un jugement mémorable rendu par la Cour Suprême de l'Inde, qui prit parti en faveur du droit de l'individu à choisir sa religion : « Nous ne trouvons aucune raison valable pour émettre un avis contre Mata Amritanandamayi, et ne voyons rien non plus de défectueux dans le jugement rendu par la Haute Cour du Kérala, qui conclut à la bonne santé mentale du fils du plaignant et lui accorde le droit de poursuivre une vie spirituelle dans son ashram. » (13 mars 1987)

Quatrième Partie

L'INCARNATION DE LA PERFECTION SPIRITUELLE

CHAPITRE XV

Amma, Maître spirituel

« Quelle est la personne qui incarne pour vous la perfection ? » Si l'on pose cette question à un jeune de notre époque, il répondra que la personne idéale est un multimillionnaire beau et très influent, ou peut-être un homme politique de haut rang, ou encore il citera le nom de vedettes de cinéma à l'allure romantique ou de joueurs de cricket. Il est dommage que de nos jours les jeunes ne puissent concevoir une société sans films, sans politique, sans romances, qui sont pour eux des nécessités vitales. Mais ces activités contribuent-elles à former notre caractère et nous aident-elles à bâtir notre vie ? Qu'est-ce qui confère la beauté et la perfection à un être humain, la douceur et le charme à ses actes ? Quel est le facteur qui rend un être immortel et digne d'adoration ? Est-ce un seul des éléments mentionnés plus haut ? Une personne mûre et dotée de discernement dira certainement : « Non, absolument pas ! » Qu'est-ce donc ? Ce sont les vertus éternelles qui, ayant été intégrées, rayonnent de l'être tout entier.* C'est ce que nous pouvons voir en Amma, en qui s'allient merveilleusement l'amour inconditionnel et la béatitude.

Des gens issus de milieux divers parlent d'Amma de façon différente, selon leur degré de compréhension et de maturité. Par exemple, si vous demandez qui est Mata Amritanandamayi à une personne qui ne se préoccupe que de choses superficielles, elle vous dira : « C'est une femme extraordinaire qui peut guérir des maladies terribles et incurables par un simple contact ou un seul regard. » Ou elle ajoutera peut-être : « Elle peut aussi résoudre vos problèmes matériels et aisément exaucer tous vos désirs. » Si la même question s'adresse à une personne dont l'intellect est plus subtil, elle répondra : « Oh, Amma est réellement incroyable. Elle peut vous accorder de nombreux

---

* Plus éloigné du texte original anglais, nous aurions également pu traduire : « En une phrase, c'est la manifestation extérieure, à travers tout l'être, des qualités de l'âme dans leur pureté première, telles que nous les découvrons en nous-même quand nous transcendons l'ego. »

pouvoirs psychiques. Elle est maître dans l'art de la télépathie et de la clairvoyance. Transformer de l'eau en *panchamritam** ou en lait n'est rien pour elle. Elle commande à la totalité des huit pouvoirs mystiques *(siddhis)*** » et ainsi de suite. Un chercheur spirituel authentique répondrait : « Amma est le but ultime d'un chercheur spirituel. Elle apporte inspiration et soutien aux chercheurs sincères et les aide à traverser l'océan éternellement changeant de la transmigration. Sa nature même est amour et compassion ; elle incarne les vérités exprimées dans les Védas et dans tous les textes religieux du monde. Si vous prenez refuge à ses pieds, certainement, le but est à portée de votre main. C'est un Maître parfait autant qu'une Mère merveilleuse. »

Quiconque est en contact étroit avec Amma et l'observe de près, sans préjugés ni présomptions, perçoit clairement qu'Amma intègre les trois voies : la voie de la dévotion *(bhakti yoga)*, la voie de la connaissance *(jnana yoga)* et la voie de l'action (*karma yoga)*.

Les différents aspects de la dévotion suprême se manifestent en elle dans leur perfection. Ses paroles et ses actes expriment une connaissance parfaite du Soi. Amma est une *karma* yogini sans égale. Et tous les points de vue précédents sont des visions partielles nées de l'expérience et de la compréhension limitées de chacun.

« Aussi patient que la terre » est une expression en malayalam. Notre Mère la Terre supporte tout. Les êtres humains la frappent, lui crachent dessus, la labourent, la creusent et l'ouvrent, la piochent, la bêchent pour la cultiver ou à d'autres fins, et

* Pouding sucré fait de cinq ingrédients.

** « Les huit *siddhis* (perfections) sont : le pouvoir de devenir, à volonté, aussi petit que l'atome (*anima*), aussi vaste que l'univers (*mahima*), aussi léger que le coton (*laghima*), aussi lourd qu'une montagne (*garima*) ; être le maître de toutes choses *(ishitva)* ; être victorieux sur tout et tout contrôler (*vashitva*) ; atteindre sans effort des lieux situés même au-delà de l'imagination (*prapti*) ; se manifester n'importe où et n'importe quand selon les besoins (*prakashya*) ». (Extrait de *Shri Lalita Sahasranama — Commentary,* publié par *Mata Amritanandamayi Center, 1996.)*

construisent même sur elle des tours de cent étages, mais elle supporte tout avec patience. Elle ne se plaint pas, ne méprise personne, sert et nourrit chacun de son mieux. De même, avec une patience infinie, Amma remodèle le caractère de ses enfants. Elle attend avec longanimité que les disciples soient assez mûrs pour se laisser discipliner et entre-temps, elle les nourrit de son amour désintéressé, pardonnant leurs erreurs.

Si l'on étudie avec attention la grande lignée des anciens saints et sages de l'Inde et que l'on observe les moyens qu'ils ont adoptés pour transmettre leur enseignement à leurs disciples et les mener à l'illumination, on comprend facilement la nature unique de la relation gourou-disciple. Amma dit :

« Au début, un *sadguru* (un Maître parfait) ne donne pas d'instructions strictes à son disciple. Il l'aime, voilà tout ; cet amour inconditionnel lie le disciple au gourou. Grâce à l'effet puissant de cet amour, le disciple acquiert assez de maturité pour que le gourou puisse travailler sur ses *vasanas*, ses habitudes mentales. Grâce à ses instructions à la fois strictes et pleines d'amour, le Maître discipline et remodèle la personnalité du disciple. Dans une véritable relation gourou-disciple, il est difficile de distinguer qui est qui, car le Maître est plus humble que le disciple et le disciple plus humble que le Maître. » Au début, outre l'amour immense dont il fait preuve envers lui, il se peut même que le gourou agisse dans une certaine mesure au gré de la fantaisie et des caprices du disciple. Mais quand il le considère comme suffisamment mûr pour entreprendre une pratique spirituelle sérieuse, alors il commence lentement à le discipliner. À partir de ce moment-là, bien qu'il aime son disciple comme son propre fils ou sa propre fille, le gourou ne manifeste plus guère cet amour. Son seul but est de lui faire prendre conscience du Soi dans toute sa pureté. En d'autres termes, la discipline imposée par le gourou est une expression de son amour. C'est l'amour véritable, qui transforme le disciple en un pur joyau.

À propos de la manière dont elle met en évidence et corrige

les défauts de ses enfants, Amma déclare : « Je suis comme une jardinière. Le jardin foisonne de fleurs multicolores. On ne m'a pas demandé de prendre soin des fleurs parfaites, mais de venir en aide aux plantes et aux fleurs attaquées par les insectes et les vers. Pour les débarrasser de ces fléaux, il me faudra peut-être pincer les pétales et les feuilles, ce qui est douloureux sans doute, mais indispensable pour sauver ces plantes et ces fleurs de la destruction. Amma travaille ainsi constamment sur les faiblesses de ses enfants. Le processus de purification est douloureux, mais c'est pour votre bien. Vos vertus ne réclament pas l'attention mais si vos faiblesses ne sont pas éliminées, elles détruiront également vos qualités. Mes enfants, vous pensez peut-être parfois qu'Amma est en colère contre vous. Pas du tout. Elle vous aime plus que personne au monde et c'est pourquoi elle agit ainsi. Amma n'attend rien d'autre que votre progrès spirituel. »

On ne la verra jamais assise sûr un trône en train de donner des ordres à ses enfants spirituels et à ses dévots. Elle instruit et montre en même temps l'exemple par ses actes. L'humilité et la simplicité sont les marques de la grandeur et Amma en est l'exemple vivant. Elle est plus humble que le plus humble et plus simple que le plus simple. Elle dit en parlant d'elle-même : « Je suis la servante des servantes. La vie de ce corps est pour autrui. Le bonheur de ses enfants est la richesse et la santé d'Amma. »

Sa méthode pour venir à bout de l'ego et des tendances négatives de ses enfants est merveilleuse. Invincible guerrière, elle prépare le terrain pour éprouver la maturité d'esprit et le progrès spirituel de ses enfants en créant des circonstances appropriées. Sans que le disciple s'en doute, elle le conduit sur ce terrain et avant qu'il ait eu le temps de comprendre la gravité de la situation, il voit tous ses ennemis intérieurs surgir et le discernement de son intellect faire place aux émotions du mental. À ce moment-là, Amma profite adroitement de l'occasion pour extirper l'égoïsme de son enfant. Ses armes puissantes atteignent infailliblement leur cible et peu à peu, en temps voulu, les tendances négatives perdent de leur force. L'anecdote suivante en est une illustration.

Il y a quelques années, Nealou (Swami Paramatmananda) rapporta une machine à écrire portative de Tirouvannamalaï. Balou (Swami Amritaswaroupananda), qui n'avait jamais appris à s'en servir, prit une feuille et tapa pour s'amuser : « Amma, fais de moi ton esclave ». Amma était assise un peu plus loin et parlait avec Nealou. Soudain, elle se tourna vers Balou et demanda : « Fils, qu'est-ce que tu tapes ? » Balou traduisit la phrase en malayalam et sans rien dire ou demander de plus, Amma reprit sa conversation avec Nealou. Un quart d'heure plus tard, elle lui déclarait : « Je vais envoyer Balou à l'étranger. » Ce fut un choc pour Balou d'entendre Amma prononcer ces paroles, car il avait déjà quitté deux emplois avec l'intention de vivre pour toujours en sa présence : « Qu'est-ce que tu as dit, Amma ? », demanda-t-il anxieusement. « Oui, nous avons besoin d'argent pour faire fonctionner l'ashram. Le nombre de résidents augmente et nous n'avons aucune ressource pour subvenir à leurs besoins. Tu dois donc partir travailler », répondit-elle.

Il n'en fallut pas plus à Balou. Tous ses ennemis intérieurs se mobilisèrent et il s'écria avec véhémence : « Non, je ne veux pas travailler. Je ne peux pas partir d'ici. Je suis venu pour rester avec Amma et non pour travailler dans le monde ou gagner de l'argent. » Amma insista, jusqu'à ce que la colère de Balou ne connaisse plus de bornes. Toutes ses tendances négatives étaient prêtes à l'attaque.

C'est alors que, d'une voie douce, Amma lui dit : « Fils, qu'est-ce que as écrit à la machine, il y a quelques minutes à peine ? Si tu veux devenir le serviteur de Dieu, tu dois abandonner à Ses pieds tout ce qui t'appartient. Si le mental n'est pas pur, Dieu ne viendra pas résider dans ton cœur. Devenir le serviteur de Dieu signifie accepter avec équanimité toutes les expériences, bonnes et mauvaises, heureuses ou malheureuses. Vois en toute chose la volonté de Dieu. Fils, je ne veux pas de ton argent. Quand je te

vois pleurer pour Dieu, je suis si heureuse que mon cœur déborde d'amour pour toi. » À peine eut-elle prononcé le dernier mot qu'elle s'absorba dans un état divin. Des larmes roulèrent le long de ses joues et son corps s'immobilisa. Elle resta ainsi pendant une heure puis redescendit lentement vers le plan de l'existence matérielle.

Plein de remords, Balou tomba aux pieds d'Amma et la supplia de lui pardonner. Il implora : « Amma, je t'en prie, purifie mon cœur. Débarrasse-moi de ces pensées et de ces actes impurs. Fais de moi un instrument parfait entre tes mains. » Elle le consola et lui dit : « Fils, ne t'inquiète pas. Tu es venu à Amma et c'est maintenant sa responsabilité de prendre soin de toi et de te rendre parfait. » À ces mots, il fut rempli de paix et de joie.

Elle dit un jour : « Mes enfants, vous êtes heureux quand Amma montre un visage souriant. Si elle dit quelque chose qui va à l'encontre de vos désirs, vous pensez qu'elle ne vous aime pas, mais il n'en est rien. Amma essaie de vous rendre plus forts. Pour acquérir de la force spirituelle, il faut éliminer les faiblesses du mental. C'est dans ce but qu'Amma feint parfois la colère. C'est pour vous instruire. Imaginez par exemple une vache en train de dévorer joyeusement les feuilles tendres d'un jeune bananier. Il ne suffit pas de lui dire : « Ma chère vache, je t'en prie, ne mange pas ces feuilles, la plante va dépérir. » Elle ne bougera pas d'un centimètre. Mais si vous brandissez un bâton en criant : « Va-t'en, va-t'en ! », elle arrêtera tout de suite ses méfaits. La colère d'Amma joue le même rôle. Mes enfants, Amma n'a pas un iota de colère envers vous. Souvenez-vous toujours qu'elle n'a aucune motivation égoïste et agit uniquement pour votre progrès spirituel. Si elle vous montre sans cesse son amour et son affection, vous ne vous tournerez pas vers l'intérieur pour y chercher le Soi. Mes enfants, celui qui vit dans le monde ne s'occupe que de sa femme et de ses enfants. Mais un véritable *sannyasi* doit porter le fardeau du monde entier. Vous devez acquérir la force de le faire. »

Un jour, après le *darshan* habituel, Amma ne put aller se reposer que vers quatre heures du matin. Rentrée dans sa hutte, elle ferma la porte pour aller se coucher ; comme à l'accoutumée, un résident de l'ashram s'allongea devant sa porte pour s'assurer que personne ne viendrait la déranger. Juste à ce moment-là, une jeune femme qui avait manqué son bus et parcouru à pied les trente-cinq kilomètres depuis Kollam, arriva pour recevoir la bénédiction d'Amma. Elle fut très déçue en apprenant qu'elle était allée se coucher mais elle gardait une lueur d'espoir et cria deux ou trois fois son nom. Le résident couché devant la porte se releva pour aller réprimander la jeune femme, car elle risquait de déranger Amma et il lui demanda même de partir. Au même instant, Amma sortit de la hutte et accueillit la femme. Elle l'interrogea affectueusement pour connaître ses problèmes, la réconforta et lui promit de les résoudre .

Se tournant alors vers le *brahmachari* qui avait gardé la porte, elle lui dit d'un ton sévère : « Je ne suis pas ici pour me reposer confortablement mais pour servir les autres et alléger leurs souffrances. Leur bonheur est mon bonheur. Je n'ai besoin de personne pour me servir. Je suis ici pour servir le monde et je dois être libre de rencontrer qui que ce soit à n'importe quelle heure. Je ne permettrai à personne de m'empêcher d'accueillir les dévots qui viennent chercher secours et réconfort auprès de moi. Sais-tu comme il leur est difficile de venir jusqu'ici avec leurs maigres économies, simplement pour soulager leur cœur douloureux ? Si tu répètes cette impertinence et que tu essaies de m'imposer des règles pour que je ne reçoive les dévots qu'à certaines heures, je dissoudrai cette organisation. Je ne veux pas d'une mission si elle n'est pas faite pour servir l'humanité souffrante. Une mission ne doit exister que pour servir. » Sur ce, elle interdit à quiconque de dormir devant la porte de sa hutte.

Une femme malade vomit un jour sur les vêtements d'Amma. Une des jeunes filles qui servaient Amma ramassa le vêtement souillé à l'aide d'un bâton ; elle s'apprêtait à le porter à la laverie. Voyant cela, Amma la gronda en disant : « Si tu es incapable de voir le Divin en tous et d'aider chacun de façon égale, à quoi ont servi tes années de méditation et de service ? Y a-t-il la moindre différence entre cette femme malade et moi ? » Amma prit alors elle-même le vêtement et le lava, interdisant pendant quelques jours à la jeune fille de la servir.

La simple présence de la sainte Mère est en elle-même une inspiration pour les dévots. Elle peut leur communiquer l'enthousiasme et la force de faire n'importe quoi à n'importe quel moment. S'il s'agit par exemple de transporter des briques, du sable ou d'autres matériaux pour les constructions en cours, ou même de vider la fosse septique, de nettoyer l'ashram ou d'aider les maçons à faire du béton, les résidents courent en essayant de réunir quelques dévots pour les aider. Il est parfois trois ou quatre heures du matin quand le *darshan* se termine et que les dévots s'apprêtent à aller dormir. Amma arrive alors sur le lieu du travail. Elle est toujours la première à se mettre à l'œuvre. Bien qu'elle soit restée assise de dix-huit heures la veille au soir jusqu'à trois ou quatre heures le lendemain matin, elle travaille gaiement, avec beaucoup d'entrain. Très vite, la rumeur se répand qu'Amma transporte des briques, de l'eau ou autre chose et les dévots accourent de partout. Une tâche qui aurait pris six ou sept heures est terminée en une heure ou deux.

Pour que les dévots oublient leur fatigue, Amma les égaie avec son merveilleux sens de l'humour. Elle allume même parfois un petit feu sur le lieu des opérations pour préparer une boisson chaude et faire griller des cacahuètes, qu'elle sert ensuite à tous tous ceux qui ont participé au travail. En plein ouvrage, elle continue de dispenser son enseignement : « Mes enfants, dira-t-elle, quelle que soit la tâche que vous êtes en train d'accomplir, efforcez-vous toujours de répéter votre *mantra* ou de chanter des chants de dévotion. Seules les actions que l'on offre au Seigneur comptent comme des actions réelles, et alors *karma* (l'action) devient yoga. Sinon il s'agit de *karma bhoga**.

* Action motivée par le désir de jouir de ses fruits.

Même quand elles sortaient vendre leur lait ou leur babeurre, les *gopis* de Vrindavan appelaient : « Krishna, Madhava, Yadava, Keshava.... » Dans la cuisine, elles écrivaient et collaient les différents noms de Krishna sur tous les bocaux d'épices et autres provisions. Elles assumaient elles aussi* toutes les responsabilités d'une maîtresse de maison. Jamais elles n'étaient oisives, mais elles contemplaient continuellement la forme de Krishna dans leur cœur et répétaient sans cesse Ses noms divins. Mes enfants, efforcez-vous d'être comme elles. »

Quelle que soit la question, que celui qui la pose soit croyant ou athée, ami ou hostile, Amma répond toujours affectueusement, avec calme et douceur, sans blesser la personne ni déprécier ses idées. Un jour, par exemple, un jeune homme qui visitait l'ashram déclara : « Je n'ai aucune foi dans la spiritualité et les Maîtres spirituels. Ne vaut-il pas mieux servir l'humanité ? Un grand nombre de gens souffrent de la pauvreté et de la faim. Que font pour eux ces êtres soi-disant spirituels ? Ne perdent-ils pas leur temps à rester assis sans rien faire ? »

Amma répondit calmement : « Mon fils, ce que tu dis est juste. Bien sûr, il est important de servir l'humanité. C'est à cela qu'un chercheur spirituel sincère doit consacrer sa vie. Amma est parfaitement d'accord avec toi. Mais qu'est-ce que le véritable service ? C'est offrir son aide sans rien attendre en retour. Qui peut agir ainsi ? Si quelqu'un a l'idée de venir en aide à une famille pauvre, c'est sûrement pour un motif égoïste. Tout le monde court après la gloire, la renommée. Amma sait très bien que les conseils spirituels ne vont pas apaiser la faim de ceux qui sont plongés dans la misère. Nous devons éprouver de la compassion et de l'amour pour eux, et la compassion et l'amour véritables ne viennent qu'en suivant une discipline spirituelle. Nous devons avoir un idéal élevé et être prêts à tout sacrifier pour l'atteindre.

* En Inde, les dévots d'Amma qui ne résident pas à l'ashram sont pratiquement tous chefs de famille.

C'est cela, la vraie spiritualité. Fournir de la nourriture ne résoud pas les problèmes. Le besoin de nourriture reviendra. C'est pourquoi la meilleure méthode est d'aider les autres à la fois extérieurement et intérieurement, c'est-à-dire leur donner à manger et en même temps leur faire prendre conscience de la nécessité d'évoluer aussi intérieurement Ce n'est possible que grâce à l'éducation spirituelle. Ce genre de service permet de mener une vie heureuse et équilibrée en toutes circonstances, même quand il n'y a rien à manger. En vérité, la spiritualité est ce qui nous enseigne à mener une vie parfaite dans le monde. Mon fils, tout dépend du mental. S'il est calme et serein, même l'enfer le plus bas deviendra un havre de joie ; s'il est agité, même le paradis le plus élevé se transformera en un lieu de terrible souffrance. C'est cela que l'on obtient de la spiritualité et des Maîtres spirituels : une paix et une sérénité sans lesquelles on ne peut pas vivre. »

Même le voyou le plus notoire, jugé cruel et haï par ses propres parents et par toute sa famille, est un enfant chéri pour Amma et lui aussi peut dire : « C'est moi qu'Amma préfère, et je l'aime plus que ma propre mère, celle qui m'a donné la vie. Je suis son enfant. » Telle est l'impression créée par Amma dans le cœur de ses dévots. Même d'un vaurien elle dira : « Que ce fils est bon. Comme il est innocent ! » Passant outre ses défauts, elle fera l'éloge de ses qualités qui, en réalité, seront peut-être infimes.

Nous pouvons comprendre par notre propre expérience, qu'Amma est une fontaine inépuisable d'énergie spirituelle et de créativité. Tout en veillant très attentivement aux besoins à la fois spirituels et matériels de ses enfants, elle demeure cependant toujours pure et détachée.

Désirant exprimer sa dévotion et sa gratitude, il se peut qu'un dévot lui dise : « Ô Mère, tu as tant de compassion envers moi. Par ta grâce, ma méditation est bonne et j'ai l'esprit parfaitement en paix. » Un autre dira : « Ô Mère, par ta bénédiction, tous mes problèmes familiaux sont maintenant résolus et bien des désirs que j'ai nourris toute ma vie ont été exaucés. » À ces mots, Amma éclate parfois de rire en disant : « Namah Shivaya ! Qui est cette Amma pour bénir qui que ce soit ? Ce n'est qu'une folle errant parce que personne ne l'a internée. Elle ne fait rien du tout. C'est Dieu qui fait tout, sans rien faire. »

Examinons maintenant la nature et les centres d'intérêts de ceux qui viennent voir Amma. Certains posent des questions sur le yoga de la *kundalini**, d'autres sont curieux d'en savoir plus sur le *nirvikalpa samadhi*, l'état de celui qui est établi dans le Soi. L'un se plaint de problèmes de santé. Des parents arrivent en pleurs, déclarant que leur fils unique s'égare dans une mauvaise voie et demandent à Amma de le sauver. Des jeunes viennent se plaindre que, bien qu'ils soient diplômés depuis longtemps, ils sont toujours sans emploi, et ils supplient : « Amma, je t'en prie, bénis-moi pour que je trouve du travail. » Des maris confient à Amma que leur femme n'est pas sincère, des épouses que leur mari ne les aime pas. Certains prient Amma de punir leur voisin, ou lui disent que leur vache ne donne pas assez de lait ou les cocotiers de leur jardin pas assez de fruits. D'autres lui demandent sa bénédiction pour réussir leurs examens et d'autres encore souffrent d'une maladie incurable. Certains parents sont désespérés parce que leur fils montre une inclination pour la vie de renonçant. Quelques-uns deviennent des chercheurs spirituels sérieux après leur rencontre avec Amma et viennent chercher ses instructions pour progresser dans leur *sadhana*. Ainsi, on peut voir le monde entier venir chercher sa bénédiction. Amma ne rejette personne. Tous sont traités de manière égale, avec le même amour et la même affection, et chacun reçoit ses conseils selon sa maturité d'esprit et son besoin. Non seulement elle écoute leurs problèmes, mais elle exauce également leurs souhaits.

* Technique visant à éveiller le « pouvoir du serpent » (voir *kundalini* dans le glossaire).

Tous les matins, Amma accueille les dévots venus en grand nombre pour recevoir son *darshan*. Elle les reçoit l'un après l'autre, écoute très attentivement leurs problèmes et leur dit : « Je ne veux rien de vous si ce n'est le fardeau de vos peines. Amma est là pour s'en charger. » Elle reste assise dans le temple jusqu'à ce que tous aient été reçus et réconfortés. Le *darshan* se termine maintenant tous les jours vers seize ou dix-sept heures. De retour dans sa chambre, Amma lit ensuite le courrier ou communique ses instructions aux résidents. Elle donne les conseils nécessaires pour la gestion administrative de l'ashram. Même en prenant ses repas, elle instruit quelqu'un ou lit une lettre. Si c'est un jour de *bhava darshan*, elle rentre dans sa chambre vers quatorze heures et en ressort vers dix-sept heures pour conduire les *bhajans*. Après les chants commence le *darshan*, qui peut se prolonger jusqu'à dix heures du matin. Jusqu'à la fin, Amma reste assise dans le temple, reçoit les dévots un par un et écoute leurs problèmes, qu'ils soient d'ordre matériel ou spirituel. Non seulement elle les écoute, mais elle les résout également sans difficulté, par un simple geste, un regard ou une décision de la volonté *(sankalpa)*. Mata Amritanandamayi est un phénomène unique, même en cette terre sacrée de l'Inde. Prenant le *bhava* d'Adi Parashakti, l'énergie suprême primordiale, elle passe chaque seconde de sa vie au service de la création de Dieu, sans jamais se lasser. La grâce et la compassion infinies qu'elle manifeste envers une humanité égarée restent sans égales dans l'histoire spirituelle de l'Inde. Puisse sa vie divine servir d'étoile pour guider tous ceux qui aspirent à connaître la paix suprême et la félicité de la réalisation du Soi.

Om Namah Shivaya !

GLOSSAIRE

achyouta « Qui n'est pas tombé, ferme, solide. » Épithète de Vishnou.

Adi Parashakti L'énergie suprême primordiale, la Créatrice, la contrepartie féminine de Shiva (principe masculin ou conscience pure).

ahimsa « État de ce qui est inoffensif, ne blesse pas, ne tue pas ». La non-violence, dont le concept a été rendu célèbre par Mahatma Gandhi au moment de la lutte pour l'indépendance de l'Inde, en 1945.

Ananta « Infini ». Un des noms du serpent Shesha sur lequel Vishnou dort après le *pralaya* cosmique (fin d'un cycle, désintégration temporaire).

arati Rite de clôture d'une *puja,* qui consiste à décrire des cercles avec un plateau contenant du camphre enflammé. Ne laissant pas de résidu, le camphre qui brûle symbolise l'ego consumé par la flamme de l'aspiration.

Arjouna Célèbre archer du Mahabharata, connu pour ses dialogues avec Shri Krishna dans la Bhagavad Gita, où l'on voit Shri Krishna conduire le char d'Arjouna sur le champ de bataille du Kourroukshetra tout en lui révélant les enseignements les plus secrets, les plus profonds, de la spiritualité.

Ayodhya Ville sainte et capitale du royaume de Rama.

Bhagavan « Bienheureux ; Seigneur. » Épithète de Vishnou et de Krishna.

bhajan Chant de dévotion.

bhakta Dévot.

bhava État, disposition divine, extase au cours de laquelle le dévot se transforme en sa divinité d'élection.

bhoga Plaisir *(« enjoiement »).* Possession.

Brahma « L'Être immense », première personne de la *trimurti* (trinité) hindoue — Brahma, Vishnou, Shiva —, créateur des mondes par le Verbe.

brahmachari (-ni) Aspirant spirituel, disciple monastique, étudiant en la science de Brahman. Le *brahmacharya* est considéré comme une étape préparatoire au stade de *sannyas.*

brahmacharya diksha Cérémonie d'initiation, en préparation au stade de *sannyas,* où le gourou donne à son disciple un nom, un cordon sacré qui le « lie à la vérité » et un habit jaune.

Brahman L'Un, l'Absolu, le Soi, le Suprême. La réalité non duelle.

brahmine (ou brahmane) Prêtre ; membre de la classe sacerdotale.

chataka Oiseau légendaire, censé se nourrir des gouttes de nectar tombées de la lune, ou de l'eau de pluie n'ayant pas encore touché terre.

chinmudra Position des doigts considérée comme sacrée, qui symbolise l'unité du soi individuel avec le Suprême.

darshan « Voir ». Moment où la divinité se révèle au dévot. Occasion où une personalité spirituelle s'offre à « être vue ». Bénédiction procurée par cette vision.

dhoti Pièce de tissu portée par les hommes, enroulée et serrée autour de la taille, et recouvrant les jambes jusqu'aux chevilles.

diksha Initiation.

diparadhana Présentation du camphre enflammé devant Amma assise dans le temple, quand elle incarne Dévi.

Dévi La déesse, la shakti divine. La conscience et le pouvoir du Divin. La Mère et l'énergie des mondes.

dharma « Ce qui tient les choses ensembles ». Loi, standard de vérité, règle d'action juste, en accord avec l'ordre cosmique et la volonté divine. Conception collective indienne des règles de conduite religieuses, sociales et morales.

Dourga « L'inaccessible », la déesse qui est l'énergie de Shiva.

Dvaraka « La Cité des Portes », ville sacrée où vécut et mourut Shri Krishna.

Ganesh « Seigneur des Cohortes »; dieu à tête d'éléphant, fils aîné de Shiva et Parvati, symbole de la connaissance spirituelle ; le pouvoir qui ôte les obstacles par la force de la connaissance.

Garouda « Verbe ailé » Oiseau mythique, chef de la race ailée, ennemi des serpents, véhicule de Vishnou. L'aigle et le milan sont appelés Garouda en Inde.

Gita Chant, poème métaphysique. Le plus célèbre est la Bhagavad Gita — chant du bienheureux Seigneur —, une épopée célèbre sous forme de dialogue entre Krishna (Bhagavan) et Arjouna au champ de bataille de Kuurroukshetra, tirée du Mahabharata.

Gokulam « Demeure des vaches ». Village de la région de Mathoura où fut élevé Krishna.

gopas, gopis Pâtres et compagnons de jeu de Krishna ; gardiens de *goloka* (Monde d'amour, de beauté et de félicité baigné de lumière spirituelle ; le paradis vaishnavite de la beauté et de la béatitude éternelles).

Gopal Le Pâtre, le protecteur des vaches, épithète de Krishna.

guna (ou Gouna) « Qualité, caractère, propriété » Les trois *gunas* sont : *tamas*, mode de la matière et de l'inertie ; *rajas*, mode de l'action et du mental ; *sattva*, mode de la sagesse et de l'esprit.

gourou Maître, instructeur spirituel, guide.

Gourouvayour L'un des principaux centres de la foi krishnaïte (vaishnavite) dont le temple contient une effigie célèbre de Shri Krishna.

Hanouman Le Dieu singe, fidèle compagnon de Rama symbole de la dévotion suprême.

ishta devata Divinité d'élection.

japa Répétition d'une prière, d'un *mantra* ou d'un nom de Dieu.

jivatman Le Soi individuel. L'*atman,* l'esprit ou Soi éternel incarné dans l'être vivant.

Kali Forme terrible de la Mère divine. Mère, et destructrice, de toutes choses.

Kalya Terrible serpent à cinq têtes vaincu par Shri Krishna.

karma bhoga Action motivée par le désir de savourer les fruits de cette action.

Katyayani « Fille de Katyayana », sage qui avait émis le vœu d'être le père de Dévi dans l'une de ses incarnations.

Kaveri Fleuve sacré de l'Inde ; déesse de l'abondance.

Keshava « Le Chevelu », épithète de Vishnou et de Krishna.

koundalini « La Lovée » ; la *kundalini-shakti* est représentée sous la forme d'un serpent femelle endormi dans le *muladhara,* au bas de la colonne vertébrale. Par les pratiques spirituelles, elle s'éveille et, traversant les six *adharas*— centres de conscience, ou *chakras* —, elle s'élève jusqu'au *sahasrara* — lotus aux mille pétales —, au sommet de la tête, pour se fondre en Sadashiva, représenté sous la forme d'un serpent mâle. De cette union naît la béatitude, qui se répand dans l'être en un flot de nectar — *kulamata.*

Kouroukshetra « Terre des Kauravas » ; plaine près de Delhi où eut lieu la guerre du Mahabharata. Le champ de l'action humaine.

Koutchéla Une ardente dévote du Seigneur Krishna dont l'histoire est racontée dans le Srimad Bhagavatam.

Krishna « Le Sombre ». Huitième incarnation *(avatara)* du Seigneur Vishnou et héros du Mahabharata dont est tirée la Bhagavad Gita.

kshatrya Membre de la caste des nobles et des guerriers. Homme de pouvoir et d'action, dirigeant, guerrier, administrateur ; symbolise le Divin en tant que pouvoir dans l'homme.

Lakshmi « La Millionnaire » ; parèdre de Vishnou et déesse de la beauté et de la fortune. Prospérité.

lila Le « jeu » de Dieu par lequel il crée le monde et s'y manifeste.

Mahabharata « La grande guerre des héritiers de Bharata ». Poème épique de plus de 100,000 *slokas* (vers), écrit principalement par le sage Vyasa et traitant du conflit entre les Pandavas et les Kauravas, descendants de Bharata.

mantra « Ce qui stabilise le mental » ; syllabe sacrée, nom ou formule mystique ; tout verset des Védas, versets de pouvoir révélés par une source et une inspiration non pas ordinaire mais divine ; prière donnée par le gourou et dont la répétition *(japa)* permet d'accéder à la délivrance *(moksha).*

Mathoura Ville sacrée sur les berges du fleuve Yamouna, près d'Agra dans le

Nord de l'Inde, lieu de naissance de Krishna.

maya *(ou plutôt mâyâ, avec deux a longs)* L'énergie créatrice, l'illusion cosmique qui voile l'Absolu et protège l' être humain d'une illumination trop éblouissante.

moksha Délivrance, libération. (L'un des quatre *purushartthas* ou buts légitimes de la vie, avec *kama*, l'amour, *artha*, la richesse, *dharma*, la conduite juste.)

Mourouga « Beau », frère cadet de Ganesha, créé par Shiva pour aider les âmes dans leur évolution, en particulier par la pratique du yoga. Représenté chevauchant un paon, il est surtout adoré dans le Sud de l'Inde.

mudra (ou moudra) Position des doigts symbolique et sacrée. Le *mudra* de Dévi est un *mudra* associé à la Mère divine.

naivedyam Un mets offert à Dieu ou à la divinité d'un temple avant d'être distribué aux dévots.

Nanda « Joie ». Père adoptif de Shri Krishna.

Narasimha « L'Homme-Lion » ; quatrième *avatara* de Vishnou venu sauver son dévot Prahlada.

Narayana « Celui qui repose sur les eaux » considéré habituellement comme un des noms de Vishnou. Seigneur de l'amour.

nirvikalpa samadhi « Samadhi sans graine » Transe complète, état de *samadhi* au-delà de tout changement et de toute séparation, par-delà forme, temps, espace, dans lequel l'objet et le sujet sont transcendés ; où celui qui voit, le fait de voir et ce qui est vu sont Un. Le *nirvikalpa samadhi* est l'état d'union absolue avec Brahman.

Oupanishad *(ou Upanishad)* Connaissance intérieure, enseignement secret qui pénètre jusqu'à la vérité finale et s'y établit. Partie d'une classe d'Écritures sacrées hindoues, considérée comme la source de la philosophie du Védanta.

padapouja Adoration des pieds ou des sandales du gourou.

padmasana Posture de hatha yoga dite « du lotus ».

Parasourama « Rama à la hache » ; A*vatara* de Vishnou qui mit fin à la conduite immorale de la caste princière et militaire (les *kshatryas*).

Parvati « La Fille de la Montagne ». Un des noms de la parèdre de Shiva.

pouja *(ou puja)* Culte rendu au gourou ou à la divinité ; adoration.

Pouranas *(ou Puranas)* « Les Anciens ». Une classe d'Écritures sacrées écrites dans un sanskrit simple (plus moderne que celui des Védas et du Védanta), composées de légendes, apologues, etc.

pourousha *(ou purusha)*Personne ; être conscient ; âme ; être essentiel supportant le jeu de prakriti ; une Conscience, ou un être conscient, le

Seigneur, le témoin, celui qui connaît, savoure, soutient et apporte sa sanction aux œuvres de la Nature.

Poutana « La Puante ». Démone tuée par Shri Krishna.

pradakshina Culte consistant à tourner avec respect autour de l'objet de son adoration tout en le gardant toujours à sa droite (*dakshina* signfie: à droite).

Prakriti Nature ; force, âme de la Nature. Force exécutrice, active.

prâna Énergie de vie, souffle de vie.

prasad Offrande de nourriture consacrée à Dieu ou au gourou puis distribuée comme bénédiction aux dévots.

Radha « Adoration, délice » ; personnification de l'amour absolu pour le Divin. Favorite de Shri Krishna.

rajas Mode de l'action, du désir et de la passion.

Rama ou Ram Septième *avatara* de Vishnou, roi d'Ayodhya et héros du Ramayana.

Ramayana Histoire de la vie de Rama, célèbre poème épique de Valmiki. L'histoire raconte comment Ravana, le roi des *démons (rakshasas)*, enleva Sita femme de Rama pour l'emporter sur son île de Lanka, et comment Rama alla la chercher, avec l'aide de ses alliés Hanouman et ses hordes de singes pour la ramener à Ayodhya.

rasa lila « Jeu de la passion » ; ronde dansée par Krishna et les *gopis*, au clair de lune, dans les jardins de Vrindavan. Danse de la Joie divine avec les âmes libérées des hommes, dans le monde de la béatitude qui est notre jardin intérieur secret.

rudraksha « Œil de Shiva » ou «les saintes larmes de Shiva ». Graine de la taille d'une bille, à plusieurs faces, marron rouge, de l'espèce *eleocarpus ganitrus* ou « arbre de marbre bleu ». Les graines de *rudraksha* sont consacrées au Seigneur Shiva et portées en *malas* (chapelets) autour du cou ou du poignet, utilisés pour la répétition d'un mantra *(japa)*.

sadguru « Bon ou véritable gourou » ; Maître parfait ; âme réalisée conduisant ses disciples vers la réalisation. Désigne également parfois le gourou intérieur, le Soi.

sadhana Pratique du yoga, par laquelle le yogi atteint la perfection *(siddhi)* ; entraînement et exercice spirituels.

sadhak Celui qui obtient ou s'efforce d'obtenir la réalisation ; celui qui recherche la *siddhi* par la pratique d'une *sadhana*.

sadhou Un homme bon, un saint.

samadhi « État de ce qui est pareil ». Transe yogique dans laquelle le mental acquiert la capacité de se retirer de ses activités limitées de l'état de veille vers des états de conscience plus libres et plus élevés, pour parvenir à l'union avec la Conscience Suprême ; extase qui résulte de cette absorption dans l'Absolu. Le *sahaja samadhi* est l'état naturel et originel de l'être, sa condition première.

samsara Mouvement cyclique ; le monde ; la vie ordinaire de l'ignorance.

samskara Association, impression, notion fixe, réaction habituelle formée dans le passé.

sankalpa Résolution. Foi, pouvoir de la concentration divine ; résolution prise dans cet état de concentration toute-puissante.

sannyasin Ascète portant la robe ocre qui, ayant renoncer au monde et à l'action, consacre sa vie à atteindre la réalisation de Soi. Amma dit que *sannyas* implique service désintéressé et amour du prochain.

Sarasvati « Celle du fleuve, du mouvement fluide ». Muse et déesse de la sagesse, de l'instruction, des arts et de l'artisanat.

Shakti Énergie, force, puissance, volonté, pouvoir ; énergie créatrice de l'Absolu qui s'exprime dans les œuvres de *prakriti.* Aspect féminin de l'énergie cosmique, personnifiée sous la forme de Dévi ; la Mère divine.

shastras Tout enseignement ou science systématisée ; code moral et social ; science et art de la connaissance juste, de l'action juste, de la conduite juste. En yoga, connaissance des vérités, principes, pouvoirs et procédés qui gouvernent la réalisation.

shraddha Foi ; volonté de croire. Amma utilise ce terme en mettant l'accent sur la vigilance, associée au soin plein d'amour apporté au travail en cours.

Shiva « Bon ; celui qui accorde ses faveurs » ; le Béni ; nom de l'Éternel sous sa personalité de Force et seigneur de *tapas.* Troisième personne de la Trinité hindoue, associé spécialement avec le travail de destruction. (Brahma crée; Vishnou préserve, Shiva détruit). Principe masculin ou conscience pure, non-manifestée.

Shri Lalita Sahasranama *Mantra* sacré composé des mille noms de la Mère divine sous l'aspect de Shri Lalita. Ces noms sont répétés quotidiennement à l'ashram d'Amma ainsi que dans de nombreux temples célébrant le culte de Shakti, ou Dévi.

Sita « Le Sillon », fille de Janaka et épouse de Rama.

Soubramanya « Celui qui est aimé des brahmanes » ; autre nom de Mourouga.

swami « Celui qui se connaît lui-même » ; titre donné à un saint homme hindou, habituellement un *sannyasin.*

tapas « Chaleur » ou « Feu ». Principe essentiel de l'énergie. Accomplissement d'une discipline spirituelle de purification (qui peut produire dans le corps une sensation de chaleur intense). *Tapas* dénote le feu intérieur de la transformation allumé par les pratiques ascétiques.

tulasi Variété de basilic considérée comme une plante sacrée, consacrée à Shri Krishna.

Vamana « Le Nain », l'une des incarnations de Vishnou qui prit la forme d'un jeune Brahmane et alla trouver le roi Mahabali. Celui-ci était fier de sa générosité. Le jeune homme lui demanda simplement trois pas de terre. Mahabali acquiesca. Le jeune Brahmane se mit alors à grandir et du premier pas, couvrit la terre, du second pas, couvrit le ciel. Il demanda alors à Mahabali où poser le pied pour faire son troisième pas. Reconnaissant Vishnou, Mahabali s'inclina et Lui offrit sa tête. En posant le pied sur sa tête, Vishnou le bénit et détruisit son ego. Cet événement est célébré par la fête d'Onam, la plus grande fête du Kérala.

vasana Idée ou impression mentale s'élevant du *citta* — la mémoire passive —(ce qui provoque en nous des habitudes de réagir toujours de la même façon en des circonstances similaires).

Véda (de *vid*, savoir) Connaissance. Livre de la connaissance, en particulier les Védas ; nom générique donné à la plus ancienne littérature sacrée de l'Inde — Rig Véda, Yajur Véda, Sama Véda et Atharva Véda. Chacun est divisé en deux parties, *mantra* et *brahmana*. Le terme *Véda* est généralement réservé pour les *mantras* ou hymnes rythmés, et surtout ceux du Rig Véda.

Védanta « La fin ou culmination des Védas », les *Upanishads* (qui apparaissent à la fin des Védas). Système philosophique basé sur les *Upanishads*. L'*advaita vedanta* (védanta moniste) est un des nombreux noms donnés à la philosophie *mayavada* (théorie de l'illusion) de Adi Shankaracharya — philosophie de la non-dualité — et distingue son école de cinq autres interprétations populaires du Védanta.

vina Un instrument à corde que l'on voit toujours sur les genoux de Saraswati.

Vishnou « L'Omniprésent », deuxième personne de la Trinité hindoue ; celui qui préserve. S'incarne d'âge en âge sous la forme d'un *avatara* (les dix avatars de Vishnou, dont l'histoire est contée dans le Srimad Bhagavatam, sont: *Matsya* le poisson, *Kurma* la tortue, *Varaha* le sanglier, *Narasimha* l'Homme-lion, *Vamana* le Nain, *Parasurama* Rama à la hache, *Shri Rama* l'idéal, *Shri Krishna* la joie parfaite, *Buddha* l'illuminé et *Kalki* le destructeur sans merci des forces du mal. Il est dit que Kalki ne s'est pas encore manifesté).

Vrindavana « Forêt du cœur des femmes », région du district de Mathoura où Shri Krishna dansa avec les *gopis.* Paradis vaishnavite de la beauté et de la béatitude éternelles.

Yadavas « Descendants de Yadou », membres de la tribu de Shri Krishna.

Yamouna Un des principaux fleuves sacrés de l'Inde.

Yashoda Mère adoptive de Shri Krishna.

yoga « Union ». Le yoga est à la fois la voie spirituelle et son but. Celui qui suit cette voie s'unit, peu à peu ou de manière soudaine, à l'Absolu, à l'existence, la conscience, la béatitude immortelle de Brahman.

yogi Celui qui pratique le yoga ; qui est établi dans la réalisation.

« Ayons un idéal élevé et soyons prêts
à tout sacrifier pour l'atteindre.
C'est cela, la vraie spiritualité. »

—AMMA